新装版

脳と体にいいことずくめの

ベビーマッサージ

桜美林大学教授
山口 創
どんぐり鍼灸室
山口 あやこ

PHP

はじめに

この本を手にとられたお母さま、お父さま。最近、赤ちゃんとのふれ合いが、減っています。この本を、お子さまとのコミュニケーションに役立ててもらうことで、これまでのお子さまとの関係がきっと目に見えるように変わってくることに気付かれるでしょう。

タッチケアは普段のお世話のなかで、少し意識してお子さまの肌にふれてあげることで、抜群の効果を発揮します。また医者にかかるほどでもないけれど、お子さまの体調がすぐれないときや、お子さまの成長について不安や悩みを抱えているお母さまにとって、気がかり別のマッサージは大きな助けになってくれることでしょう。また本書で紹介されている伝統的な遊び歌で遊んでみましょう。お子さまとの遊びがこれまで以上に楽しくなるでしょう。

本書は、２０１１年に刊行した『脳と体にいいことずくめのベビーマッサージ』を新装版として再編集し、復刊したものです。学問的な話についてはおもに山口創が、マッサージの指導については山口あやこ氏が担当しています。それぞれが得意とする話題について書いているため、非常に密度の濃い、ためになる内容になっています。さあ、さっそく今日からベビーマッサージをはじめてみましょう。

桜美林大学教授　山口創

「今までに見たことがないくらい、のびのびとしているので驚いた」

マッサージや小児はりを終えたお子さまの様子を見た親御さんから、ちょくちょくいただく感想です。治療が終わるとリラックスして眠る子もいますが、なかにはパッと表情が明るくなって、鼻歌を歌ったり踊りはじめたりする子もいます。また、人見知りが激しいといわれている子が、私の膝にちょこんと座って遊び出したりします。体が思いやりのある心地よさを感じると、心が安心してパアッと開放され、その子本来の生き生きとした表現が出てくるものなのです。まるで命の輝きを見ているようです。

本書には、そんなお子さまのさまざまな輝きを引き出すようなマッサージやタッチ、遊びをたくさん紹介しています。親子、夫婦、家族で行うマッサージは心身の健康を促進するのはもちろん、お互いの新たな一面を発見する手立てとしても役立ちます。

２０１１年に生まれたこの本が、今回「新装版」として衣替えをし、再び皆さまのお目にかかることになった喜びは格別で、山口創先生をはじめ、関係者の皆様に感謝申し上げます。

本書が子どもたちの成長の一助となり、親子のきずな、さらには家族のきずなを深め、笑顔が増えるきっかけになればうれしいです。

あん摩マッサージ指圧師・鍼灸師　どんぐり鍼灸室　**山口あやこ**

CONTENTS

新装版

脳と体にいいことずくめの

ベビーマッサージ

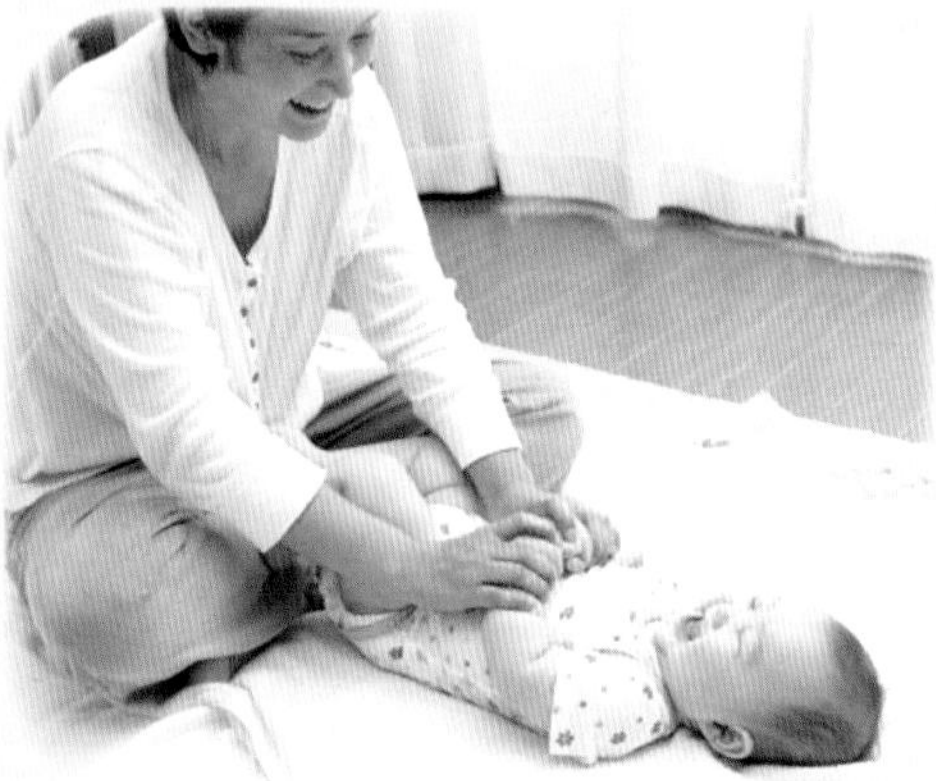

CONTENTS

PART 6 生活シーンに合わせたケア

CONTENTS

COLUMN

PART

1

「ふれること」の大切さ

子どもにふれることで、愛情ホルモンがアップ、

運動能力が高まる、頭がよくなる……。

手軽だけど大切な時間になる、ベビーマッサージを

今日からはじめてみませんか。

脳や体にも、とてもよい影響を与えます。

子どもと「ふれ合う」だけで、たくさんいいことがあります

ママと子どもとのふれ合いは、もっともきほん的なコミュニケーション。でも、この行為のなかには、驚くほどたくさんの効果が隠されているのです。

ふれることは、信頼関係の第一歩です

「毎日、子どもをさわってあげていますか？」。こんなふうに質問されたら、「どうしてそんな当たり前のことを聞くのかしら？」と不思議に思ってしまうママは多いかもしれません。

だっこや頭をなでるなど、日常でごく自然にしているはずのしぐさは、**子どもの心や体、脳を育てるうえで大切な役割**を果たしています。小さいころ、母親の手をぎゅっと握ったり、抱きしめてもらったりすると、不安や緊張が自然とやわらいだ、あのときの気持ちをちょっと思い出してみてください。

もっとも手軽で大切なコミュニケーション

生後1年間の赤ちゃんはとくに、**ママにふれられることでふたつの信頼感が育まれる**といわれています。ひとつめは、「自分はこの世に生まれてきた価値があり、歓迎されているんだ」と実感して安心できるような、**自分自身の存在に対する信頼感**。もうひとつは、やさしくふれてくれるママをはじめとする、**周りの人に対する信頼感**です。

ママと子どもがふれ合うことは、信頼関係を育み、親子としてのきずなを深める、もっとも手軽だけど大切なコミュニケーションといえるのです。

まずは、「なでなで」するだけでOK

子どもには、単純に長い時間さわればいいというわけではありません。**大切なのは、愛情を持ってふれること。**ママに愛されているということが、きちんと伝わるようなふれ方が理想です。子どもをかわいいと思う気持ちがあれば、自然と目を見て、言葉をかけながらふれるはず。そういった愛情表現が、もっとも効果的なのです。

「忙しいのに」とか「面倒くさい」と思いながらふれるのではなく、**短い時間でもいいので、濃密なコミュニケーションを。**まずは、愛情を持ってなでなですることからはじめてみませんか？

どれくらいふれ合っていますか？ ふれ合いチェック 10

7個以上：スキンシップをたくさんとっています
5～6個：スキンシップがやや不足しています
4個以下：スキンシップが不足しています

- □ 子どもをよくだっこやおんぶをする
- □ 子どもとよく手をつなぐ
- □ 子どもをほめるとき、頭をなでなでするようにしている
- □ 寝るときは、添い寝をする
- □ 子どもにキスや頬ずりをよくする
- □ 子どもとふれ合い遊びをよくする
- □ 子どもとくすぐり遊びをよくする
- □ おむつがえや着替えのとき、足やおなかをなでてあげる
- □ おふろで体を洗うとき、手で洗ってあげる
- □ 子どもが泣いているとき、抱きしめてあげる

「肌」にふれることで、心や脳が育ちます

子どもは、さわるという行為にとても敏感です。自分で何かをさわったり、ママにさわってもらったりすることで、さまざまな感覚を養っているのです。

さわることは、ものを認識する最初の手段

子どもの肌にふれることで、自分や周りの人に対する**基本的な信頼感を育む**だけでなく、脳や心、体にもいろんな刺激を与えます。

視覚、聴覚、触覚、味覚、嗅覚という五感のなかで最初に発達するのが触覚で、生まれたての赤ちゃんは触覚がいちばん敏感です。さわることは、ものを認識するための最初の手段。赤ちゃんは、何でも手に取って口に入れようとしますが、それは手と舌を使って「これは何かな？」と、ものの形や質感を確かめているのです。

皮膚を刺激することで、脳も刺激しています

もちろん自分でさわるのと同じように、さわってもらうことも重要です。触覚は視覚や聴覚と違って、全身で感じるもの。しかも皮膚への刺激がダイレクトに脳へ働きかけるので、全身にふれてあげることは、**脳を発達させて心や体を育むことにもなる**のです。

触覚は、ほかの4つの感覚の基礎になるといわれています。いろんなものにふれたり、ふれられたりする経験は、ほかの4つの感覚を育み、将来的に生き生きとものを認識できるようになるためにも、とても大切なことなのです。

肌にふれることで脳・心・体にもよい影響がある

健康的に育ちます

体

全身がリラックスするため、深い眠りをもたらし、夜泣きが少なくなります。また眠りは成長ホルモンの分泌を促すため、体重・身長が増加し、すくすくと健康的に育ちます。運動機能が発達するだけでなく、筋肉をほぐしてリンパに働きかけるので、免疫力や抵抗力が高まります。

知性が発達します

脳

「皮膚は露出した脳」といわれ、皮膚への刺激は脳へダイレクトに伝達されます。そのため脳を育むには、皮膚を刺激することが近道といえるでしょう。感情や行動をコントロールする前頭葉に刺激が伝わると、物事に対するやる気が高まり、知性が発達することにもつながります。

安心感が生まれます

心

安心感が生まれ、人に対するやさしさや、物事に対する落ち着きなど、情緒の安定した子どもに育ちます。そうすることではじめて行動力や好奇心が生まれ、自立心も養われます。他者に対する基本的な信頼感が身につくので、外の世界へ出てからも社会性を発揮することができます。

見直したい、日本の育児のいいところ

おんぶをしながら家事をしたり、川の字になって添い寝をしたり。昔から日本で行われてきたママと子どもが肌をふれ合う子育てが、再び注目されています。

親子の距離が近い日本の「べったり育児」

昔の子育ては、何かと手間のかかることばかりとネガティブにとらえられがちですが、**最近は日本の伝統的な育児が、再び注目**を集めています。

日本で行われてきたのは、**ママと赤ちゃんが一日の多くの時間、肌を密着させて過ごすような「べったり育児」**。家事の間はおんぶひもを使って子どもを背負い、母親がおんぶできないときは、代わりにほかの人があやすのが当たり前。夜は夫婦の間に子どもを挟んで、川の字になって眠りました。

それだけではなく、積極的なスキンシップもあったようで、江戸時代まではベビーマッサージの原型ともいえる小児あんまも行われていました。

さらには地域社会のおつき合いが密だったため、子どもは小さいころから広い社会でいろんな人と接することができました。

そうすることで、**日本人の美徳とする協調性や思いやりの気持ちが、自然と育まれて**いったのです。

べったり育児のいいところ

乳幼児期に、たっぷりとスキンシップをとると、子どもの自立心が養われます。

日本の伝統は
子どもと肌をくっつける育児

日本の育児から ふれ合いを見直そう

自立心や個人主義をよしとする欧米では、子どもは幼いころから自分の部屋を与えられ、親とは別々の部屋で眠り、一人前の人間として扱われる傾向が強いようです。

子どもの夜泣きをそれほど深刻には受け止めていないのも、育児に対する考え方の違いによるものでしょう。

こうした育児の特徴は、風土や文化、価値観の違いから生まれるものなので、どちらがいいとは一概にはいえません。ただし**生後1年間に限っていえば、たくさんさわってあげたほうがいいのは日本も欧米も同じこと。**

日本の育児は欧米化しつつあり、自然なふれ合いがだんだん少なくなっているのも事実です。日本独自のべったり育児は、ふれることの大切さという面からも、もっともっと見直されるべきなのかもしれません。

「ふれること」で、どんな効果がある？

子どもにとって「ふれられること」は、何よりも大切な栄養といえます。では一体どんな効果があるのか、具体的にみていきましょう。

効用1 愛情ホルモン「オキシトシン」がアップ！

成長するために必要なホルモン

もともと「オキシトシン」というホルモンは、母乳を出したり、子宮を収縮させたりなど、妊娠中や子どもを産んで間もない女性の体内で働くホルモンだと考えられていました。

しかし最近の研究で、オキシトシンは出産前後の女性以外の体でも活発に働き、さまざまな効果を発揮することがわかり、注目されるように。とくに**生まれて間もない子どもが成長するためには、必要不可欠なホルモン**であることがわかったのです。

日常的にさわると効果も長続きします

子どもがオキシトシンをたくさん分泌するのは、ふれられているとき。なでなでしてもらったり、抱きしめてもらって安心しているときに分泌されるため、別名「愛情ホルモン」や「安心ホルモン」と呼ばれています。

オキシトシンには愛情を深めたり、成長を促す働きがありますが、ふれたらすぐに効果を発揮するものではありません。いつもさわってあげて、くり返し分泌させることで効果が長続きするホルモンなのです。

スキンシップが増えると情緒が安定します

保育園で攻撃性が高く、情緒不安定な子どもをふたつのグループに分け、一方にはスキンシップの多い遊びを、もう一方には今まで通りの遊びを続けてもらいました。2か月後、スキンシップの多いほうは、問題行動がはるかに少なくなる結果に。

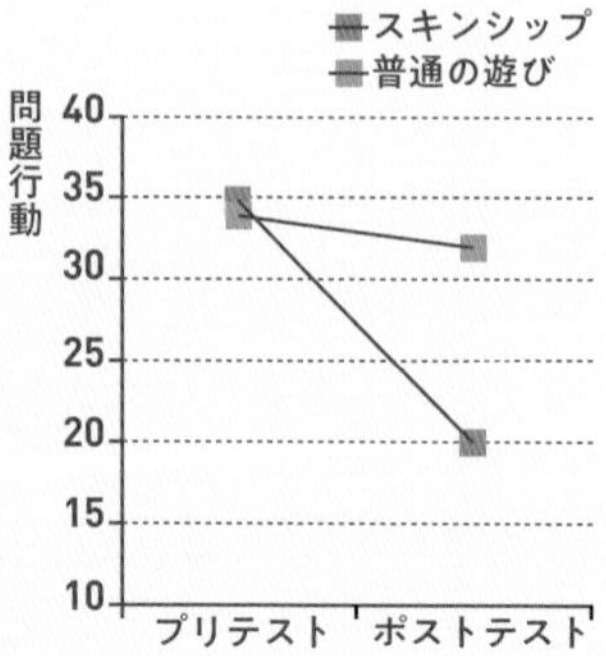

オキシトシンのさまざまな働き

子どもの成長を促す

オキシトシンの効果はあまりにも多いため、一見つながりがなさそうなのですが、根っこの部分は「成長」というキーワードでつながっています。

オキシトシンが分泌されると心が安定するため、ぐっすりと眠れるようになり、成長ホルモンの分泌が促進されます。そのため体重や身長の増加が早まって、抵抗力や免疫力もアップします。

一方で情緒を安定させ、感情表現を豊かにするような心の成長にも深くかかわります。体と心と脳、あらゆる成長に働きかけるホルモンといえるでしょう。

親子の愛情が深まる

オキシトシンは相手を信頼して、親密な人間関係を築くために欠かせない、心に作用するホルモンといわれています。

ママにふれられることで子どもは安心するのと同時に、信頼できる相手だと認識します。さらにはその経験をくり返すことで、ママに対する愛情を深めていくのです。オキシトシンは、ふれられている子どもだけでなく、ふれているママにも同じように分泌されます。母親であることの確かな自覚が生まれて、子どもへの愛情が深まるため、親子としてのきずなが自然と育まれるのです。

リラックス効果がある

やさしくふれられることで気持ちよさを脳が認識して、分泌されるオキシトシン。安心ホルモンという別名の通り、オキシトシンには緊張をときほぐして、ストレスを減らす働きがあります。オキシトシンが分泌されると心拍が安定して、心や体がのびのびとリラックスした状態に保たれるのです。

反対に普段からふれられることが少なく、オキシトシンが分泌されない子どもは、常に緊張状態にさらされているといえるでしょう。不安や緊張は、情緒不安定や発育不良を引き起こす原因にも。

社会性が高まる

右ページのコラムの実験結果にもあるように、スキンシップをしてオキシトシンが分泌されると、情緒が安定して、攻撃的な性格がやわらぎ衝動的な行動が少なくなるということが確認されています。赤ちゃんのころにたくさんふれてあげると、将来的に周りの人を信頼したり、思いやったりする心が生まれ、社会性の高い子どもに育つようです。

ママやパパとの間に基本的な信頼関係を築くことのできた子どもは、さらに広い世界へ出たときに、無理なく社会性を発揮することができるのです。

効用 2 運動機能が高まる

運動神経が発達して、身体感覚も養われます

全身に刺激を与えることは、脳の発達を促し、脳を発達させることは運動神経をはじめとする、さまざまな器官を発達させることにもつながります。

生まれて間もない赤ちゃんは、手や舌を使っていろんなものにふれる経験をくり返して、それまであいまいだった自分と周りの環境とをだんだん区別できるようになるといわれています。さわってもらうことにも同じような効果があり、「自分の体」というイメージが形づくられ、手や足などそれぞれの動かし方を知ることで、身体感覚が養われていきます。

効用 3 頭がよくなる

好奇心が生まれて、記憶力もアップ！

肌にふれると、感情や行動をコントロールしている前頭葉が刺激されるため、物事に積極的に取り組むようになり、やる気や好奇心が生まれるといわれています。小さいころにたくさんさわってもらった子どもは、さわられなかった子どもよりもＩＱが高くなるという実験結果もあるほどです。

さらに、前ページに登場した、さわられることで分泌されるオキシトシンには、記憶力を高める効果もあります。たくさんさわることは、頭のよい子どもを育てるための近道といえるかもしれません。

効用4 自立心が育つ

甘えたい欲求が満たされ自信を持てるように

だっこやなでなでをし過ぎて甘やかすと、依存的で自立できない子どもに成長しそうな気もしますが、実際はその逆であることがさまざまな実験で証明されています。たくさんふれられて育った子どもは、甘えたいという欲求がじゅうぶんに満たされたため、自分に自信を持つことができ、いろんなことに積極的にチャレンジするようになるのです。

反対に子どものころにあまりふれられないと、欲求不満な記憶が残ってしまうため、いつまでもスキンシップを求めて自立が遅れてしまうといわれています。

効用5 子どもの異変に気がつく

肌から伝わってくる声に耳をすませて

毎日、手のひらで子どもの体にふれることは、調子やきげん、成長の過程を肌で感じることでもあります。愛情を持ってふれ続けることで、肌ざわりやぬくもり、においなどがそのときどきで微妙に違うことに、自然と気がつくはずです。

ふれることを通して、まだ言葉を使えない子どもの思いをより的確に感じ取れるようになるだけでなく、ちょっとした異変にもいち早く気がつくことができるようになるでしょう。こうした感覚を持つことで、子育てに対する不安が少しずつ自信へと変わっていくはずです。

ふれない育児のしわよせ

ふれてもらえなかった子どもは、大きくなるとどうなるのでしょう？　ふれない育児は子どもの将来に、影響をおよぼす可能性があるのです。

泣かない、笑わない、表情のとぼしい子ども

だっこやなでなでが足りず、皮膚感覚が満たされないと、成長するにつれてさまざまな症状があらわれます。

たとえば「サイレントベビー」。それは、弱々しい声でしか泣けなかったり、まったく泣かなかったり、あるいは笑うことが少なかったりなど、感情を表現できない赤ちゃんをいいます。

サイレントベビーになる原因は、スキンシップや語りかけの極端な不足が考えられます。いくら要求してもママやパパにかまってもらえないため、赤ちゃんは訴えることをあきらめてしまったのです。

感情を処理できず、いきなり爆発する子ども

突然ヒステリックに泣き出したり、かんしゃくを起こしたりする「キレる脳」も、同じようにスキンシップ不足が原因と考えられています。

たくさんふれられて育った子どもは、不快な気持ちになったとき、抱きしめてもらうと落ち着くことを経験として理解しています。

しかし**スキンシップが足りないと、いやな感情の処理の仕方がわからないため、いきなり爆発して攻撃的な行動に出**てしまうのです。

サイレントベビー

泣きもせず、笑いもせず、基本的に無表情で、ママと目も合わせません。心を閉ざしてしまった状態の赤ちゃん。

キレる脳

ささいなことで瞬間的に頭に血がのぼり、爆発してしまう状態。自分の感情をコントロールすることが困難に。

親密な人間関係を築くのが難しくなる前に

もしも自分の子どもにこうした様子が見られたときは、積極的なスキンシップを心がけましょう。**小さいときほど、回復も早い**はずです。

スキンシップが不足したまま成長すると、人と信頼関係を築くのが難しくなってしまうことがあります。たくさんふれられて育った人は、ボディタッチを愛情表現のしるしとして受け取ることができるものです。けれどもあまりふれられてこなかった人は、他者にふれられることに、必要以上に緊張感を抱いてしまう傾向があります。

愛情を思うぞんぶん受け取ることができなかったため、自分の恋人や結婚相手に対しても接し方がよくわからず、不安定な関係に陥ってしまうという例も少なくありません。

スキンシップ不足によって生じた問題を克服するのは、成長するほど困難だといわれています。気づいたときは手遅れ、なんてことにならないよう、小さいときのケアが肝心です。

思春期の問題行動や、心の健康にも影響が

ふれない育児が引き起こす情緒不安定な傾向は、思春期になっても続くことが多いようです。「キレる若者」という表現をよく聞きますが、ちょっとしたことにいらだち、攻撃的な行動に出てしまうのも、幼いころのスキンシップ不足と無関係ではないでしょう。大きくなって体のいたるところにピアスをしたり、タトゥーやリストカットなどの自傷行為も、満たされなかった皮膚感覚への刺激を過剰に求めてしまった結果だともいわれています。

社会のなかで人とうまくコミュニケーションをとって、支え合って生きるという基本的な自信が損なわれていると、大人になってから、心の健康を害してしまうことも。**赤ちゃんのときのコミュニケーションは、一生を通して肌に残る記憶**といっても過言ではありません。

COLUMN

ふれられる側だけでなく、ふれる側にも効果があります

子どものためにたくさんふれると、ママにとっても、よい影響が。
自分のためにも、もっともっと子どもにふれましょう！

子どもだけでなく ママも一緒にリラックス

なでなでされたり、抱きしめてもらったりして「気持ちいい！」と感じるのは、子どもだけではありません。子ども特有のふっくらとしたキメの細かい肌ざわりには、何ともいえない心地よさがありますよね。子どもにさわるとホッとするのがいい例ですが、ふれている側にもすばらしい効果があるのです。

出産直後のママと子どもは、まだそれほど固いきずなで結ばれた状態とはいえません。ママは子どもにふれることで愛情がわき、母性のスイッチがオンになると考えられています。それはママだけでなく、パパも一緒。オキシトシンは、ふれられる側だけでなく、ふれる側にも分泌されるスグレモノです。子どもにふれることでお互いのストレスが軽減し、ママもリラックスすることができるのです。

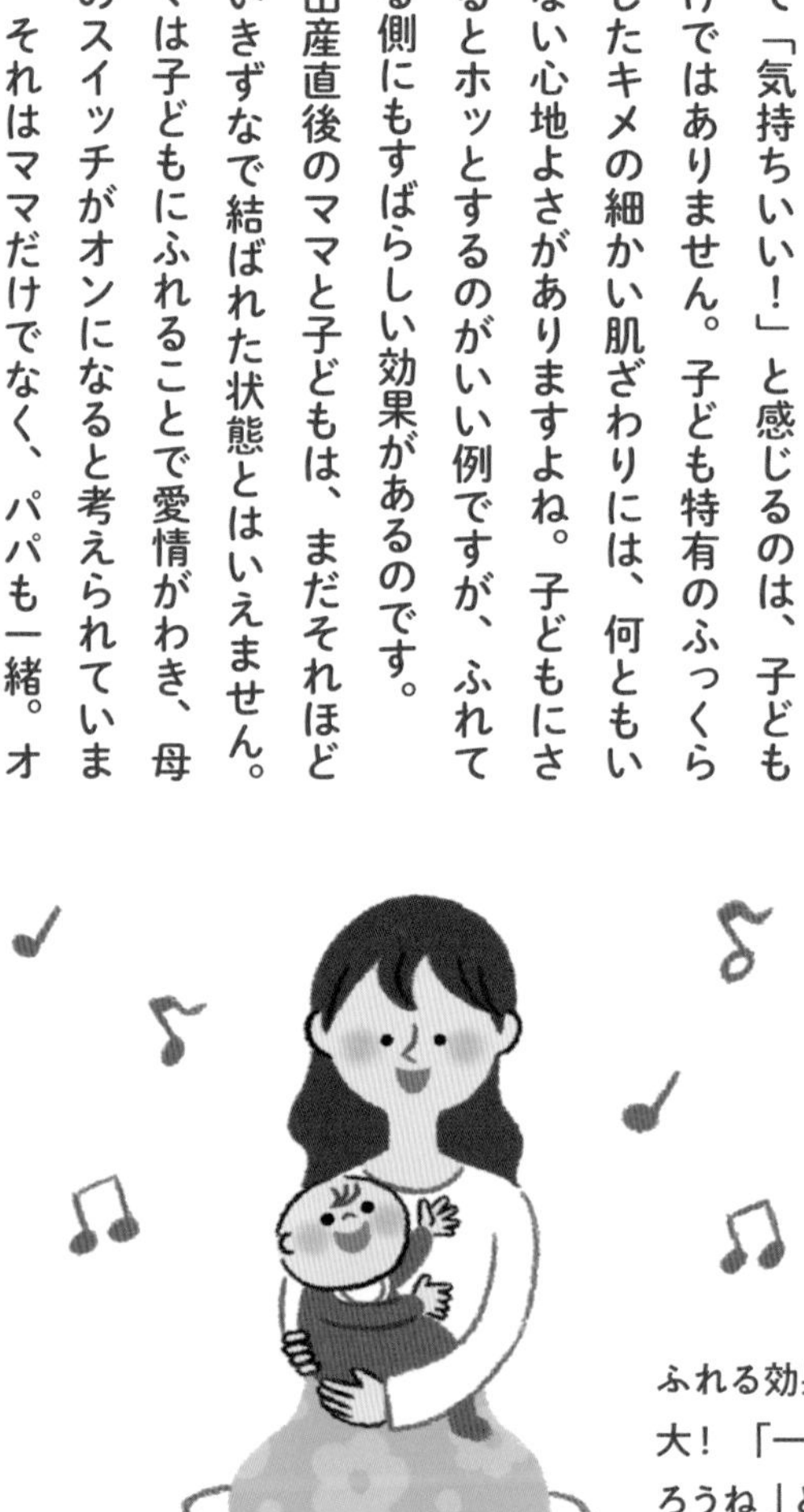

ふれる効果は、ママにも絶大！「一緒に気持ちよくなろうね」と語りかけながら、楽しくふれ合ってください。

PART

2

すぐできる
ベビーマッサージ

マッサージの順番や手の動きにとらわれず、
赤ちゃんの反応を見ながら、
楽しい雰囲気で行うことが大切です。
力を入れ過ぎないように気をつけて、
やさしくなでるようにふれましょう。

マッサージのきほんは、相手を思いやること

環境を整えたり、子どもの様子をうかがったりして、愛情と思いやりの気持ちを大切にすることが、効果的なマッサージへの近道になります。

赤ちゃんの体調やきげんを確認してから行います

マッサージをするうえで一番大切なのは、相手を思いやることです。このきほんさえ頭の片隅に置いておけば、自然と楽しく効果的なマッサージができるようになるでしょう。

相手を思いやるなら、マッサージをする環境を整える必要がありますし、肌にふれるママの準備も欠かせません。また赤ちゃんによいことだからといって、体調やきげんを確認しないまま行うのはやめましょう。必ずこうしたことをチェックして、とくに問題がなさそうであれば行いましょう。

マッサージをするママのごきげんも大切です

赤ちゃんだけでなく、ママのきげんだって大切です。イライラしていたり、「忙しいのに面倒だわ」と思いながらやるのは、かえって逆効果。テレビを見ながらやったり、考えごとをして上の空だったりするのも問題ありです。

楽しいことがはじまるという雰囲気作りも大切です。これからマッサージをはじめる前は「さあ、はじめるよ！」などと、笑顔で声かけをしてあげましょう。「マッサージ＝楽しいもの」という意識が生まれ、マッサージの時間を心待ちにするようになります。

マッサージの前に赤ちゃんの様子をみよう

- [ ] きげんはいい？
- [ ] 体調は良好？
- [ ] 寒そう？
- [ ] 暑そう？
- [ ] おなかは空いていない？
- [ ] 肌にトラブルはない？

マッサージはリラックスできる場所でやりましょう

場所

家のなかで子どもが一番リラックスできる場所でやってください。マッサージのたびにあちこち場所を変えるのではなく、なるべく同じ場所でやるのがよいでしょう。うるさかったり、明る過ぎる場所は子どもが興奮してしまいます。静かで落ち着いた場所を選びましょう。

姿勢

子どもはもちろんですが、ママもらくな姿勢で行いましょう。両足を広げてその間に子どもを寝かせたり、ひざの上に乗せたりなどいろんな姿勢があり、発達の段階でも異なりますが、体の一部が常にふれ合う形が理想的。目線をなるべく近づけて、表情がいつも確認できるように。

室温

室温は24度から28度くらいが理想です。暑いときは窓を開けるなどして風通しをよくしたり、寒いときは事前に室内を暖めておいたりして、室温を整えてからマッサージをはじめましょう。エアコンをつけているときは、子どもに風が直接当たらないように注意してください。

マッサージのポイント

赤ちゃんは、はだかにしなくても大丈夫！

ベビーマッサージというと、丸はだかにするイメージがあるかもしれませんが、必ずしも服を脱がせる必要はありません。服の上からマッサージをしても効きめは一緒。ただし最初は、肌の状態を確認するためにも、おむつ姿にしてじかにマッサージしてみることをおすすめします。

ベビーオイルは塗らずにやりましょう

オイルを使うマッサージは、そもそも乾燥した気候の西洋で生まれた文化です。湿気の多い日本では、わざわざオイルを塗らなくてもなんら問題はありません。むしろ過剰な保湿は皮膚機能の発達を妨げます。オイルを使わずにじかにふれて、皮膚機能を高めてあげましょう。

気負わなくてＯＫ！まずはふれてみましょう

マッサージをすることにママが不安を感じていると、赤ちゃんにも伝わってしまいます。まずは気負わずに肌の様子を確認してみましょう。

皮膚の声に耳をすませて対話をしましょう

「どっちの方向になでればいいの？」「何回やればいいの？」と頭の中が「？」でいっぱいになっていると、ママの不安は赤ちゃんにも伝わってしまいます。やり方を覚えることも大切ですが、最初のうちは赤ちゃんの喜ぶ方法こそが、正しいやり方だと考えると気持ちがらくになるはず。

いろんなところにさわって、皮膚の声に耳をすませてみてください。順番通りに機械的にさわるのではなく、1回でいいのでふれてみて肌のつやや弾力を確認してみましょう。慣れてきたら徐々に手を動かして。赤ちゃんの望んでいることが少しずつわかるようになってきますよ。

赤ちゃんを不快にしないために

ママの準備を整えよう

手

冷たい手でさわるとびっくりするので、事前に手を温めておきます。もちろん清潔にすることも忘れずに。

つめ

マッサージ中に子どもの肌につめが引っかかったりしないように、なるべく短く切っておきましょう。

髪

マッサージは密着して行うものなので、ママの髪の毛が肌にかかったりしないように、長い人はまとめておきましょう。

におい

赤ちゃんはにおいにとても敏感です。香水や化粧は控えて、ママ本来のにおいで安心させてあげましょう。

服

動きやすい服装がきほんです。子どもの格好と室温に合わせて、薄着でやるのがちょうどよいでしょう。

アクセサリー

ブレスレットや腕時計など、子どもの肌にふれそうなものは外します。できれば指輪も外すのがベターです。

まずは赤ちゃんの反応を見ながらふれてみましょう

「おなかをさわると気持ちよさそうだなあ」とか「足はどうかな？」など、ふれながら赤ちゃんの表情や体の動き、声などひとつひとつの反応を観察してみましょう。「気持ちいい！」「もっとやって！」「そこはいや！」などさまざまな反応を返してくれるはずです。いっぱいふれることで、赤ちゃんといろんな対話をしてみましょう。

これはNG！

マニュアルにとらわれて、せっかくの反応を見逃していませんか？

順番や手の動き、回数などマニュアルを気にするあまり、黙々とやってしまったり、赤ちゃんの反応をまったく見ていなかったりするのは問題です。正しいやり方も大切ですが、まずは赤ちゃんをリラックスさせることのほうが肝心です。はじめから完璧にマッサージすることを考えずに、喜ばせる方法を考えてあげましょう。

きほんの手の動かし方をマスターしよう

手の動かし方といっても、子どもの体は小さいのである程度パターンが決まっています。きほんをマスターして早速実践してみましょう。

きほんの手の動かし方

なでさする

子どもの気持ちがよくなってリラックスします。
新陳代謝が活発になり、しっかりとした体を作ります。

1 手掌軽擦法《しゅしょうけいさつほう》
▶P30へ
手のひら全体を体の形にそってくっつけ、丸く包み込むようになでさすります。

2 拇指軽擦法《ぼしけいさつほう》
▶P31へ
親指のはらを中心に、全体を使ってなでさすります。ほかの指はそえておくだけ。

3 二指軽擦法《にしけいさつほう》
▶P32へ
親指と人差し指で包み込むようにしてなでさすります。軽くつまむ感覚です。

4 四指軽擦法《ししけいさつほう》
▶P33へ
親指以外の４本の指を使います。指全体、あるいは指のはらでなでさすります。

当てる

子どもの頭痛や腹痛などの痛みをやわらげます。

5 手掌圧迫法《しゅしょうあっぱくほう》
▶P34へ
片手あるいは両手で包み込むようにして体に当てます。手は動かさず乗せるだけ。

はねる

子どもの体の中のたまっているものを出して、元気に。

6 拍打法《はくだほう》
▶P35へ
手でおわん型を作り、空気をたくわえてリズミカルにポンポンと軽くたたきます。

関節を動かす

子どもの運動機能をアップさせて、
体の使い方が上手になります。

7 運動法
▶P36へ
両足首や両手首を持って、関節を意識しながら前後左右に動かします。

力を入れ過ぎるのはNG。なでるように、やさしくふれましょう

子どものマッサージは、やさしくなでるのが鉄則です。
小さい子どもほど、やわらかくソフトなタッチを心がけましょう。

押すのではなく、やさしくなでるように

大人の感覚からすると、マッサージは「イタ気持ちいい」ほうがよさそうな気がしますが、子どもの場合は「なでさする」のがきほんです。ギュッと押したり、ゴシゴシとこすったりするのではなく、手の温度を伝えるような気持ちで、ゆっくりとやさしくなでなでします。

月齢が低いうちは、よりソフトにさわって

月齢の低い子どもには、さらにソフトなタッチを心がけてください。刺激に弱い子どもや、はじめてマッサージをする子どもも同じです。とはいえ、おそるおそるマッサージをしていると子どもも不安になってしまいます。神経質になり過ぎずに、「やさしくソフトに」がポイントです。

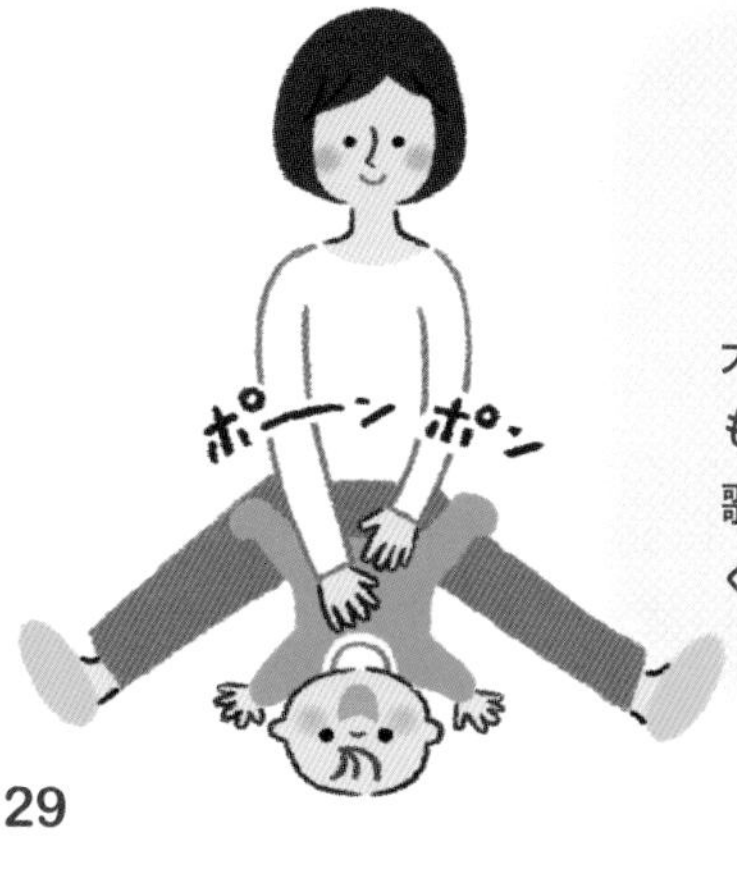

大きくなってきたら遊びを取り入れて

大きくなって皮膚への刺激に慣れてきたら、マッサージの心地よさがもっとわかるようになります。手の動きに合わせて声を出したり、歌を歌ったりなど、ちょっとした遊びを取り入れてみましょう。さらに楽しく心地よくなって、マッサージをますます好きになってくれるはず。

なでさする（軽擦法）

1 手掌軽擦法《しゅしょうけいさつほう》

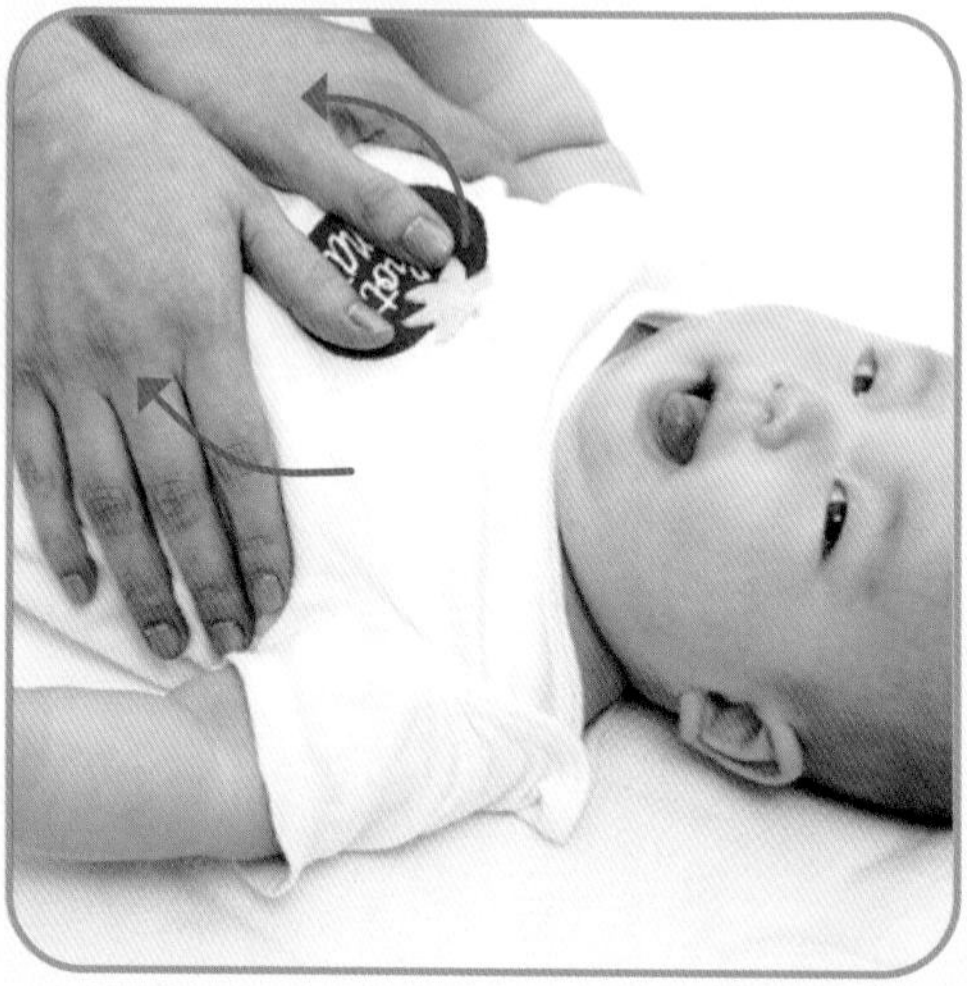

手のひら全体を使います

☺ 手のひら全体を使って、なでさするマッサージ法です。体の形にそって、ぺったりと手のひらをくっつけ、丸く包み込むようにしてやさしくなでさすります。

☺ 手掌軽擦法はすべてのきほんとなる動きで、気持ちがよくなり、リラックスする働きがあるため、マッサージの最初と最後には、必ずといっていいほど使われます。

☺ 手のひら全体を使うので、背中やおなかなど広くて平らな面のマッサージに適しています。

背中

かんの虫（夜泣きやぐずりなど、いつもと違う行動の俗称）の症状が出たときは、背中を上から下に向かってなでるのがきほんです。だっこでも、寝かせて横向きでも大丈夫です。ちなみに、体調を整えるときは下から上へなでるようにしてください。

頭

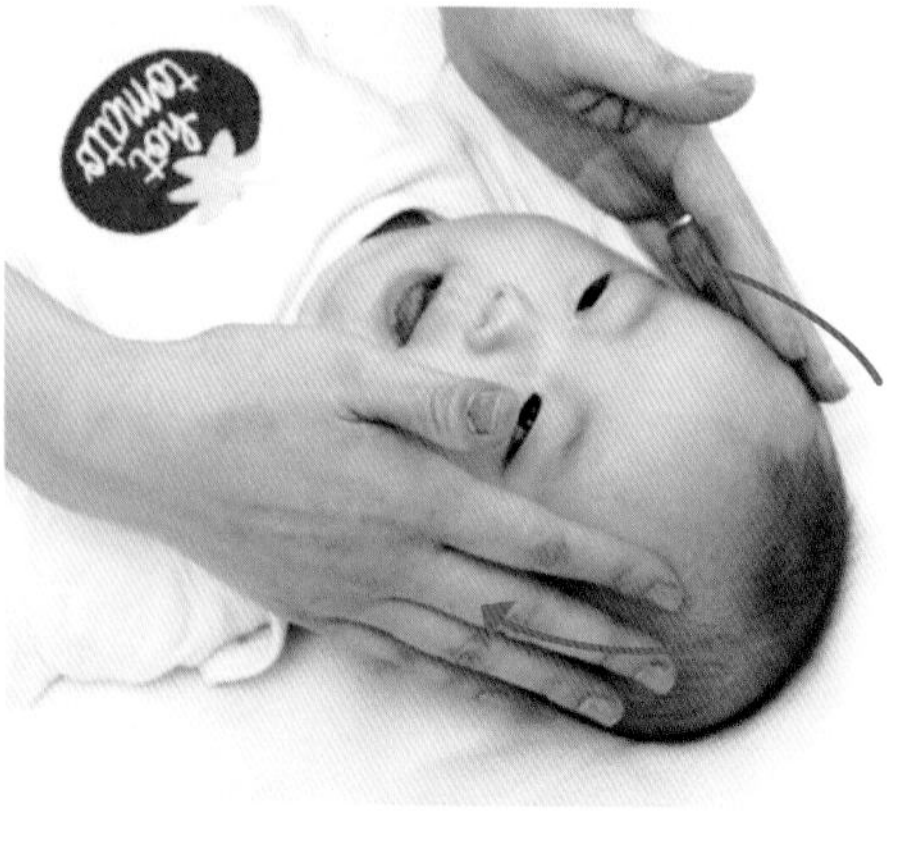

両方の手のひらで、頭を丸く包み込むようにしてやさしくさわり、てっぺんから下のほうへ向かってなでさすります。頭をマッサージするときは、頭のてっぺんの大泉門《だいせんもん》（P40）などのやわらかい部分には、あまりふれないようにしましょう。

2 拇《ぼ》指《し》軽《けい》擦《さつ》法《ほう》

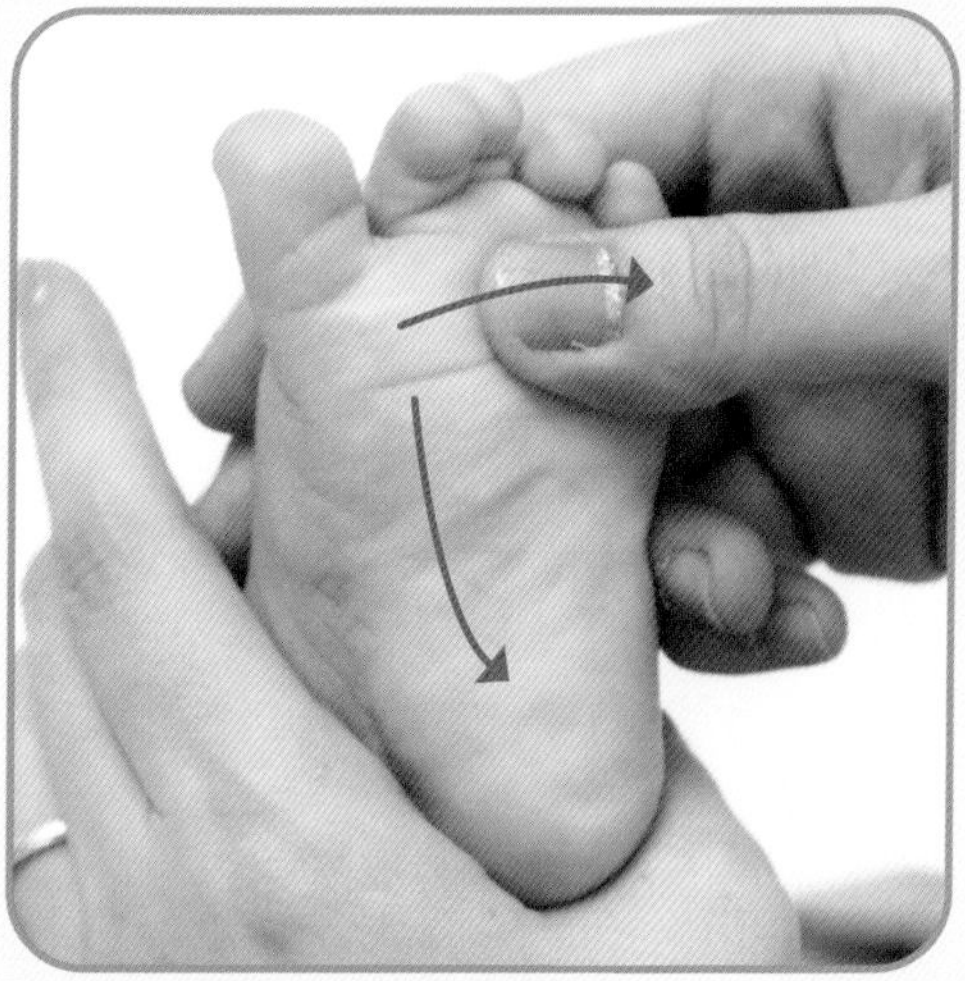

親指を使います

- 1と同じく、なでさするマッサージを「軽擦法」といいますが、こちらは親指だけを使って行う方法です。親指のはらを中心に全体を使いますが、押したり圧迫したりせず、あくまでもなでさするのがきほんです。
- 親指だけを動かすのではなく、必ずどこかにほかの指をそえます。足の裏や顔など、パーツの小さいところをマッサージするときによく使います。手掌軽擦法と同じで、落ち着かせる働きがあります。

顔

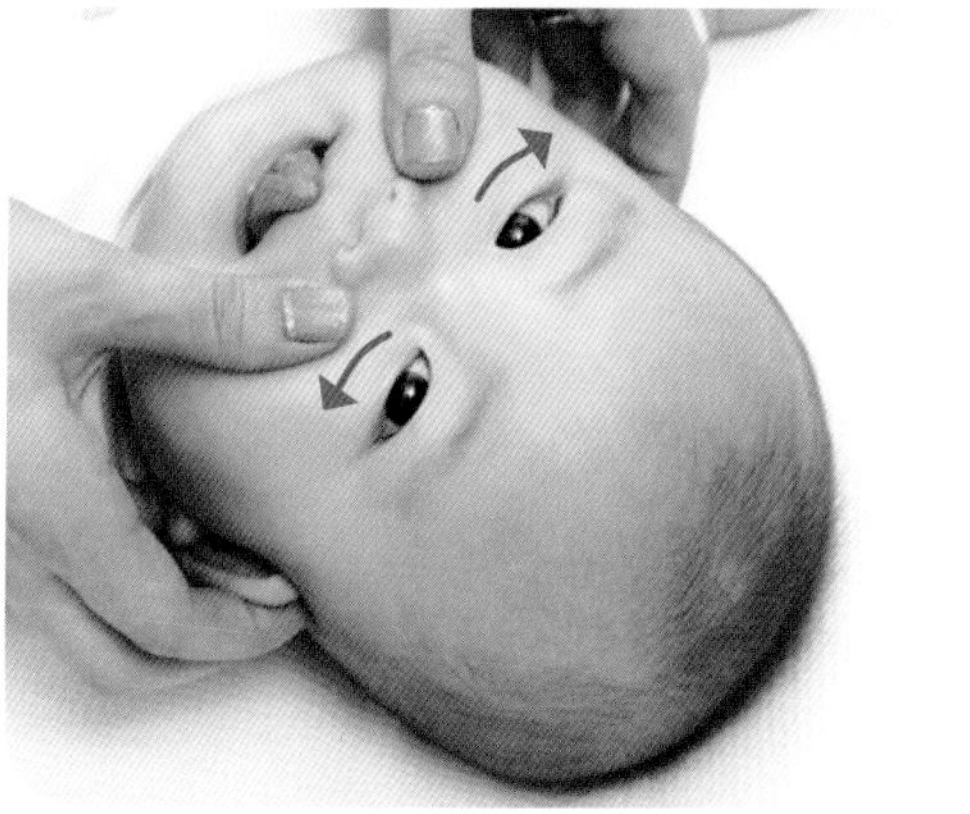

顔をマッサージするときは、赤ちゃんをあお向けに寝かせて、ほかの4本の指を耳に引っかけて行いましょう。眉の上、目の下、小鼻の横、口の下の順に、顔の真ん中から外側へ向かってなでさすります。仮性近視や鼻づまり、虫歯の予防などに効果があります。

くるぶし周り

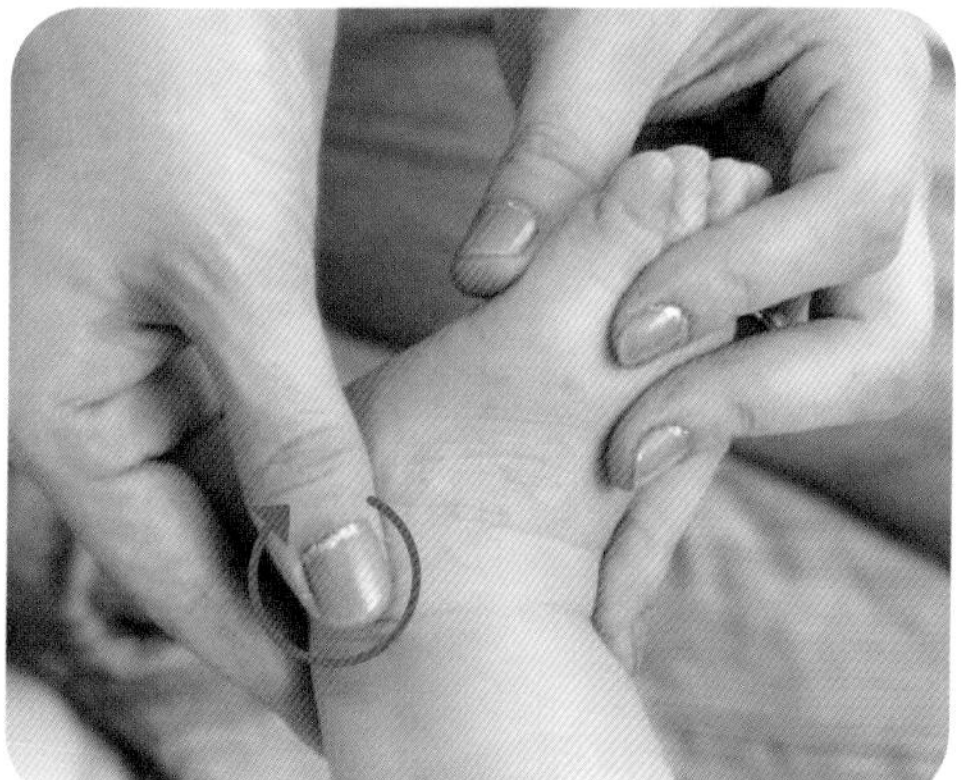

外側のくるぶし周りを、つま先のほうから後ろへ向かって円を描くようにして親指のはらでなでさすります。首がすわる前の赤ちゃんは2～3回くらい。大きくなったら10回くらいやっても大丈夫です。もう片方の手で足を押さえると、行いやすいでしょう。

3 二指軽擦法《にしけいさつほう》

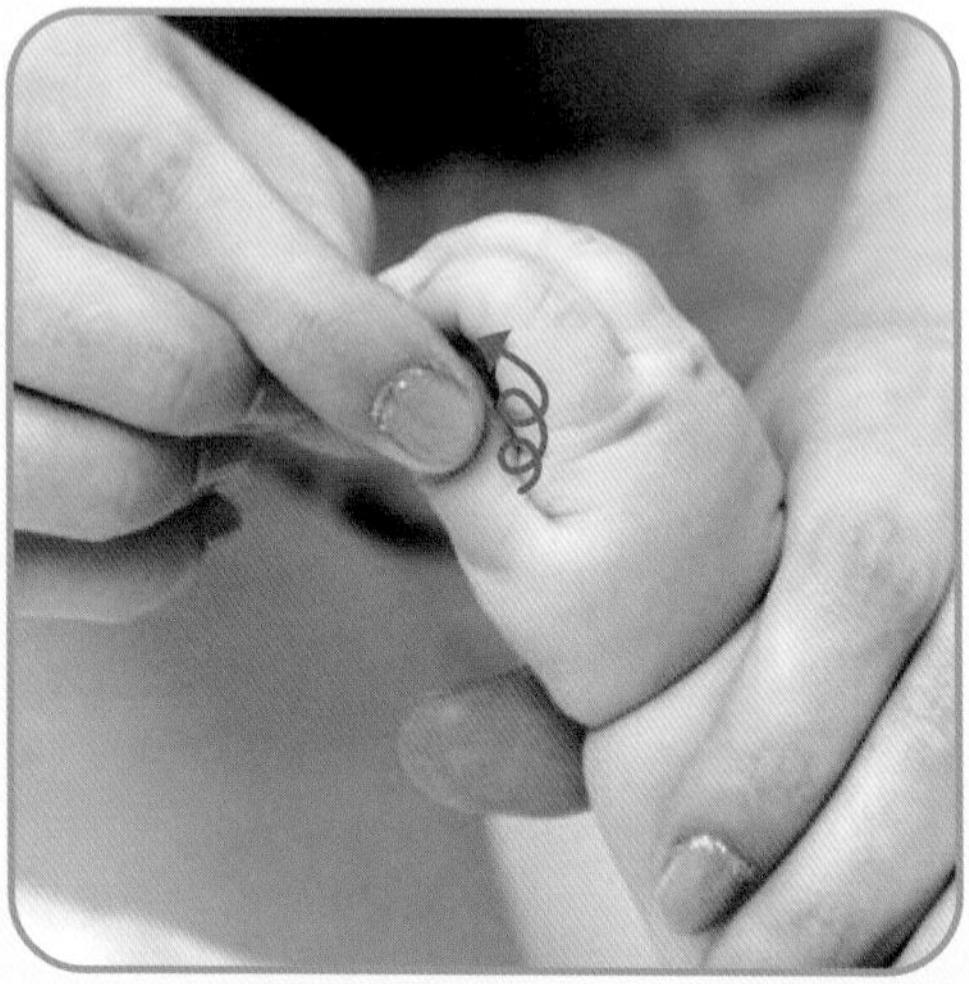

親指と人差し指を使います

☺ ここでいう「二指」は、親指と人差し指のこと。この2本の指で包み込むようにして、なでさすります。手足の指のマッサージに使うことが多く、親指と人差し指でスイッチを回すような動きでくるくるとやさしくなでます。

☺ 軽擦法は肌を潤わせしっとりとしたモチモチ肌にしたり、病気に対する抵抗力を高めたり、新陳代謝を活発にしてしっかりとした体を作ったりする作用があります。

足の指

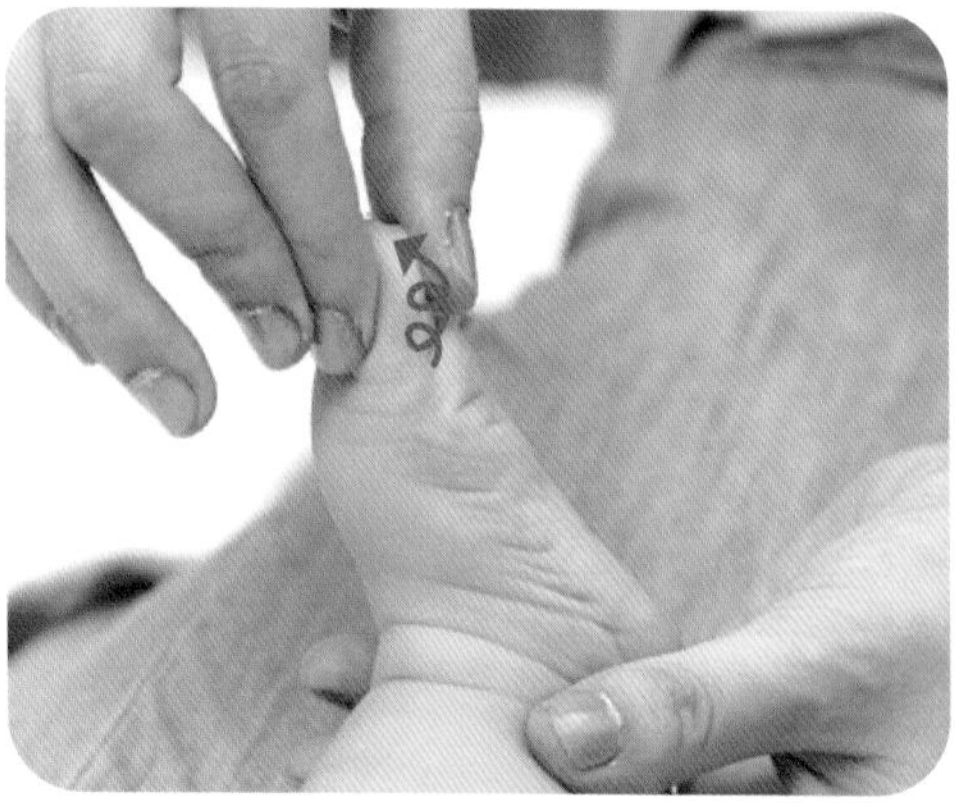

親指のつけ根を、お豆腐をつまむくらいの力加減でやさしくつまみます。くるくると2本の指で転がす感じで、指先に向かってなでさすります。最後につめの両側を挟むような状態にして、ポンッと離します。片手で足首を支えるとやりやすいでしょう。親指から小指へ向かって順番に、反対の足も行います。

鼻

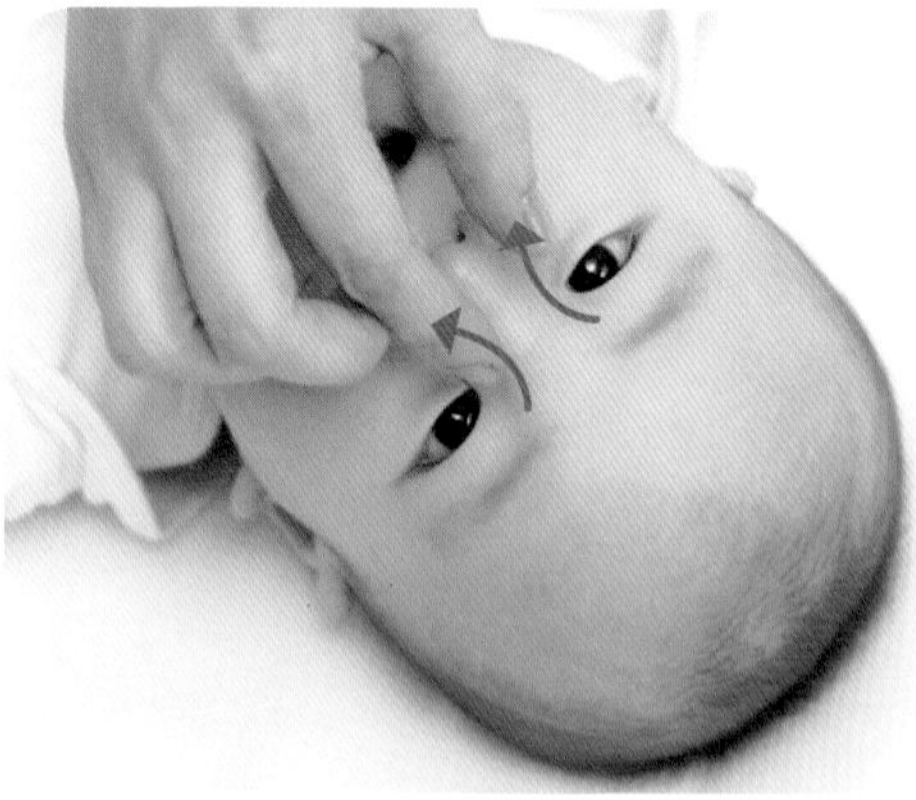

眉と眉の間をやさしくつまんで、鼻の線にそって小鼻のところまで下ろします。鼻がつまっているときに、何回かしてあげると鼻水が下りてきて取りやすくなります。そのまま2本の指を下へ移動させ、手鼻をかむ要領で鼻水をすくいとってあげましょう。おふろに入ったときにすると、鼻水が出やすくなります。

4 四《し》指《し》軽《けい》擦《さつ》法《ほう》

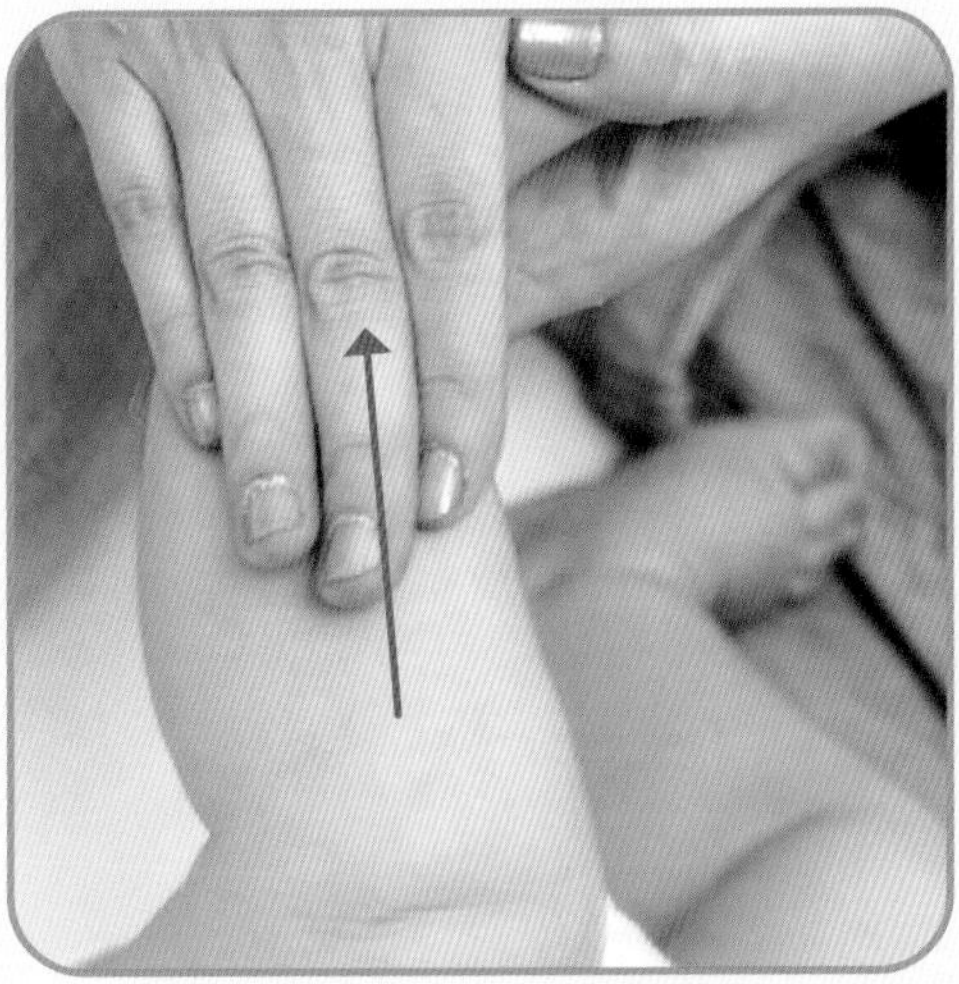

親指以外を使います

☺ 人差し指、中指、薬指、小指を使います。4本の指全体を使ってなでさする方法と、指のはらを使ってなでさする方法があります。

☺ 頭をマッサージする場合は、指のはらでこするようにして、指先を立てないように注意してください。赤ちゃんの場合は背中も狭いので、手掌軽擦法ではなく四指軽擦法を使っても。4本の指を使うと力が入りがちなので、なるべく弱い力でさするように意識しましょう。

肩から手首

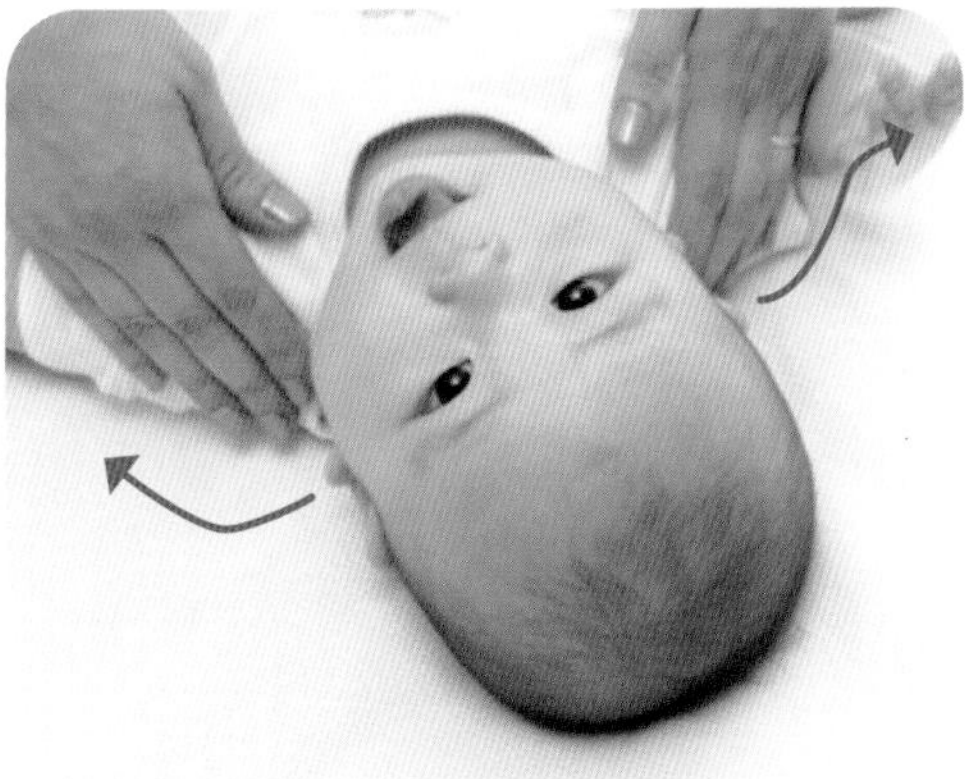

肩の辺りから手首にかけて、4本の指全体を使って腕の外側をなでさすります。写真のように両手でいっぺんに行ってもいいですし、片方の手を子どもの手首の辺りにそえて固定しながら、片手ずつマッサージしてもかまいません。

頭

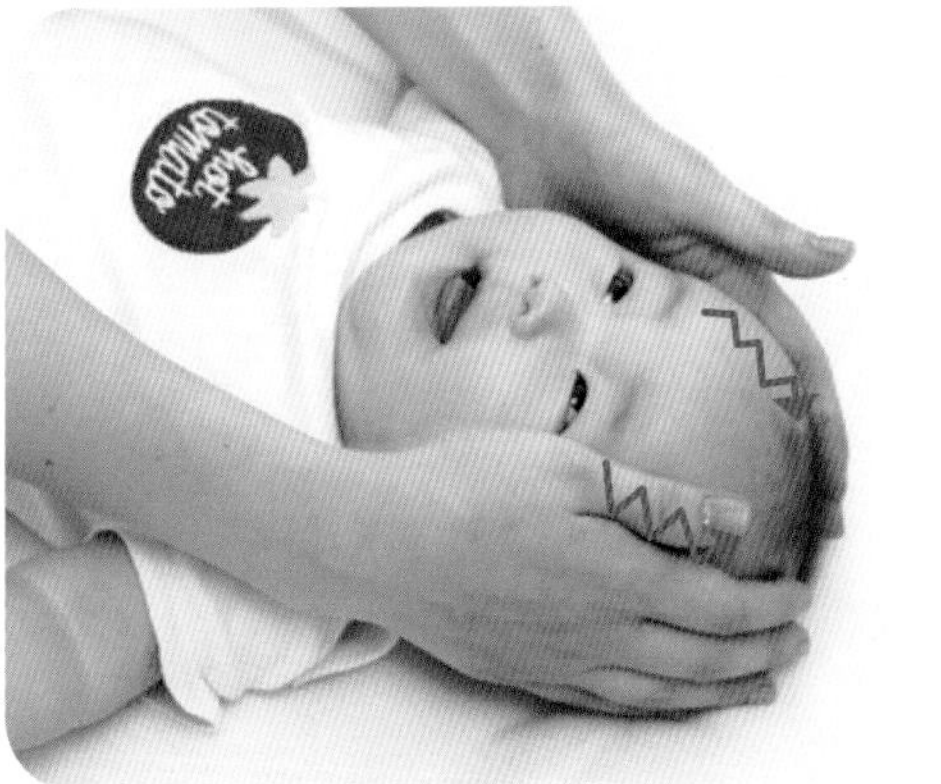

指先を丸めて、指のはらを使います。おでこの生えぎわから、頭のてっぺんに向かって4本の指のはらで細かいジグザグを描くようにしてカサカサとなでます。こめかみも同じようにしてなでさすります。かんの虫が出たときなどに効果的です。指で目をつかないよう注意して。

5 手《しゅ》掌《しょう》圧《あっ》迫《ぱく》法《ほう》

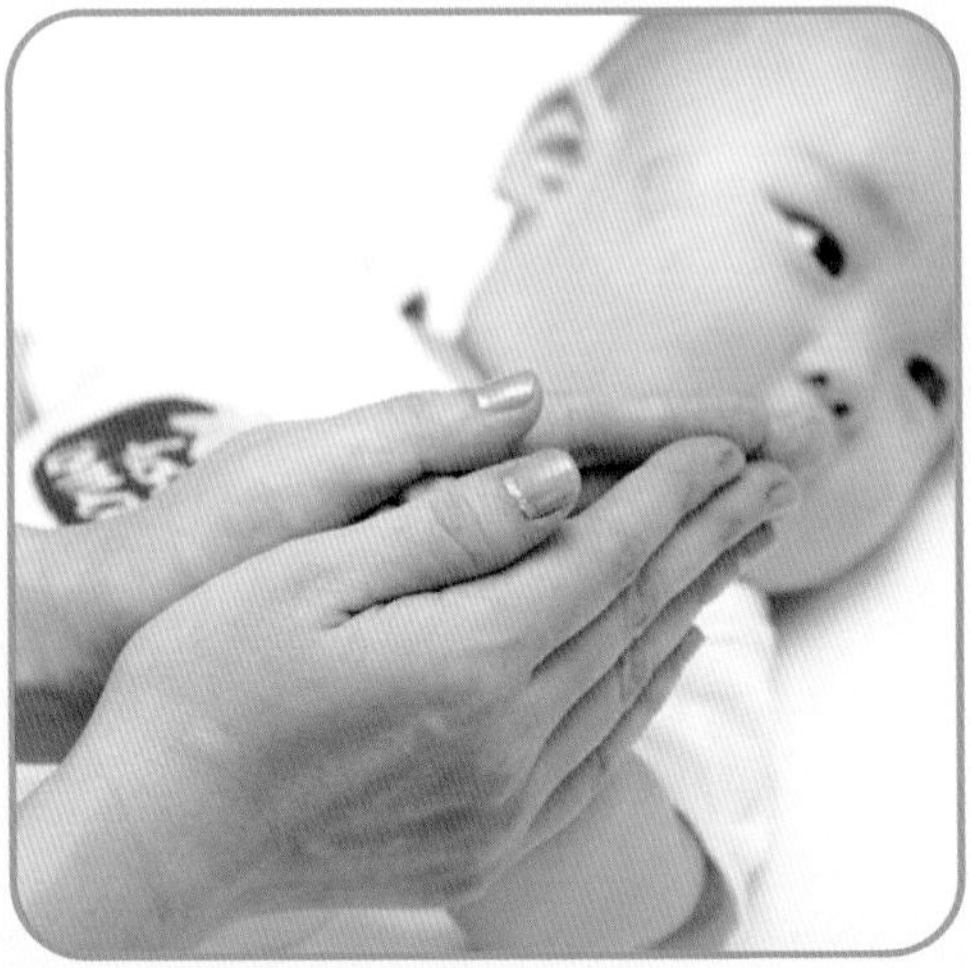

手のひら全体で包みます

☺手のひら全体をぺったりとつけて、包み込むようにして子どもの体に当てます。片手あるいは両手を使って行います。

☺「圧迫法」という名前ではありますが、赤ちゃんの場合はギュッと押したりせずに、手を乗せるだけにしてください。手の重さのみを使って圧迫するイメージです。おなかや背中のマッサージによく使います。温める効果があるので、頭痛や腹痛などが和らいで、気持ちが落ち着きます。

足先・手先

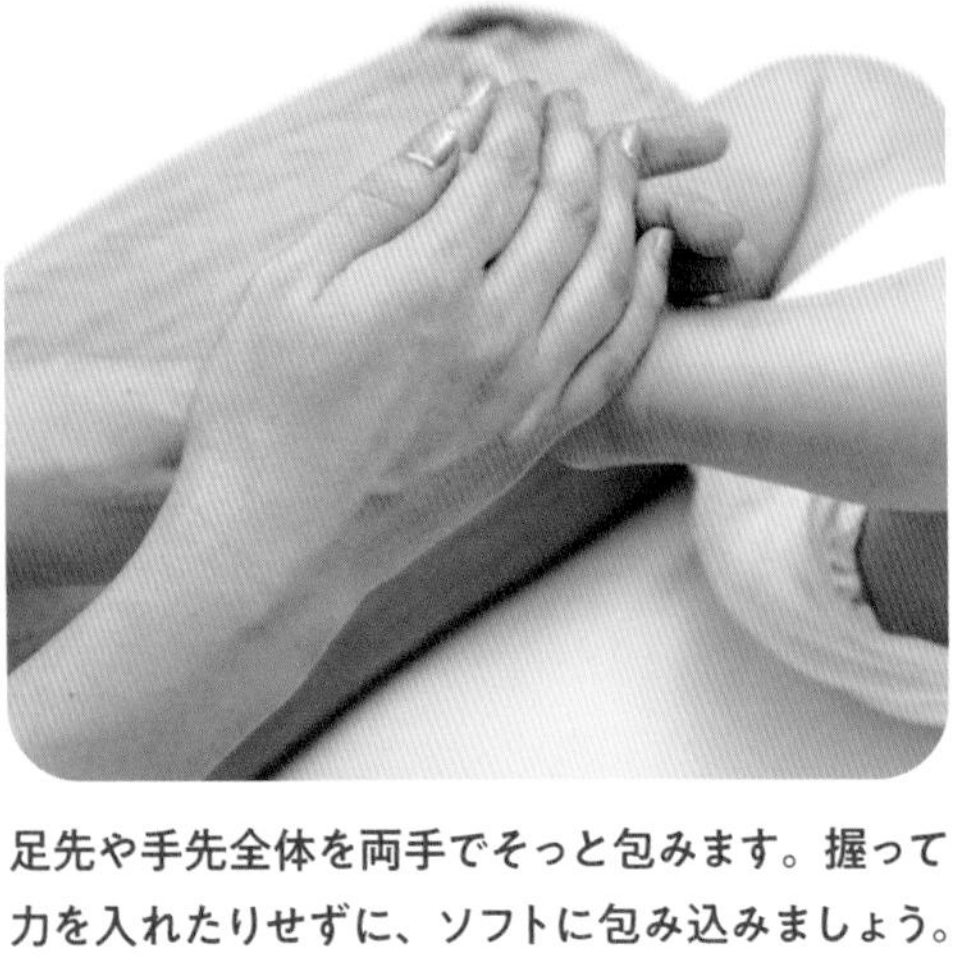

足先や手先全体を両手でそっと包みます。握って力を入れたりせずに、ソフトに包み込みましょう。片手で両方の手足を同時に行ってもよいですが、よりていねいにするならば両手で包み込む形がベター。5秒くらいそのままの状態を保ちます。気持ちをしずめる作用があります。

おなか

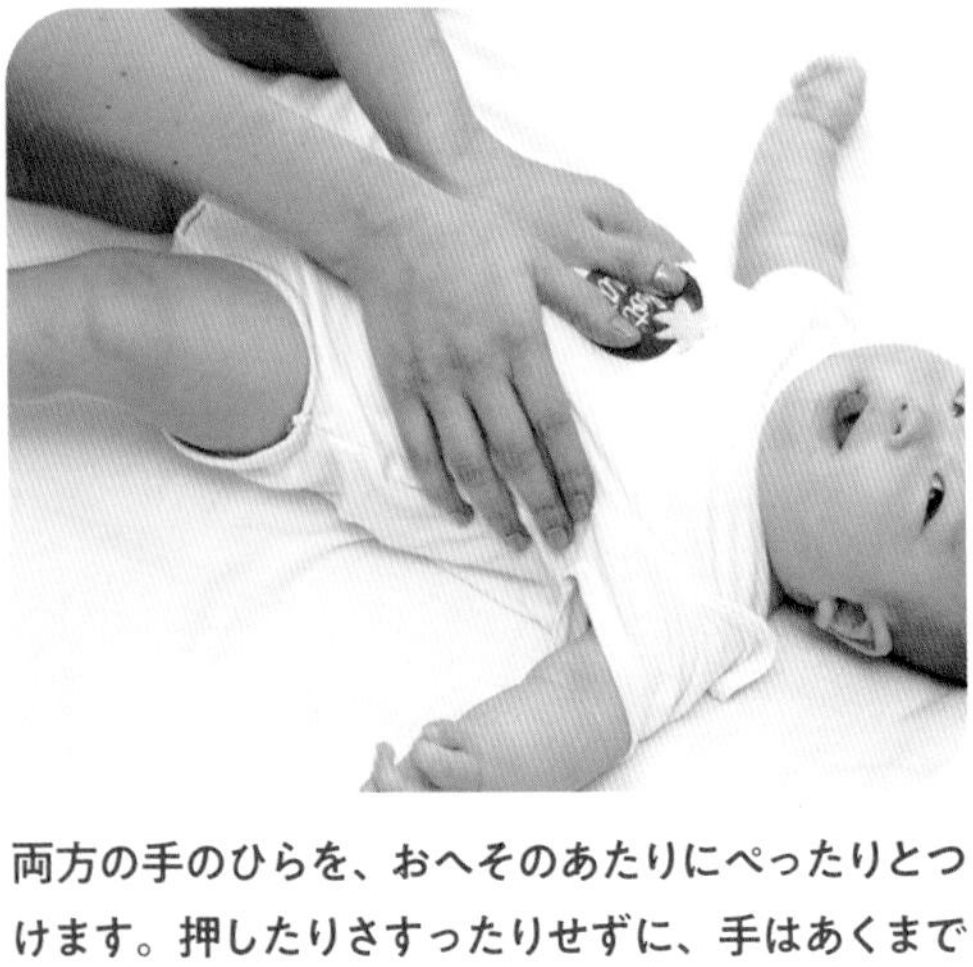

両方の手のひらを、おへそのあたりにぺったりとつけます。押したりさすったりせずに、手はあくまでも乗せるだけにしてください。ママの手の重みだけで圧迫します。両手を重ねて、おへそのあたりに乗せる形でも大丈夫です。5秒くらいそのままの状態を保ちます。

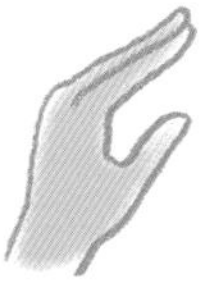

6 拍打法《はくだほう》

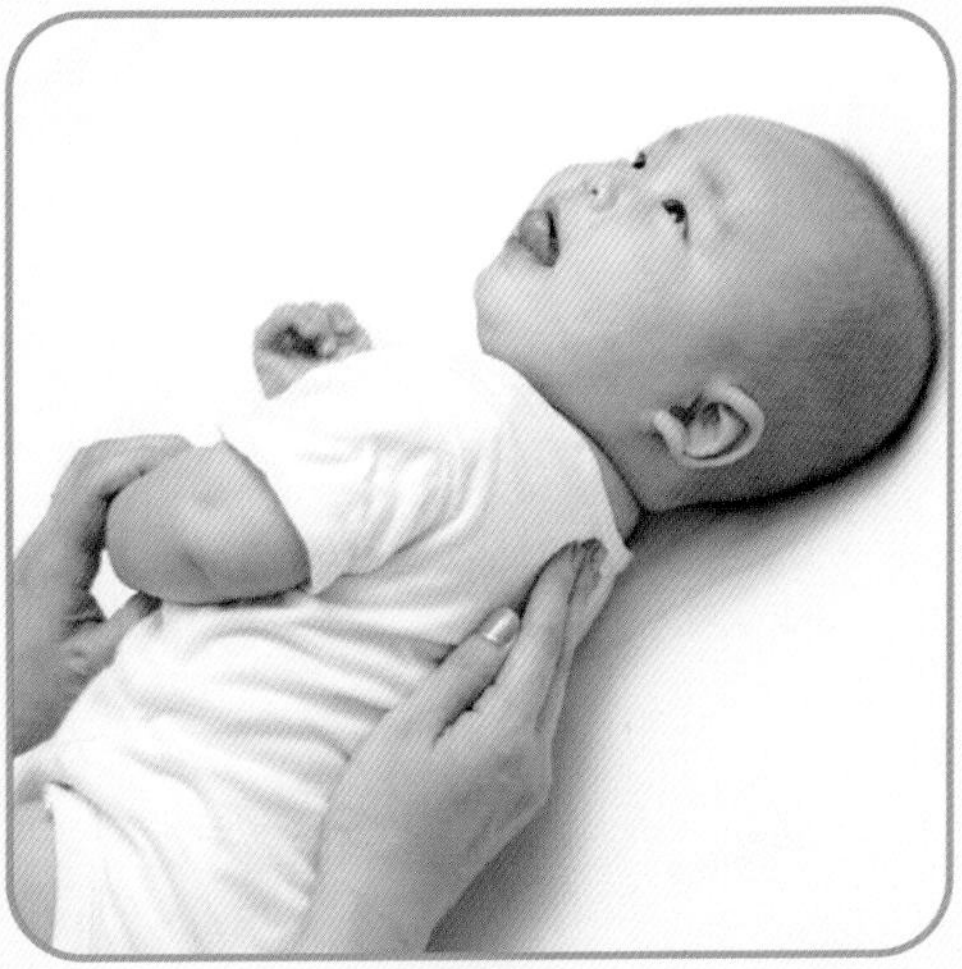

手でおわん型を作ります

☺手でおわん型を作り、なかに空気をたくわえてリズミカルにやさしくポンポンと肌に軽く当てて、素早く引きます。手をはねるようにして動かすのがポイントで、軽やかに刺激が伝わります。

☺せきや痰を取りやすくするために使います。血のめぐりをよくして元気が出るので、寝起きのよくないときは、足の外側をたたいて交感神経を刺激するとスッキリします。首がすわる前の赤ちゃんには控えてください。

足の外側

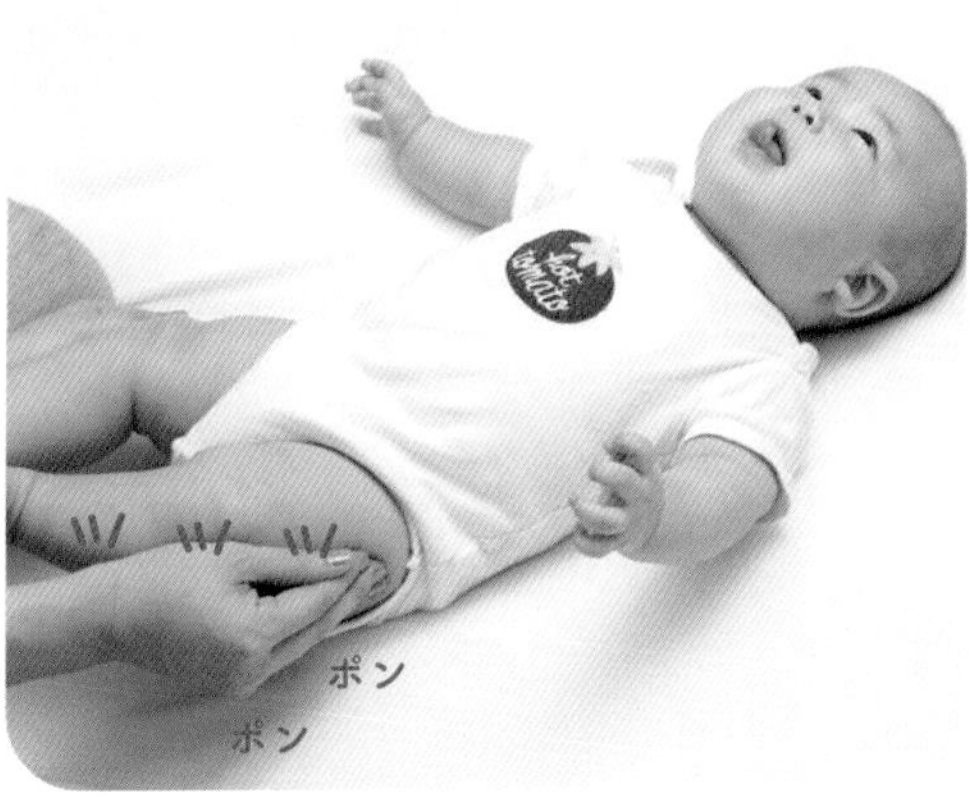

足のつけ根あたりからくるぶしのあたりまで、おわん型にした手で上から下へポンポンと軽くたたきます。片方の手を足首のあたりで軽く固定しながらすると、たたきやすいでしょう。リズミカルにすると、子どもも心地よさを感じます。

背中

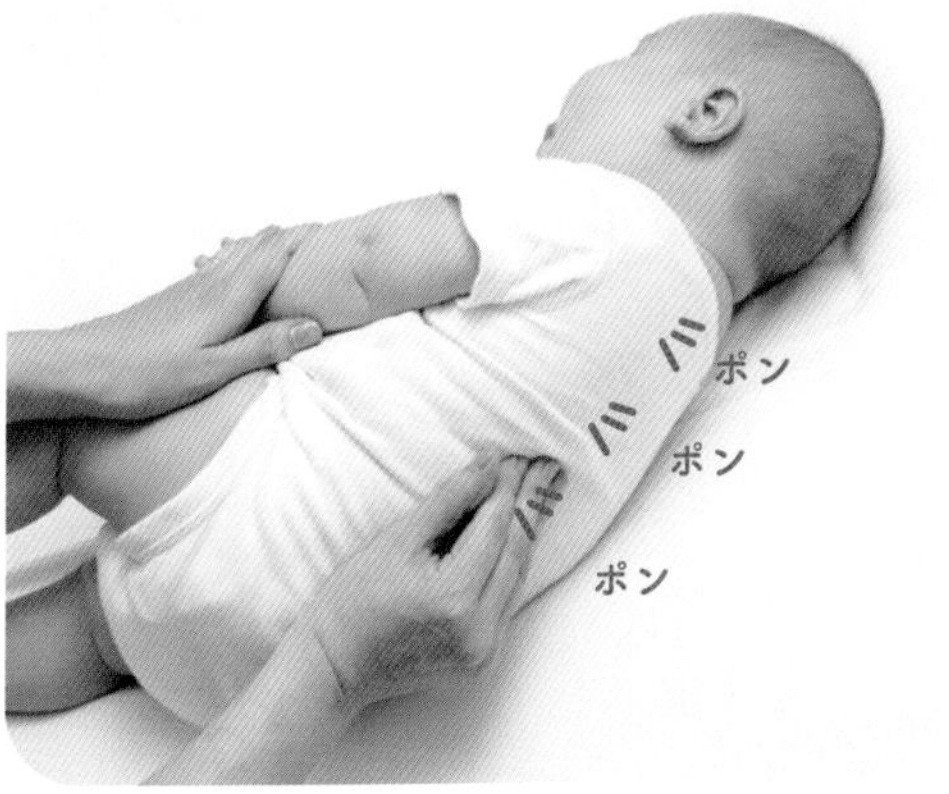

おしりの上あたりから首の下くらいまでポンポンと軽くたたきます。力を入れずに、リズミカルに行いましょう。背骨の上をたたくのではなく、背骨をそらすようにして、下から上へやや斜めにたたくと安心です。横向きにしてもう片方の手で体を押さえながらしてもいいですし、だっこしながらでもOK。

関節を動かす

7 運動法

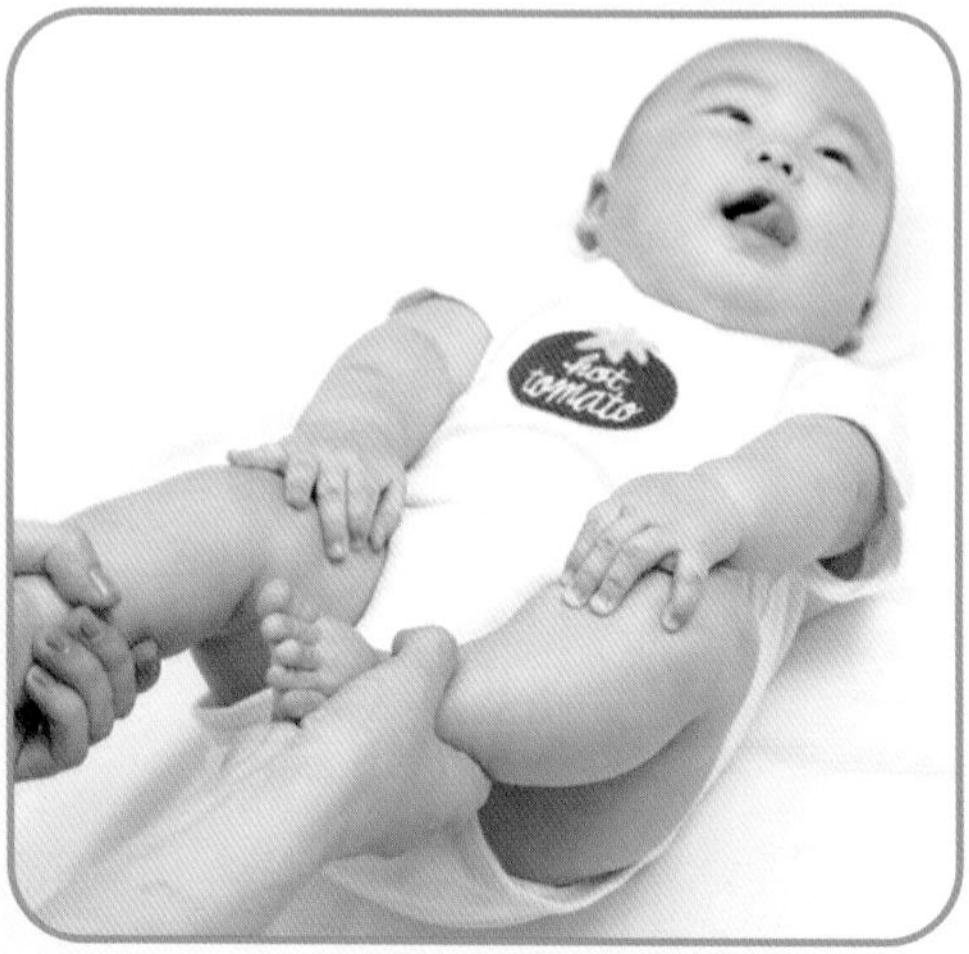

関節を動かします

☺ 両方の足首を持って、ひざを曲げた状態でゆっくりと左右に動かします。あるいは両方の手首を持って腕を交差させたり、大きな円を描くようにして腕を動かして、肩を回します。どちらも股関節や肩の関節など、関節を動かすことを意識しながらやってください。

☺ 前後左右いろんな方向に動かしますが、赤ちゃんはデリケートなので、くれぐれも無理なくスムーズに動く範囲で行うことがきほんです。

うで

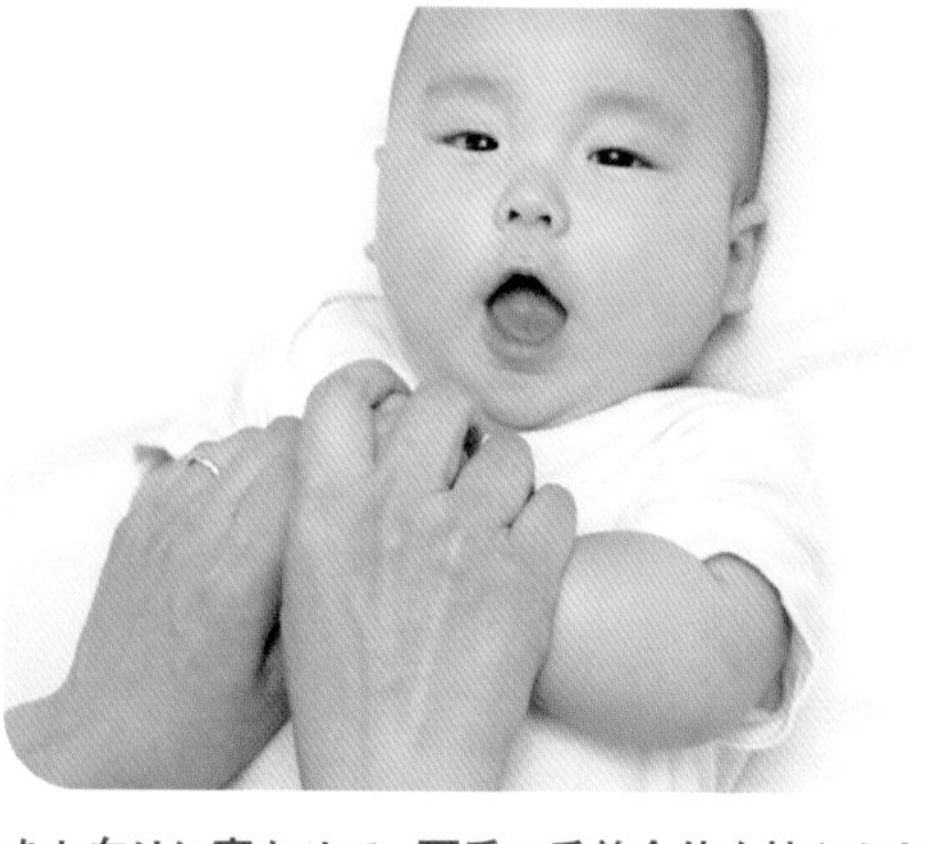

あお向けに寝かせて、両手で手首全体を持ちます。そのとき親指を子どもの手のひらに入れて、握らせると落ち着きます。子どもの両腕を広げたり、交差させたりをくり返します。腕を交差させるときは、互い違いに行いましょう。関節を動かすことでリラックスして、柔軟性が出てきます。

ひざ

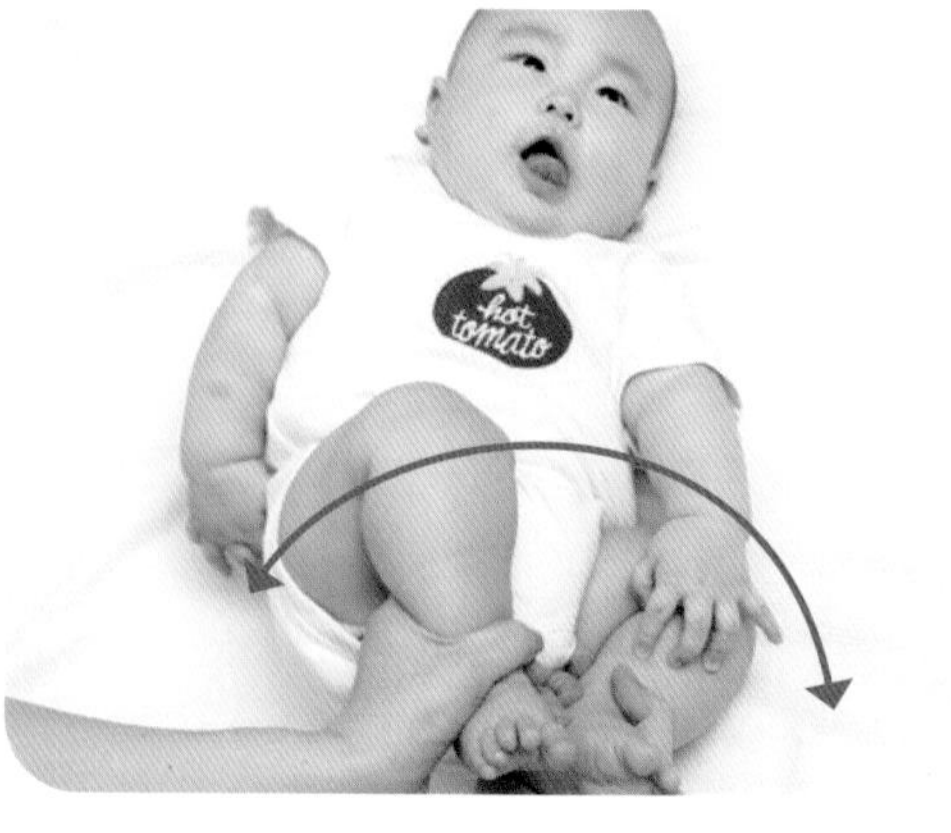

あお向けに寝かせて、両手で足首全体を持ちます。ひざと股関節を曲げた状態で、左へ、右へたおします。ひざの部分が床につくくらいまで、ごろんとたおしましょう。そのときひざとひざの間がくっつかないようにして、こぶし1個分が入るくらいの間隔を空けてください。左右1回ずつ。

手の使い方を覚えたら
流れにそって、全身をマッサージ

手の動かし方のきほんをマスターしたら、実際に全身をマッサージしてみましょう。
毎日の習慣にしたい全身マッサージです。

1 手掌軽擦法 P30

頭

まずは最初に声かけをします。両方の手のひらで頭を丸く包み込んで、やさしくさわります。てっぺんから下へ向かってなでさすって。

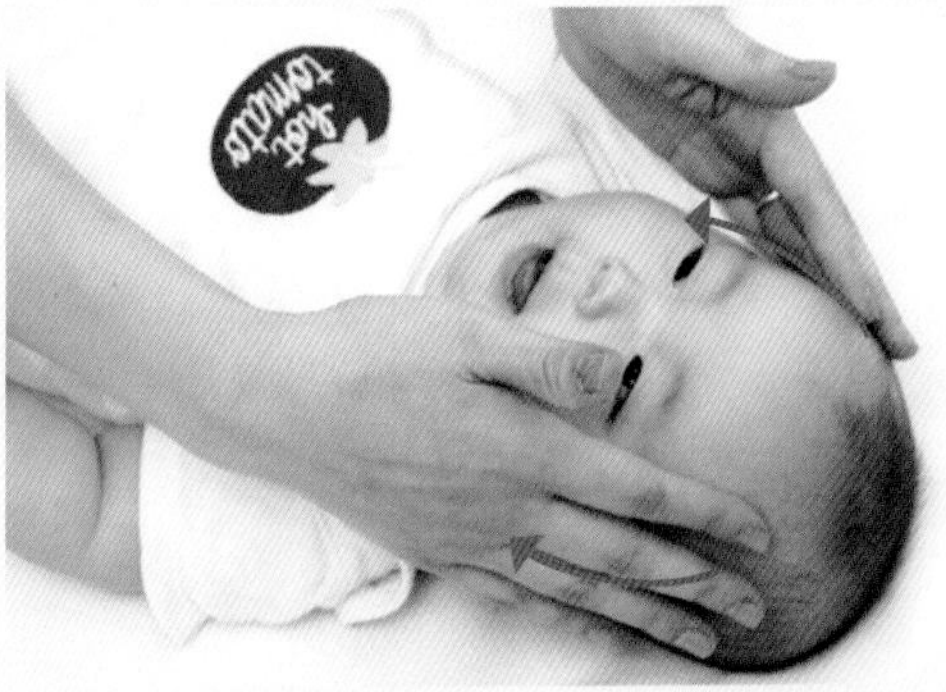

2 二指軽擦法 P32

足の指

親指のつけ根を親指と人差し指でやさしくつまんでくるくるとなでさすり、仕上げにポンッと離します。小指まで1本ずつ行います。

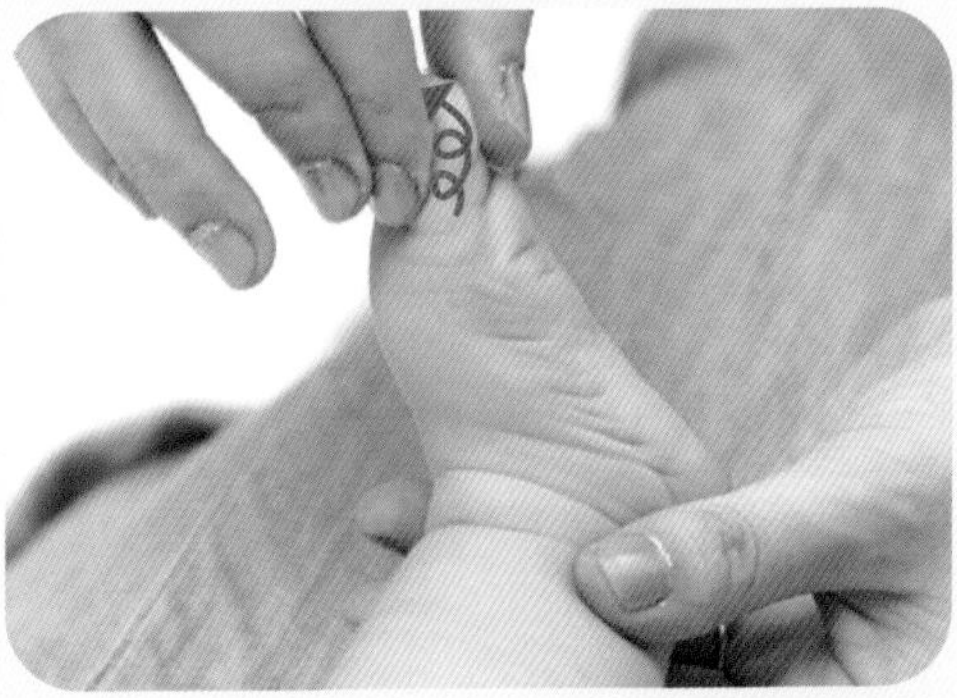

3 拇指軽擦法 P31

足の裏

足の裏の指のつけ根にそって、親指でなでさすります。今度は親指のつけ根あたりからかかとへ向かって、縦になでさすります。

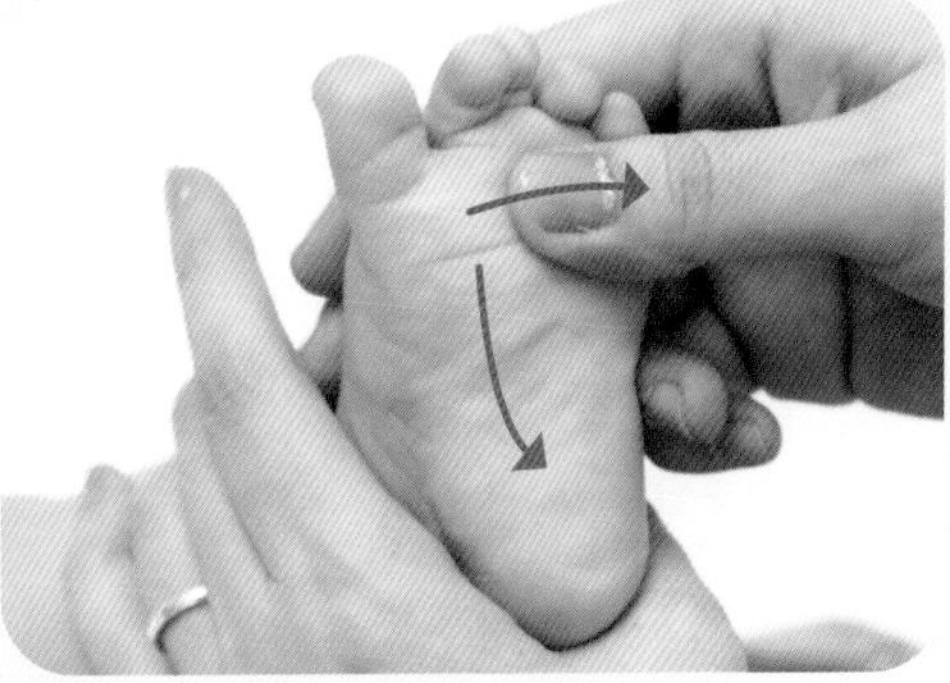

4 拇指軽擦法

P31

くるぶし周り

外側のくるぶし周りを、つま先のほうから後ろへ向かって円を描くようにして、親指のはらでなでさすります。

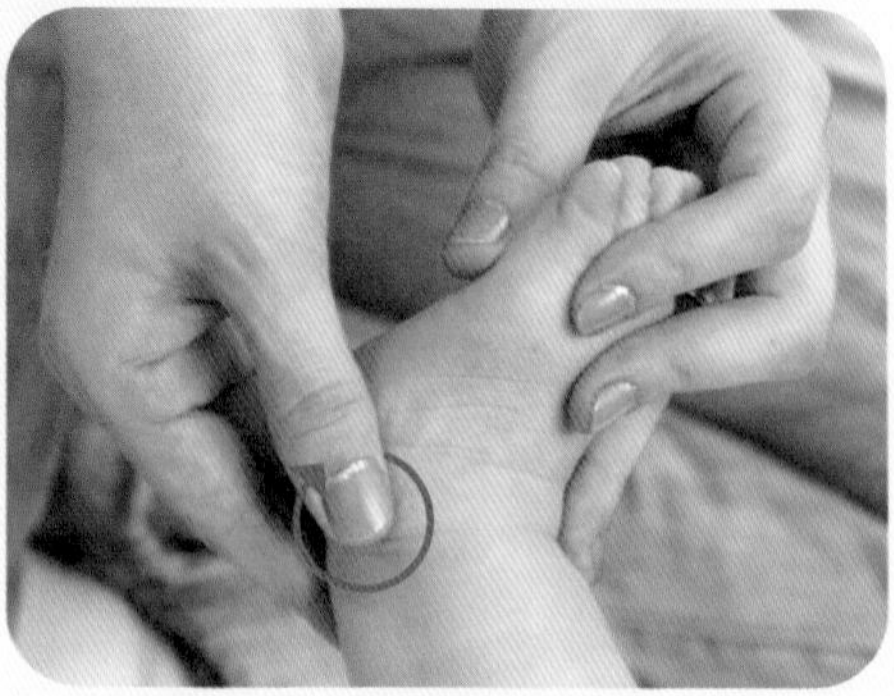

5 運動法

P36

ひざ

両手で足首全体を持ち、ひざと股関節を曲げた状態で、ひざが床につくくらいまで左右にごろんとたおします。

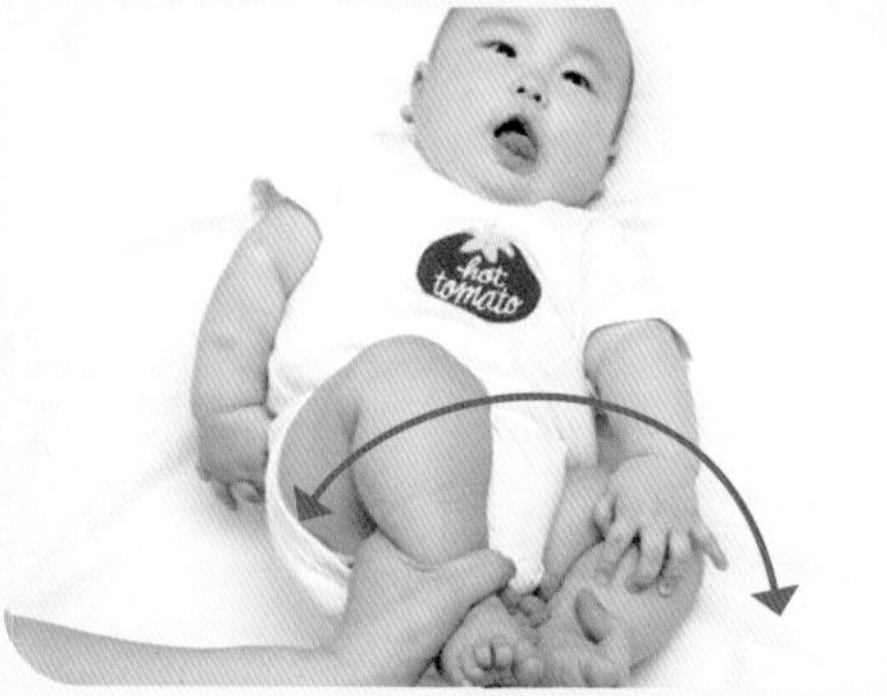

6 四指軽擦法

P33

足

親指以外の4本指全体を使い、太ももから足首にかけて外側の部分をスーッとやさしくなでさすります。

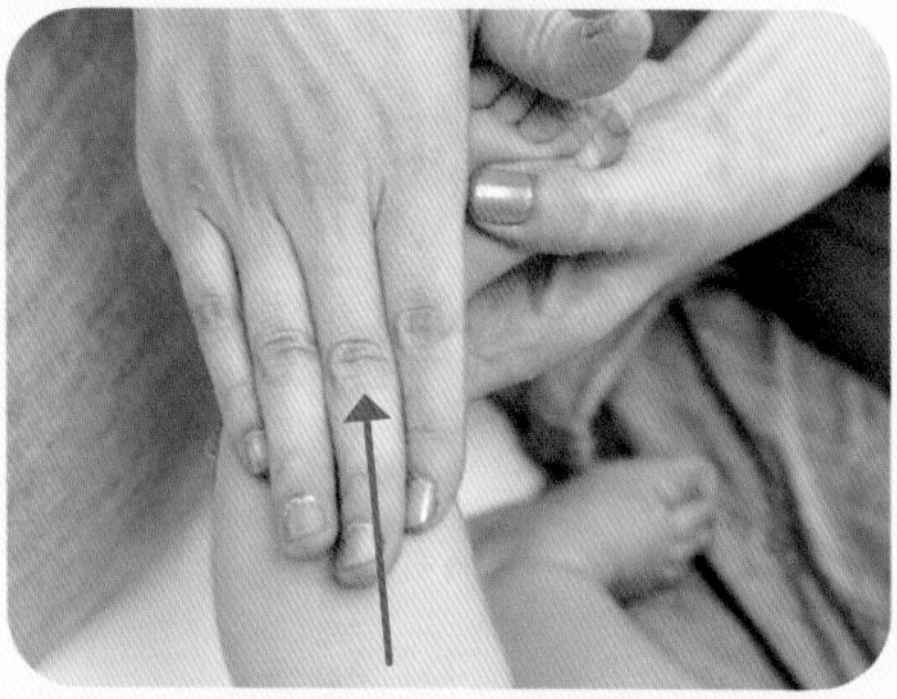

7 手掌軽擦法

P30

背中

手のひらを背中にぺったりとつけて、首の下辺りから腰まで手をおろしながら、スーッとなでさすります。

8 拍打法 P35

背中

手をおわん型にして空気をたくわえ、おしりの上あたりから首の下くらいまで、ポンポンとリズミカルに軽くたたきます。

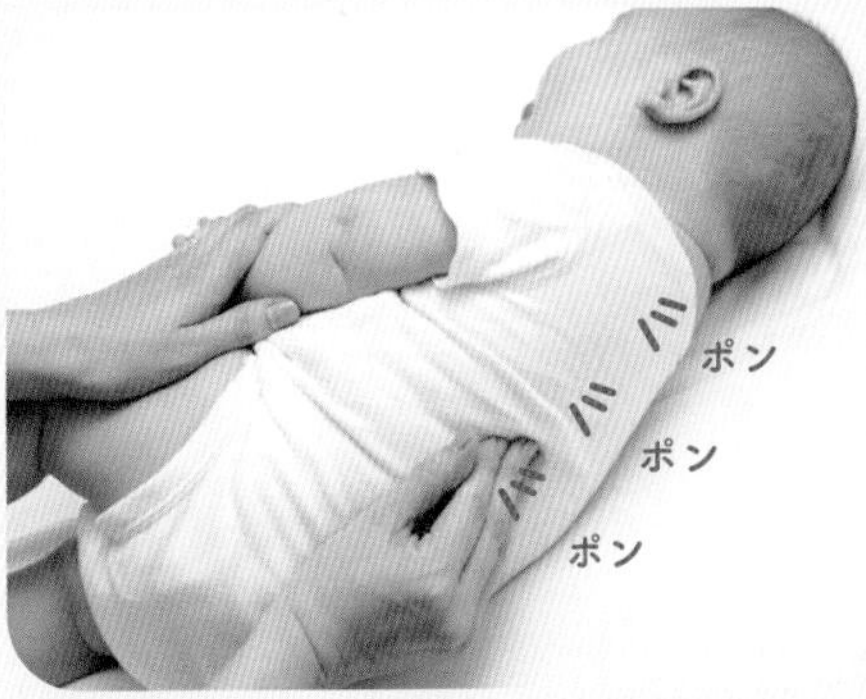

9 手掌軽擦法 P30

おなか

両方の手のひらをおなかにぺったりとつけます。右手と左手を交互に使って、上から下へおなかをなでさすります。

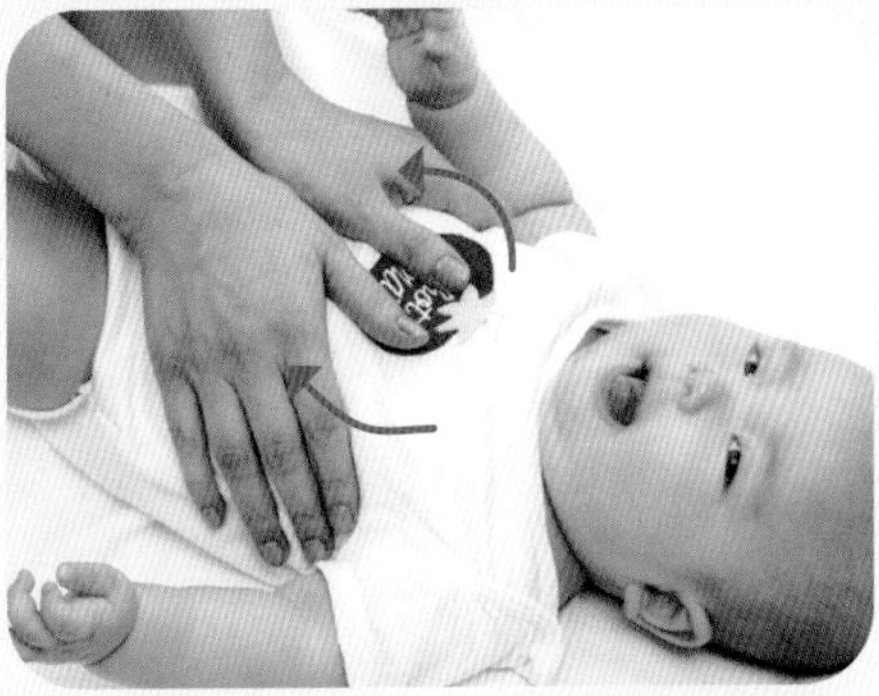

10 四指軽擦法 P33

肩から手首

肩のあたりから手首にかけて、親指以外の4本の指全体を使って腕の外側をスーッとなでさすります。

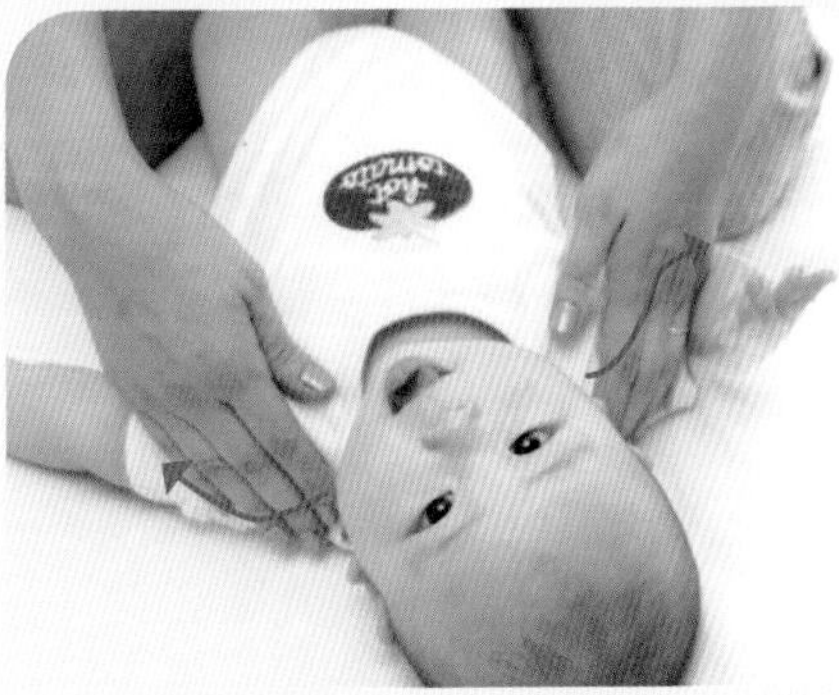

11 手掌軽擦法 P30

全身

仕上げに手のひら全体を使って、頭から胸、おなか、腰、ももを通ってつま先まで一気になでさすってバランスを整えます。

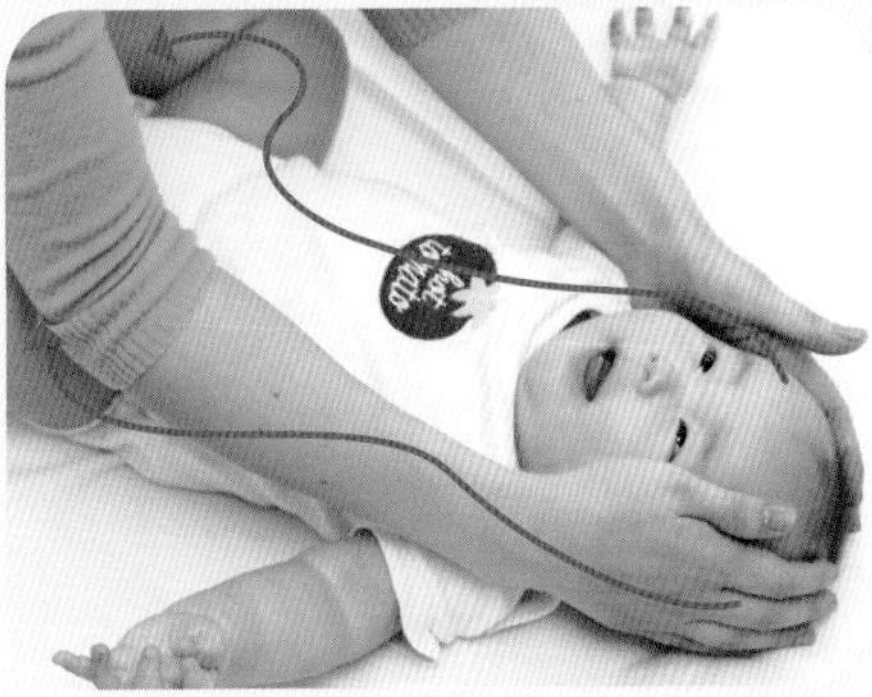

マッサージをするときに注意すること

子どもにそそいだ愛情が思わぬ事故の原因になったりしないように、
マッサージをするときに注意すべきポイントをまとめてみました。

むりやり引っ張らないで！

赤ちゃんの関節はまだまだ発達の途中なので、周りの組織もやわらかく外れやすくなっています。手足のマッサージをするときは、無理に手足を引っ張ろうとしないで、なるべく自然な曲げ方のまま、マッサージしてあげましょう。

無言は禁止！楽しく声かけを

無言ですると知らず知らずのうちに力が入ってしまうだけでなく、子どもにも楽しさが伝わりません。歌を歌ってあげたり、「気持ちいいねえ」と語りかけながらマッサージをすると、たとえ返事はなくても心の距離はぐんと縮まります。

1か月を過ぎたころから

マッサージのきほんをはじめるのは、1か月検診を終えてからにしましょう。といっても、いきなり全身をまんべんなくマッサージするのではなく、まずは手足からはじめて、慣れてきたら徐々に範囲を広げていきましょう。

医療行為ではありません

家庭で行うマッサージは医療行為ではありません。重い病気や慢性的な病気、服用中の薬がある場合、体の健康状態が気になる場合は、かならず事前に医師に相談してください。本書の著者ならびに出版社は、本書で紹介したマッサージや遊びなどで生じた一切の損傷、負傷、そのほかについての責任は負いかねます。

力の入れ過ぎに要注意！

軽くふれているつもりでも、子どもにとっては刺激が強過ぎる場合も。「本当にこのくらいで効きめがあるのかしら？」と大人が不安に思うくらいのやさしいタッチが、むしろベスト。月齢の低いうちはとくに、やさしいタッチを心がけて。

いやがったら、すぐに中止

赤ちゃんがいやがったり、むずがったりしたら続けようとしないで、すぐに中止してください。単にごきげん斜めなだけかもしれませんし、どこかに不調を感じているのかもしれません。無理をせずに、様子を見ながら再開しましょう。

頭のてっぺんを押さないで

赤ちゃんの頭の形成は未熟です。骨と骨の間に大泉門《だいせんもん》という隙間があり、やわらかくなっています。1歳半未満の子どもはとくに、押さないように気をつけましょう。大泉門は1歳半くらいで自然と閉じていきます。

様子を見ながら回数を調節

マッサージの回数の目安は、1歳未満は1種類につき2～3回、1歳以上は5～6回程度です。発達や成長には個人差がありますので、子どもの様子を見ながら調節してください。いやがったら無理をせずに、中止しましょう。

PART

3

気がかり別マッサージ

普段から、子どもの肌の状態や体質などを
把握しておくと、不調のサインをいち早く
読み取ることができます。
気がかりが出てからあわてるのではなく、
未然に防げるようなケアをしてあげましょう。

気がかりな子どもの体質。どんなマッサージがいい？

普段の状態を知って、気がかりを未然に防げるようなマッサージをしましょう。気がかりが出てしまったときは、早めの処置を心がけて。

子どもの肌から不調のサインを読み取って

マッサージを習慣にしていると、表情はもちろん、手でふれたときの肌の温もりや弾力などが日によって微妙に違うことに気がつくでしょう。普段の健康なときの体の状態や、くせなどを知っておくと、不調のサインをいち早く読み取ることができるはず。

言葉を話さないうちは、泣くことでしか要求を訴えることができませんし、話せるようになっても、体の不調を的確に説明するのは難しいもの。**肌の状態を知ることは、さまざまなシグナルを受け取ることといえます。**

気がかりを未然に防ぐためのマッサージを

体が冷えやすかったり、呼吸器が弱かったり、食が細かったり。一人ひとりの性格が違うように、子どもの体質にも特徴があります。

気がかりや病気は、こうした体質の弱い部分から引き起こされることが多いのです。

まずは子どもの体質を把握して、弱いところを重点的にマッサージしてあげましょう。

マッサージの効果には個人差がありますが、未然に防げるように普段からケアしてあげることが大切です。

気がかりが出たときは

おかしいなと思ったら病院へ！

家庭で行うマッサージは医療行為ではありません。いつもと様子が違うと思ったら、自己判断するのではなく、専門のお医者さんに診てもらうようにしましょう。思わぬ病気が隠れているおそれもあります。

症状をやわらげるケアをしよう

体が少しでもらくになるように、気がかりをやわらげるマッサージをこまめにしてあげましょう。不安になっているのは、ママだけでなく子どもも一緒です。ふれ合うことで、安心させてあげましょう。

子どもに起こる気がかり、いろいろ

子どもの体質を理解して、気がかりが出る前に予防を。
マッサージをして安心させてあげましょう。

行動力があり好奇心も旺盛ですが、思い通りにいかないとイライラしてしまう子どもに、よく見られる症状です。ちょっとしたことに興奮しやすいタイプ。

そんなタイプに多い気がかりは

- 夜泣き
- かみつき
- イライラ（奇声）
- 仮性近視
- チック

▶P44へ

外で元気に遊ぶ活発な子というよりも、家のなかでごろごろするのが大好き。おなかがあまり強くないため、食欲にも波があるタイプ。

そんなタイプに多い気がかりは

- 便秘
- 下痢
- 食欲不振
- アトピー性皮膚炎
- おむつかぶれ

▶P50へ

呼吸器系が弱く、一年を通して頻繁にかぜをひいていて、鼻もグズグズしがちなタイプ。気温の変化に敏感で、肌が青白くて、潤いの足りない印象があります。

そんなタイプに多い気がかりは

- かぜ
- せき
- 鼻水
- 花粉症
- 小児喘息

▶P56へ

元気や気力にムラがあり、ちょっとしたことに怖がってしまうタイプ。集中力が長続きせず、根気がないように見えることも。

そんなタイプに多い気がかりは

- 夜尿症
- 寝ぐずり
- 人見知り
- かんしゃく
- 疲れやすい

▶P62へ

※1歳未満は1種類につき2～3回、1歳以上は5～6回を目安にマッサージをしましょう。
個人差がありますので、子どもの様子を見ながら調節しましょう。

夜泣き・かみつき・イライラ（奇声）・仮性近視・チック

元気いっぱいだけど、やりたいことがうまくいかず、ついイライラ。そんなタイプはこまめにマッサージをして、リラックスさせてあげて。

思い通りにいかないと情緒不安定に

夜泣き、かみつき、イライラ、仮性近視、チックなどの症状が見られる子は、好奇心旺盛で、元気いっぱいのタイプ。しかしまだ発達が追いついていないため、自分の好奇心や行動力に対してできることが限られていて、情緒不安定になってしまいがち。

また物事を思い通りにきちんと進めたいため、親の都合であちこち連れ回されることにもストレスを感じてしまいます。たとえ0歳児でも「明日は○○までバスに乗って行くよ」とか「朝早く出るから、おしたく手伝ってね」などと、前もって行動予定を伝えておくとよいでしょう。なるべくリラックスできる環境を整えてあげて。

まずは予防を

たまりやすいストレスを取り除くようなマッサージをこまめにしてあげましょう。

背中

背中を下から上へスーッとなでます

横向きにして、腰から首の下くらいまでを、手のひら全体を使ってスーッとなでさすります（手掌軽擦法）。目を見ながら語りかけるように。

足

内側から外側へ、なでます

ひざ上くらいから、足の内側を上へ向かってなでます。つけ根まで来たら今度は外側を上から下へ。内側は四指、外側は手のひら全体を使います。

夜泣き

試してみよう

夜泣きの決定的な解決法は残念ながらありませんが、激しく泣いたときは、イライラせずに落ち着くのを待って、やさしくマッサージしてあげましょう。

全身

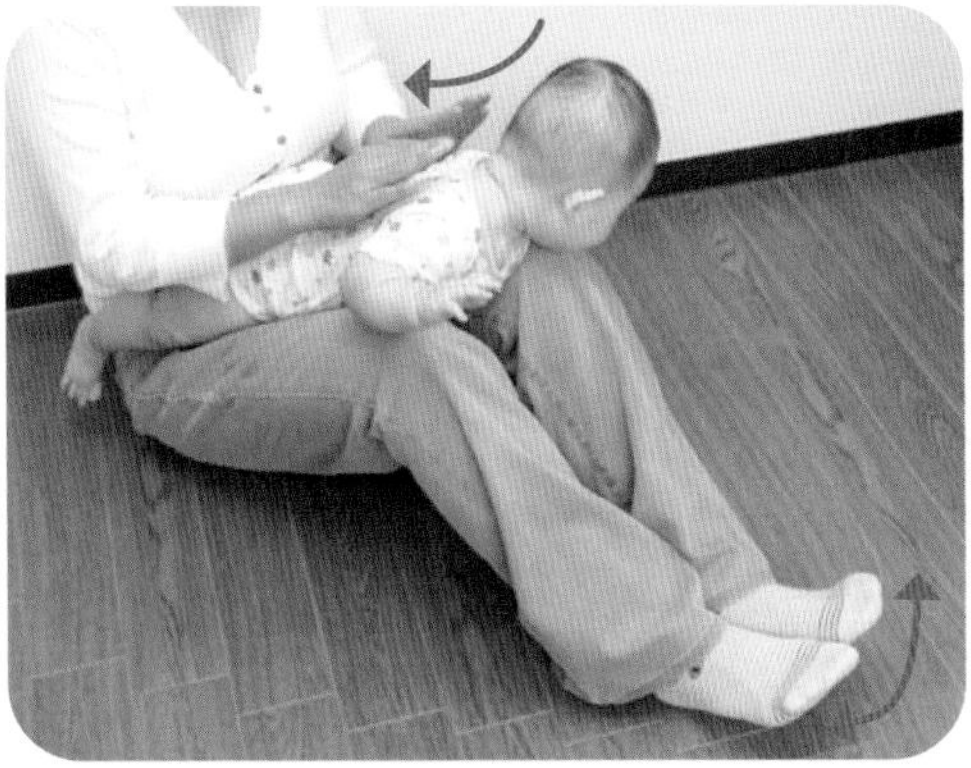

ひざの上でうつぶせにしてなでなで

壁によりかかってひざを立ててすわります。赤ちゃんをうつぶせに乗せ、背中を手のひら全体で上から下へなでながら（手掌軽擦法）、足でトントンとリズムを取ります。胸が押さえられるため、落ち着きやすくなります。

肩甲骨の間

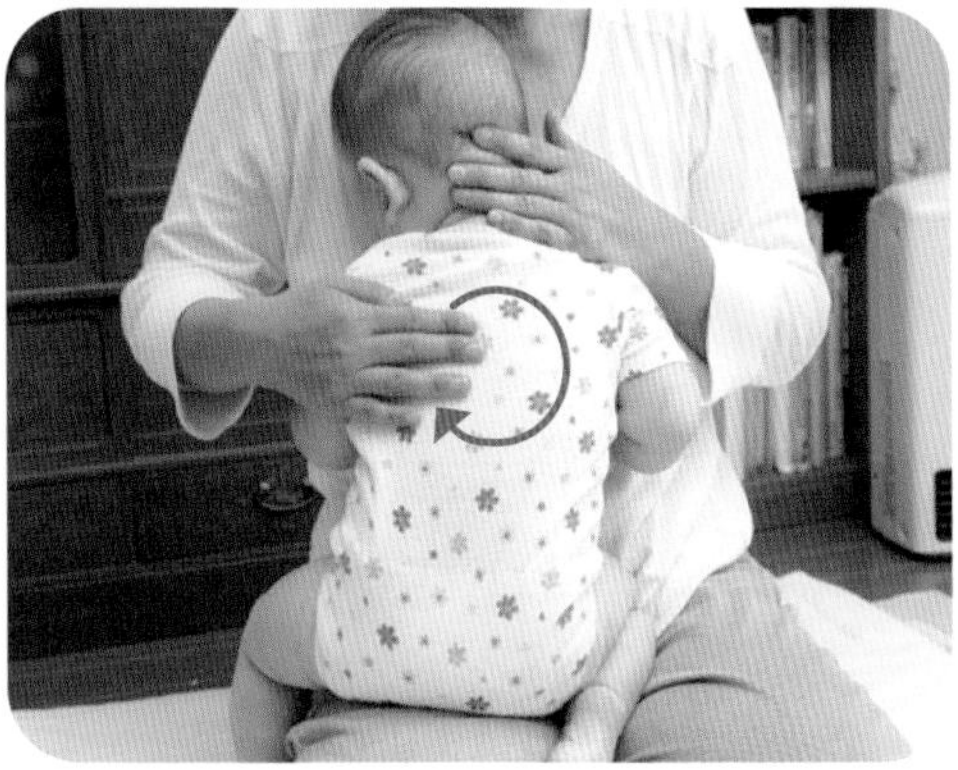

肩甲骨の間をくるくるなでます

手のひら全体を使って、時計回りにくるくるとなでます（手掌軽擦法）。泣きがおさまってきたころにやると落ち着きます。激しく泣いているときは、背中に手を当てて（手掌圧迫法）落ち着くのを待ちます。

生活リズムを整えて、昼間は積極的に運動を

新生児期を過ぎると、夜中に起きて泣くことは少なくなってきます。しかしきげんよく寝ついてぐっすり眠っていた赤ちゃんが、はっきりとした原因（空腹・おむつがぬれている・部屋が暑過ぎる・寒過ぎるなど）がないのに、夜中に激しく泣くことがあります。ひと晩に2度3度と泣き出したり、抱いていないと泣きやまなかったりなど、夜泣きの仕方もそれぞれです。

対策としては、昼と夜のメリハリをつけるように生活リズムを整えてあげたり、昼間、散歩などに連れ出して運動させたりすると、夜はぐっすり眠ることもありますが、決定的な解決法ではないようです。毛布で体をくるくる巻き、頭を外に出して寝かせる（赤ちゃんの様子を見ながら）と、夜泣きがぴたりと止まることもあります。体を少しだけ締めつけるように圧迫されると、赤ちゃんはママのおなかのなかにいたときのことを思い出して、落ち着くのです。

※手の使い方については、P28〜35を参照してください。

かみつき

試してみよう

ママへのかみつきは「私のほうを見て！」というサインかもしれません。じっくりと目を見ながら、ていねいにマッサージをすることが解消へのひとつの近道です。

手

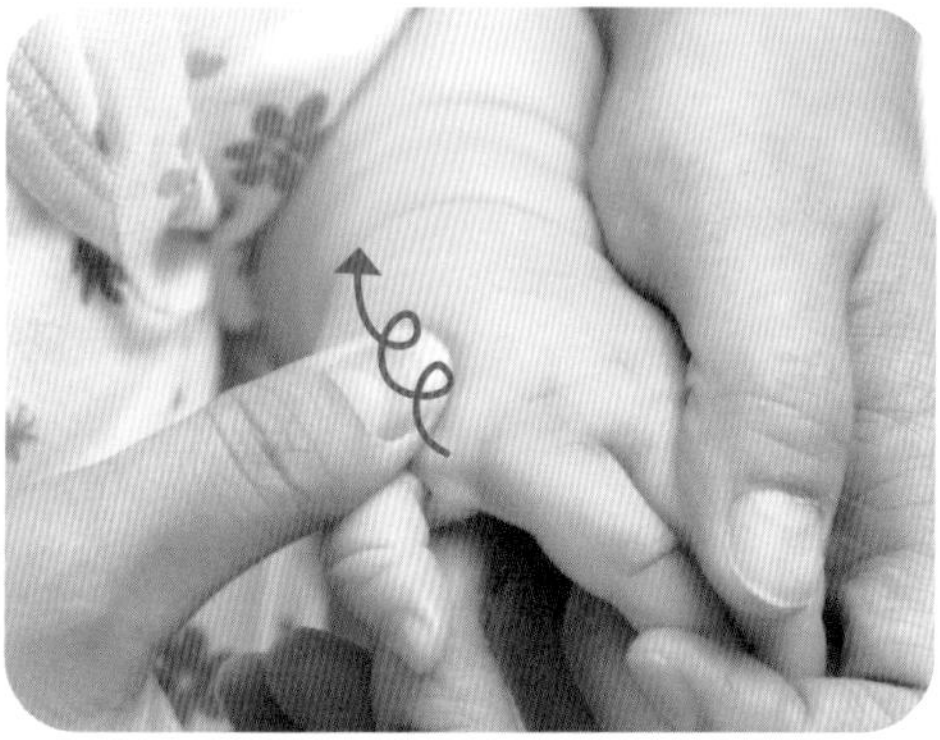

指のまたを挟んでくるくる

親指と人差し指のまたの部分を、ママの親指と人差し指で軽く挟みます（二指軽擦法）。手首のほうへ向かって、くるくると回しながらやさしくなでさすります。挟んだ2本の指をそのままスーッとすべらせても。

頭

こめかみをカサカサさすります

親指以外の4本の指のはらを使って（四指軽擦法）、耳の上あたりのこめかみ部分をカサカサと上から下へ軽くなでさすります。横向きにだっこすると、やりやすくなります。

かみつきには、さまざまな心理的理由が

かみつきの原因は、年齢によって違います。もっとも早い段階では、子犬がジャレてかみつくような感覚で遊びのひとつといえます。甘えている行為で力加減をまだ調節できません。次の段階は、言葉の代わりとしてのかみつきです。狙っていたおもちゃを取られたとき、「自分が使おうと思っていたのに」などと気持ちを言葉で伝えられないため、ガブリ……、というパターンです。単に側にいてほしくないという理由で、いきなりかみつくことも。

さらに次の段階は、けんかの手段としてのかみつきです。勝つために、たたいたりけったりするのと同じようにかみつくのです。どの年代でも心理的な理由が必ずあるので、適切に気持ちを汲み取って対処してあげましょう。やめさせるにはそれなりの忍耐と時間が必要ですが、相手の気持ちを受け入れて、別の方法で解決させることの大切さを根気強く教えていきましょう。

イライラ（奇声）

試してみよう

イライラはどんな子どもにも起こること。顔つきがきつくなってきたら、イライラがたまってきたサインです。大暴れする前にマッサージをしてあげて。

足

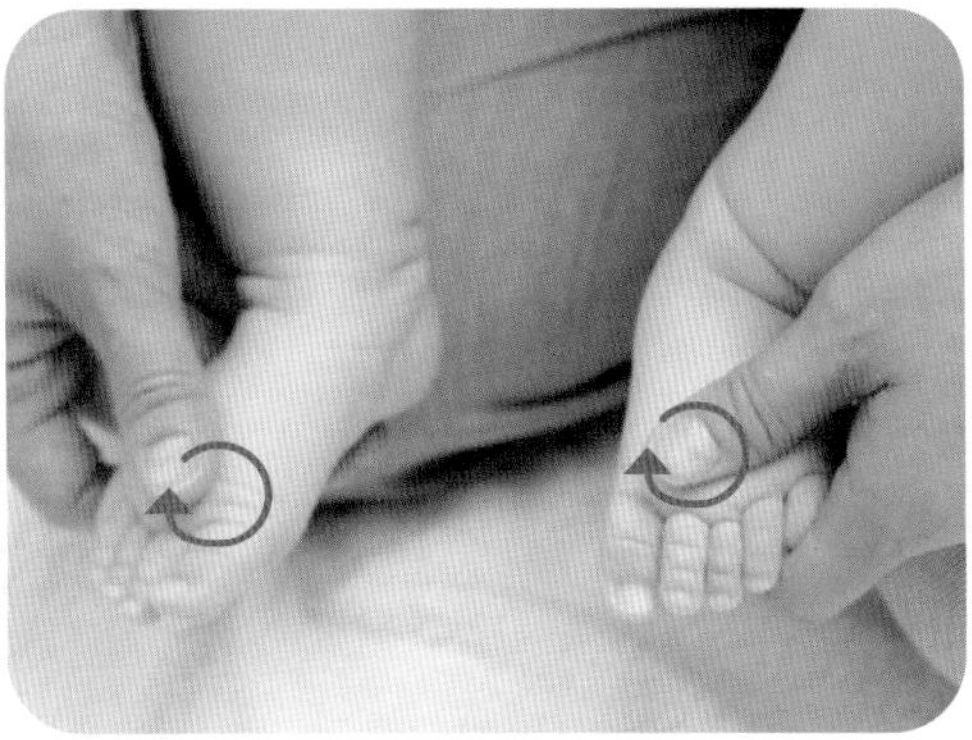

足の甲を丸くなでます

親指のはらを使って、足の甲を時計回りに丸くなでさすります（拇指軽擦法）。両手で一度に行ってもよいですし、片手をそえながら行っても。イライラがたまって爆発してしまう前に、すかさずマッサージを！

頭

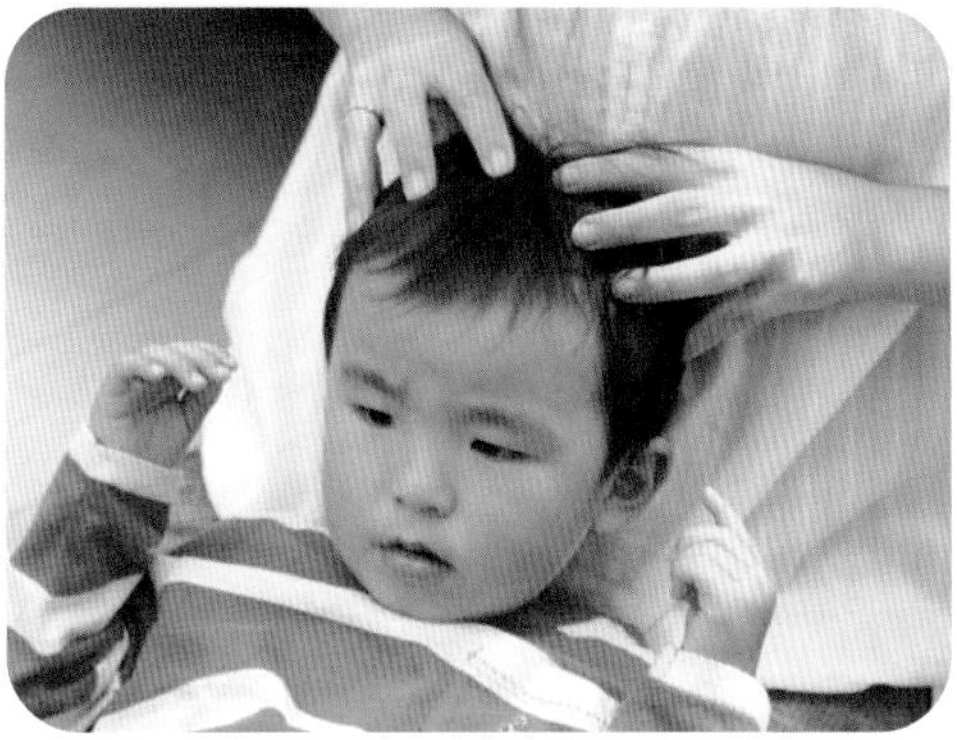

全体をまんべんなくさすります

指先をやや立てぎみにして、4本の指のはらで頭皮をなでさすります（四指軽擦法）。髪の毛ごと頭全体をまんべんなくカサカサさすりましょう。イライラがたまっていそうなときにやると、穏やかな気分になって落ち着きます。

誰にでも起こることなので温かい目で見守って

子どもは1歳くらいから自我が芽生えはじめ、年齢を重ねるにつれて強くなっていきます。しかし体の機能の発達が追いつかないため、自分がこうしたいと思うことと、実際にできることのギャップが大きくなってしまうのも、この時期です。

言葉をうまく操れない時期は訴えが伝わらないため、もどかしさを振り払うかのように奇声をあげたり、かみついたりという行動を起こします。個人差はありますが、発育の段階で誰にでも起こることですから、心配し過ぎず愛情を持って接してあげましょう。もしも感情が爆発してしまったときは、それにつき合わないようにして、気が済むまで待つことも大切。

夜泣き、かみつき、イライラ、奇声、チックなどは、似たような心理的原因から起こる症状です。気持ちを受け入れてあげることが重要なのは、どれも共通しているといえるでしょう。

仮性近視

試してみよう

近寄ってテレビを見たり、目を細めてものを見たり。おかしいと思ったら早めの処置を。目の機能が完成する前に、正しくものを見る訓練をすれば防げるかもしれません。

後頭部

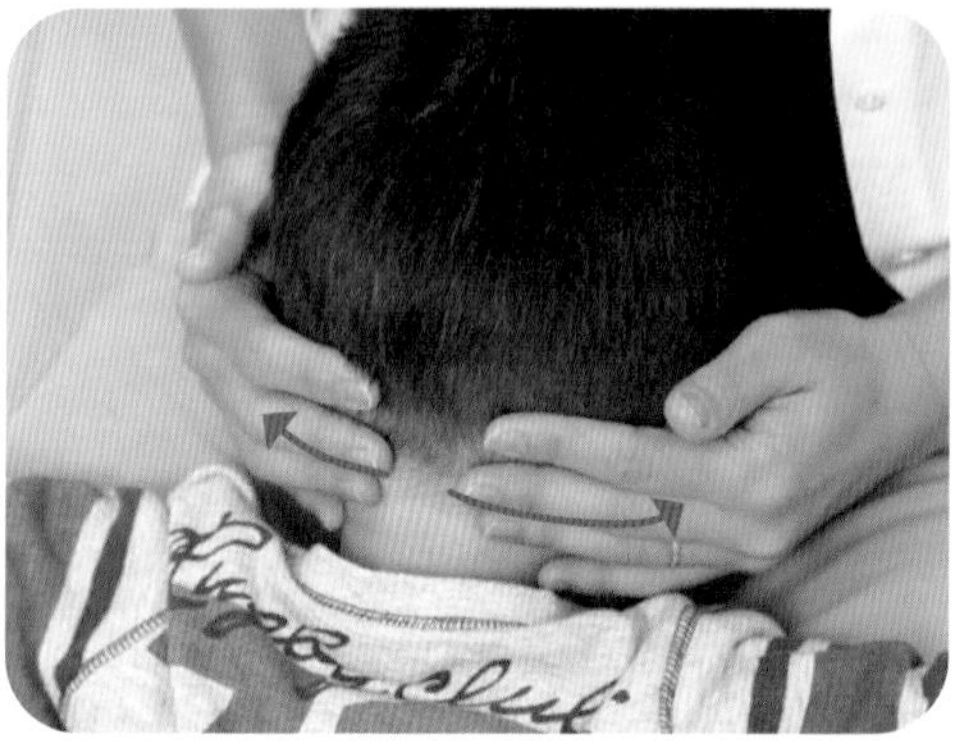

生え際にそって左右になでます

後頭部の生え際部分に、手を乗せます。4本の指全体を使って、真ん中から外側へ向けて生え際にそってなでさすります（四指軽擦法）。ママの手の温もりを伝えるような気持ちで、やさしく。ひざ枕をして行いましょう。

顔

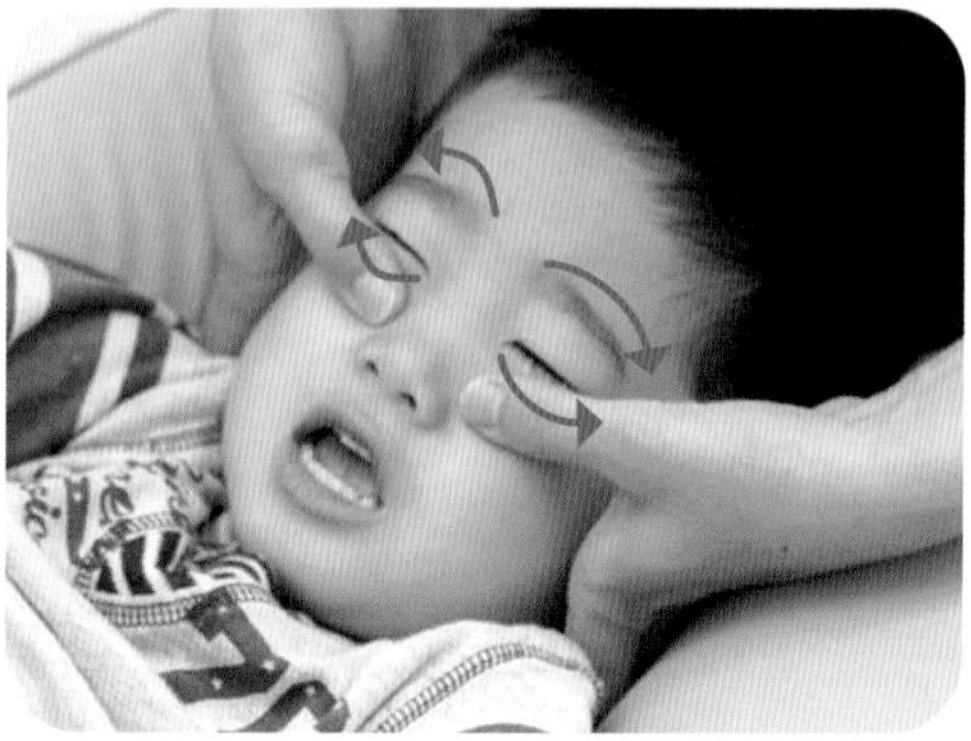

目の周りをやさしくタッチ

親指のはらを使って、眉の上と目の下を顔の中心から耳の前までなでます（拇指軽擦法）。ほかの指は耳の後ろに引っかけて。目の周りはとくに敏感なので、親指をすべらすようにして、ごく軽いタッチを心がけます。

早期に発見して、訓練するのが理想です

通常、人間の目は遠いところや近いところなど、さまざまなものに自動的にピントを合わせて、網膜上にその像を結びます。これが正常にできず、ものが見えにくい状態を屈折異常といい、近視、遠視、乱視の3つがあります。赤ちゃんはもともと視力が未発達な状態で生まれ、極度の遠視といわれています。成長とともにだんだん視力が出てきて、6歳くらいで目の機能が完成します。3歳くらいになって、ものを見るときに目を細めたり、テレビに近寄って見たり、つまずきやすいなどの症状が見られたら、眼科で検査してもらいましょう。

仮性近視とは真性近視になる手前の状態で、テレビを見る時間を制限したり、目を細めずに見るようにするなど、目を休ませる工夫をしましょう。仮性近視を放置しておくと、真性近視になりやすくなってしまうので、早めに発見して、治療をするようにしましょう。

チック

試してみよう

何度も瞬きしたり、肩をピクッと動かしたり、頭を振ったり……。チックに「やめなさい」は禁句です。ストレスのもとを取り除いてあげましょう。

手首

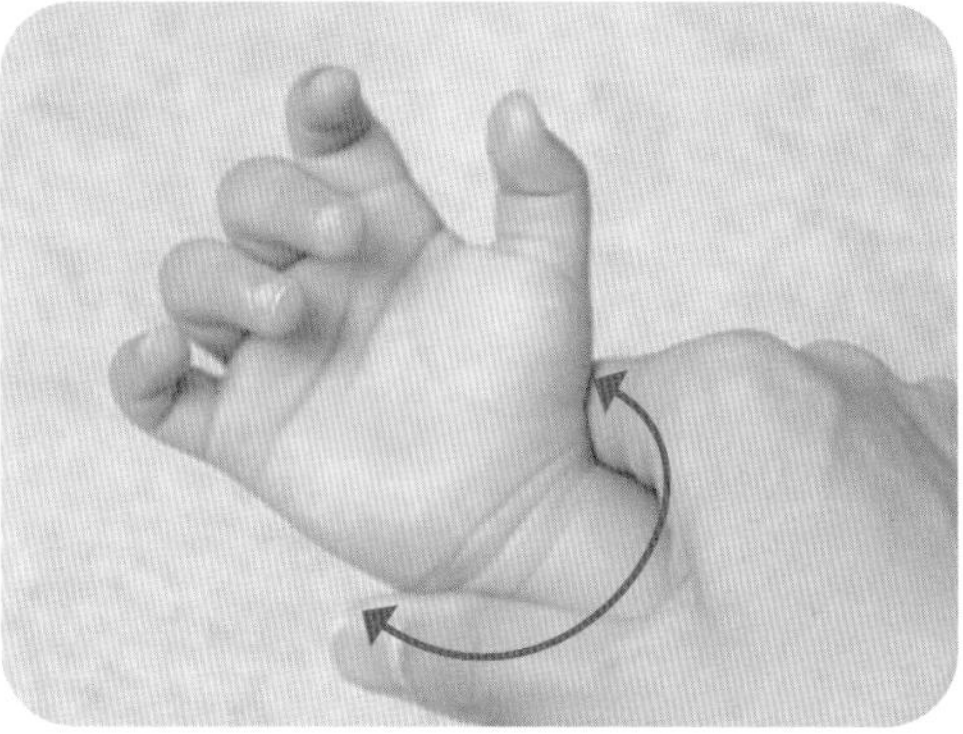

手のひらで包み込んでくるくる

手のひら全体で、手首を包み込むように軽くつかみます。その手を左右にくるくる回します（手掌軽擦法）。力を入れずに、軽く回すのがポイントです。起きているときも座っているときも、いろいろな体勢で簡単にできます。

頭

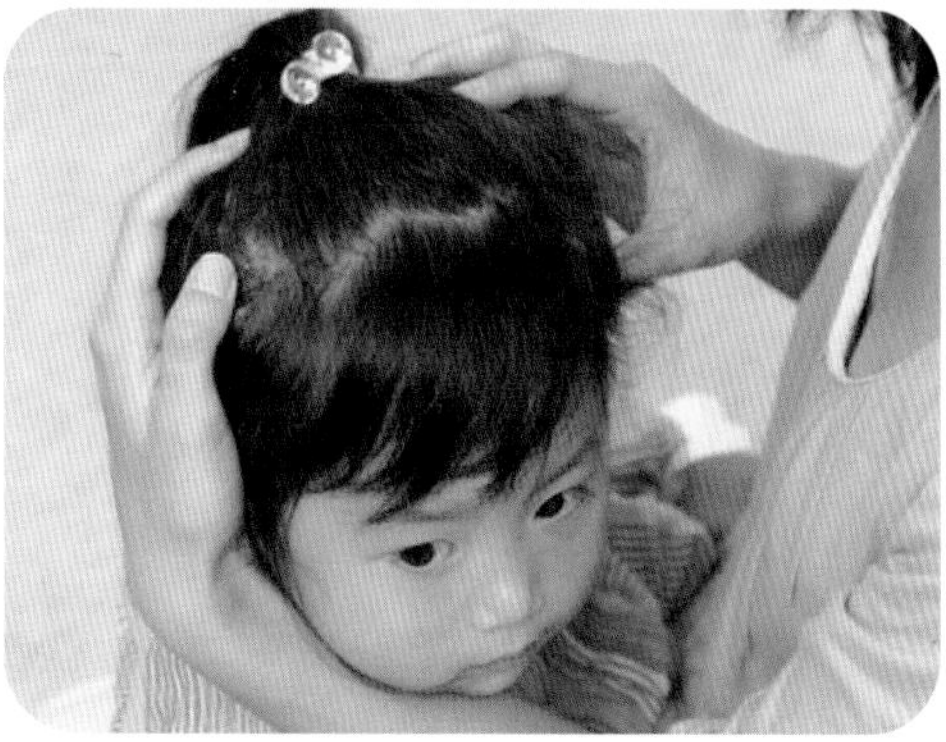

生え際からてっぺんへカサカサ

指先を丸めて、4本の指のはらを使ってなでさすります（四指軽擦法）。おでこの生え際から頭のてっぺんへ向かって、細かいジグザグを描くようにカサカサさすってください。ストレスや緊張が抜け、スッキリします。

緊張感を与えない雰囲気を作りましょう

チックとは、ピクピクッとした素早い動きなどが、本人の意思とは関係なくくり返し起きる症状です。不安、ストレス、緊張、心の葛藤などがきっかけで起きることが多いといわれていますが、そのようなことがなくても起きる子どももいます。

ストレスや緊張から、一時的にチックの出る子どもは少なくありませんが、ほとんどが短期間に消えてしまいます。気持ちをうまく言葉で言えないときに、「早くしなさい」「きちんと言いなさい」などとせかすような言葉で言ったり、態度に出すのは禁物です。子どもはますます気にして緊張感が高くなり、症状を悪化させてしまいかねません。

大切なのは、精神的にゆったりとしていられる環境作りです。注意をしたり、しかったりせず、見守ることが大事。チックは大きな問題ではないことが多いので、気にし過ぎないようにしましょう。

便秘・下痢・食欲不振・アトピー性皮膚炎・おむつかぶれ

胃や腸など消化器系の不調による症状が見られるこのタイプは、体を冷やすことが大敵です。マッサージとともに適度な運動を忘れずに。

体を冷やす食べ物はなるべく控えましょう

この症状がしばしば見られるタイプは、外に出て活発に遊ぶことよりも、家のなかでごろごろすることを好みます。もともと消化機能があまり強くないため、季節によって食欲にも波があって、一時的に元気がなくなってしまうこともあるようです。

自動販売機で買うようなキンキンに冷えた飲み物や、氷入りの飲み物は季節を問わず避けるようにしましょう。アイスクリームを食べるなら陽が出ているうちにして、夜は控えておなかを冷やさないようにしてください。お菓子の食べ過ぎにも注意。子どもらしく、外で活発に遊ぶ時間を努めて作るようにしましょう。

まずは予防を

おなかを中心に冷えやすい部分をていねいにマッサージして温めましょう。

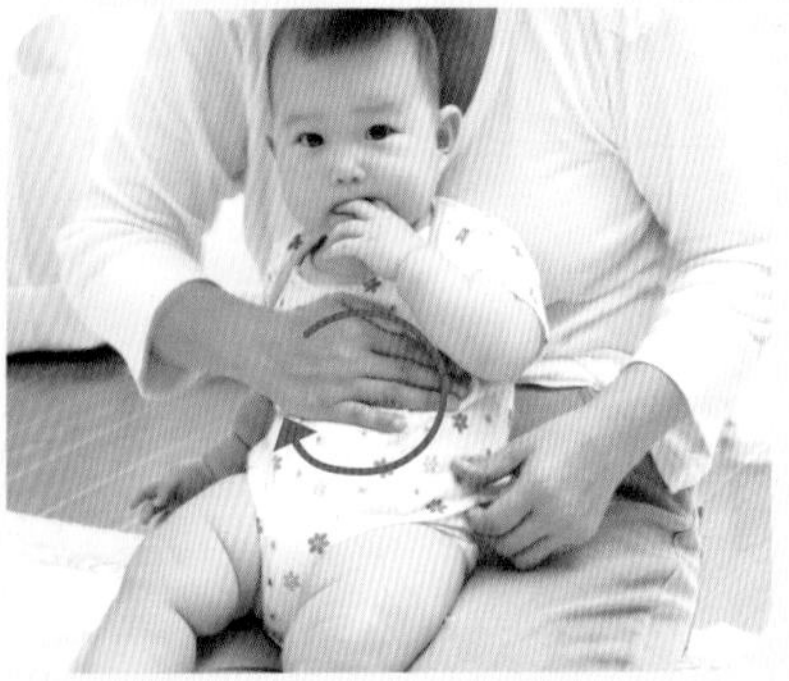

おなか

時計回りに おなかをなでなで

手のひら全体を使って、おへそを中心に時計回りにおなかをくるくるとなでさすります（手掌軽擦法）。だっこをしながらでも、寝ながらでも。

おなか～足

おへそから出発して 腰、もも、足首まで

おへそから腰、足を通って足首まで、手のひら全体を使ってスーッとなでさすります（手掌軽擦法）。足は外側をなでさするようにしてください。

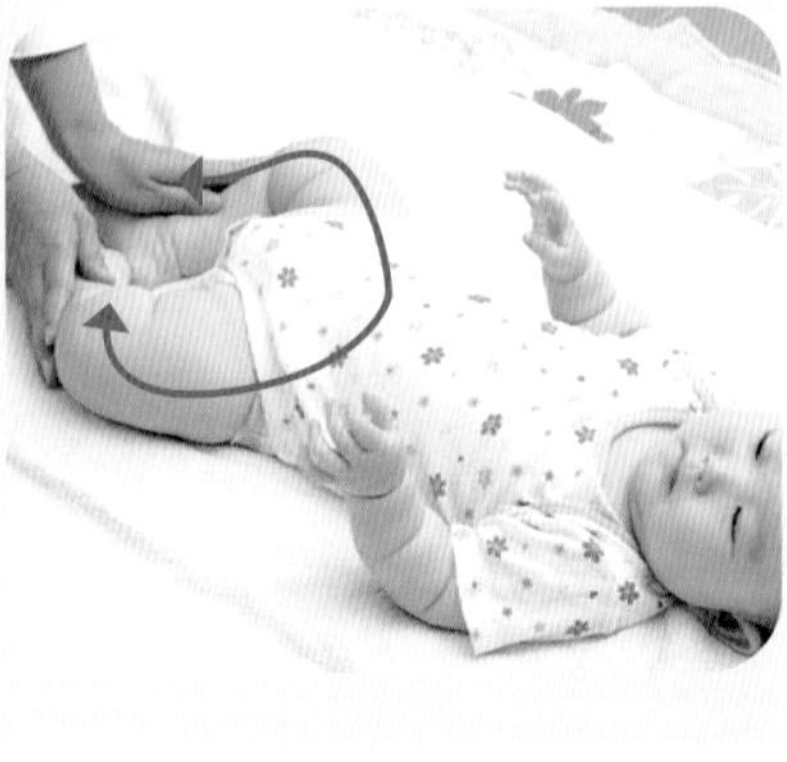

便秘

試してみよう 赤ちゃんに便秘はつきもの。ほとんどは生活習慣が原因なので、生活を見直すところからはじめましょう。足の運動法（P36）も効果があります。

おなかと背中

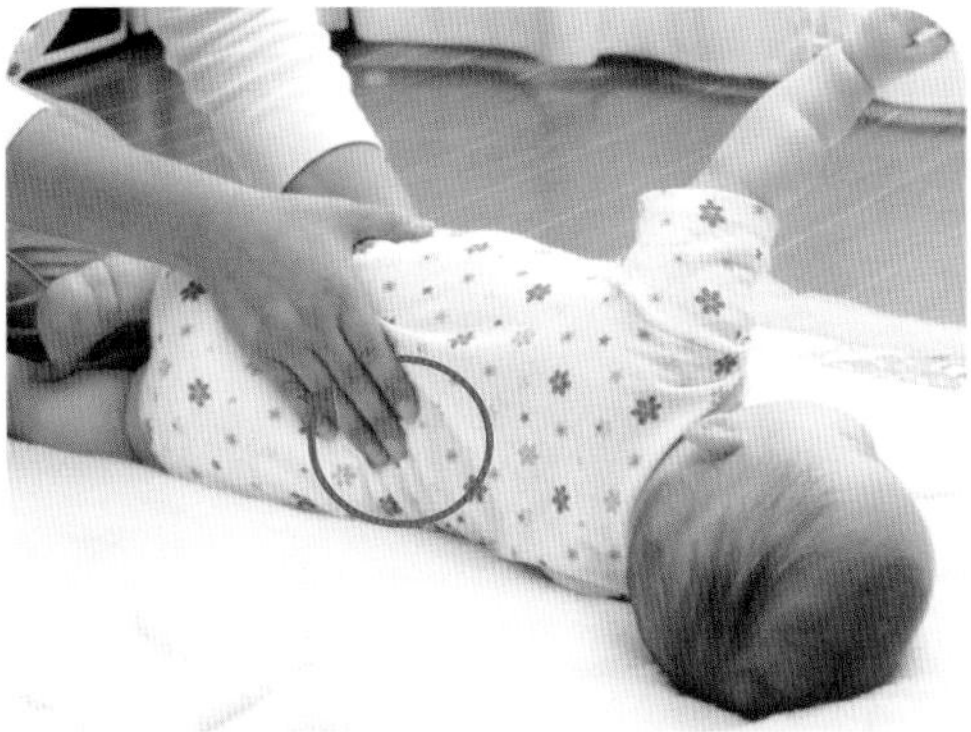

おなかと背中を同時にくるくる

おなかと背中に手のひらをつけて、両方同時に時計回りにくるくるとなでさすります（手掌軽擦法）。手を動かさずに、そのまま当てて温める形でも（手掌圧迫法）。同時にさわられることで気持ちよさを感じます。

おなか

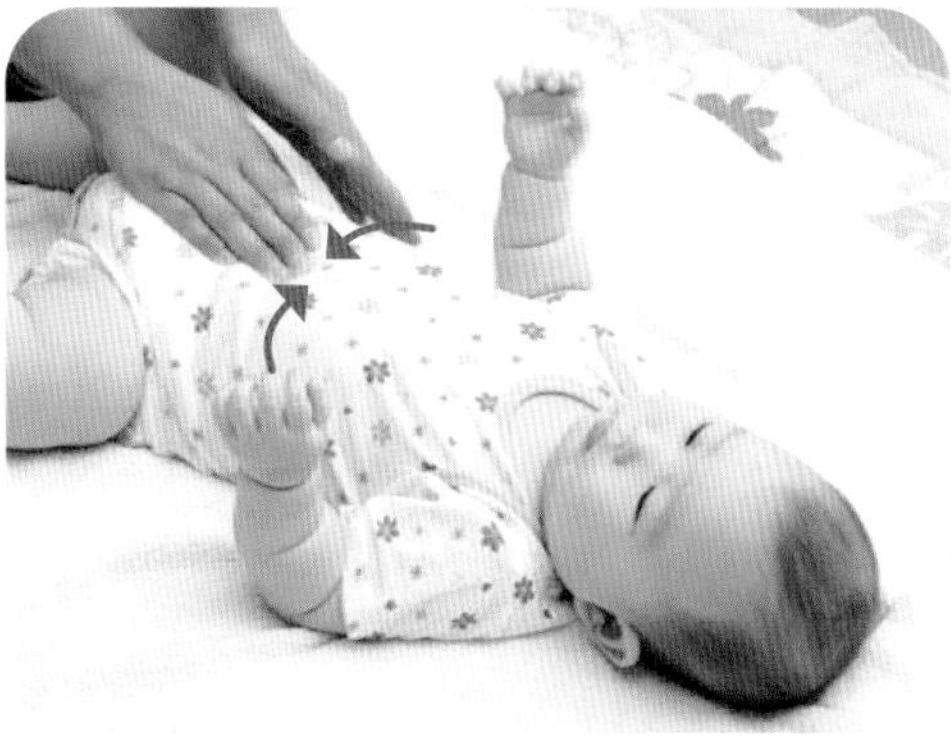

外側から内側へよせるように

一方の手のひらをおなかのわきにつけ、おへそへ向かってお肉をよせるようなイメージで、左右交互になでさすります（手掌軽擦法）。動かしていないほうの手はそえたままで、両手を体から離さないようにしましょう。

食事や生活リズムなどを見直してみましょう

うんちの回数と量は個人差が大きいため、「何日出なかったら便秘」という定義はできません。通常のペースよりも長い間お通じがなくて、苦しそうな様子が見られたら、その状態が便秘といえるでしょう。消化吸収の器官ができあがっていない赤ちゃんにとって、便秘は当たり前といえるくらい身近なトラブルです。原因は、機能が未熟で起こる場合などが考えられます。また大人と同様、旅行をしたときやストレスがあるときにも、便秘をしやすくなります。ほとんどの場合は生活習慣が原因です。病気ではないので、こまめにホームケアをしてください。食生活の見直しや工夫、生活リズムの改善など、ゆるやかで自然な解消法を試してみましょう。それでも続くようでしたら、お医者さんにみてもらいます。便秘で通院して、定期的に薬を飲んでいる赤ちゃんも少なくありません。

下痢

試してみよう

なかなか見分けにくい赤ちゃんの下痢は、回数とゆるさをチェックしましょう。嘔吐もあり、水分不足が心配なときは早めに病院へ。

足

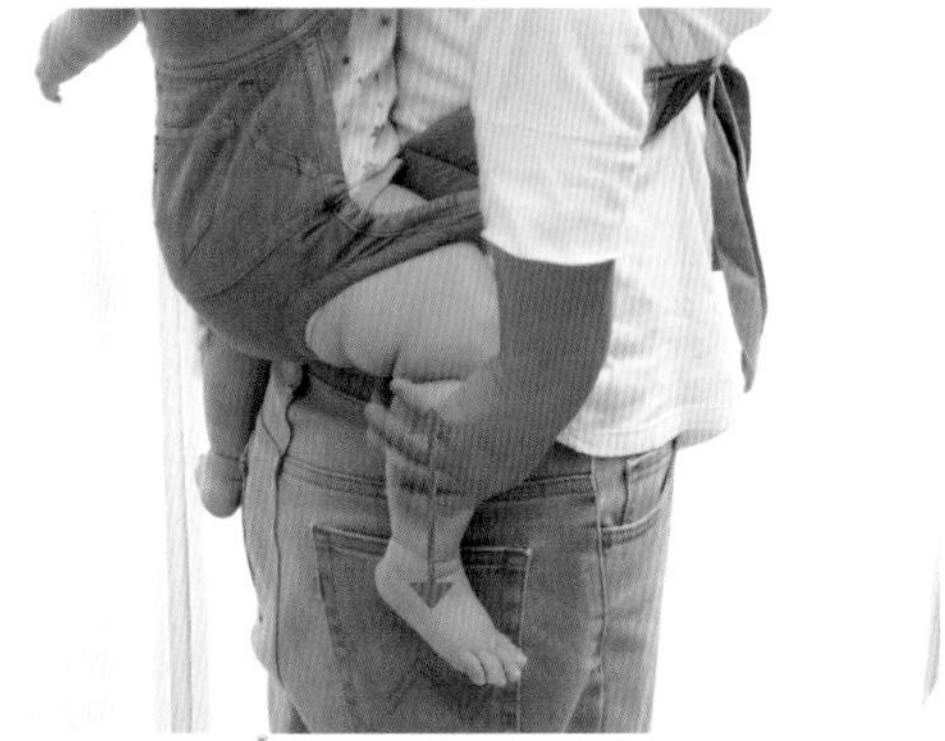

おなかと足を一緒に温めます

おんぶをしておなかを温めながら、後ろにのばした手でふくらはぎを包み、ふくらはぎから足首にかけて上下になでさすります（手掌軽擦法）。おんぶをしながらすると、おなかと足の両方を温めることができます。

足首

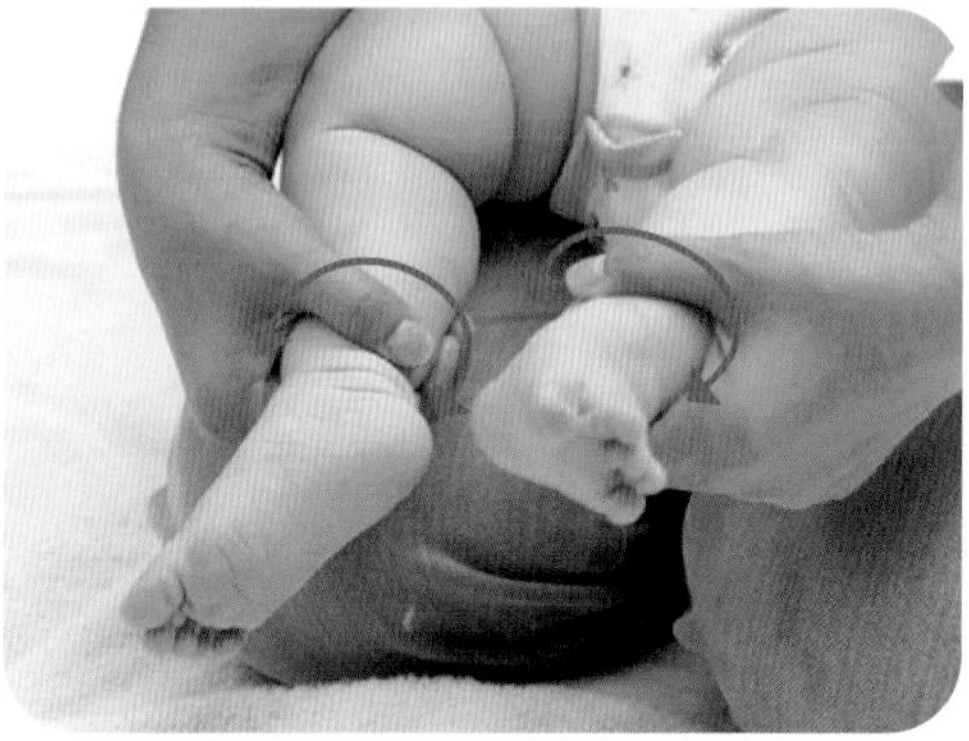

手で輪を作ってくるくる

くるぶしの少し上のあたりを、手で輪を作って軽くつかみます。ママの手首をひねって左右に行ったり来たりします（手掌軽擦法）。手のひら全体を使ってくるくると、足首を温めるようにしてなでさすります。

たっぷりと水分補給を。おむつかぶれにも注意

赤ちゃんのうんちはもともとゆるめなので、下痢かどうか簡単にはわかりにくいものです。見分け方の基準としては、いつもよりも水っぽく、回数の多いときは下痢の可能性が高いといえるでしょう。

下痢のときは脱水症状が進みやすいので、たっぷりと水分を与えてください。とくに嘔吐が同時にある場合は、脱水症状になりやすいので注意が必要です。白湯や麦茶、乳幼児用のイオン飲料など胃を刺激しない飲み物を少量ずつ飲ませましょう。りんごのすりおろしやにんじんスープはおなかにやさしく、水分を吸収して下痢をやわらげてくれるのでおすすめ。離乳食は一段階戻すのがきほんです。おかゆやおじやなど消化のよいものを食べさせるように。

おむつかぶれを起こしやすいので、こまめにおむつがえをしましょう。おしりが汚れたらゴシゴシこすらず、シャワーや洗面器に張ったお湯で洗ってあげます。

食欲不振

試してみよう

食欲には個人差があります。順調に成長しているなら、食べる量にこだわったり、周りと比較して心配し過ぎないように。ただし、急な食欲不振は病気の可能性も。

足

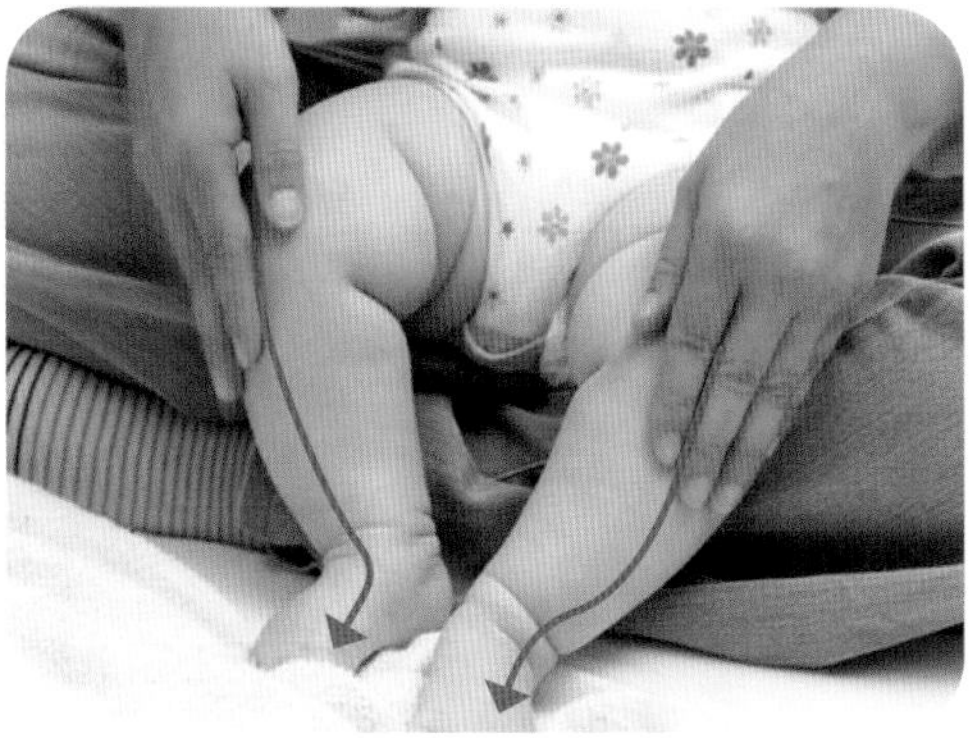

外側をスーッとなでます

ひざの外側を、ひざ下から足の甲に向かって手のひら全体でスーッとなでます（手掌軽擦法）。足は外側をなでるのがポイントです。首すわり前の赤ちゃんは、ママがひざをのばして座り、その上に乗せてマッサージしましょう。

おなか

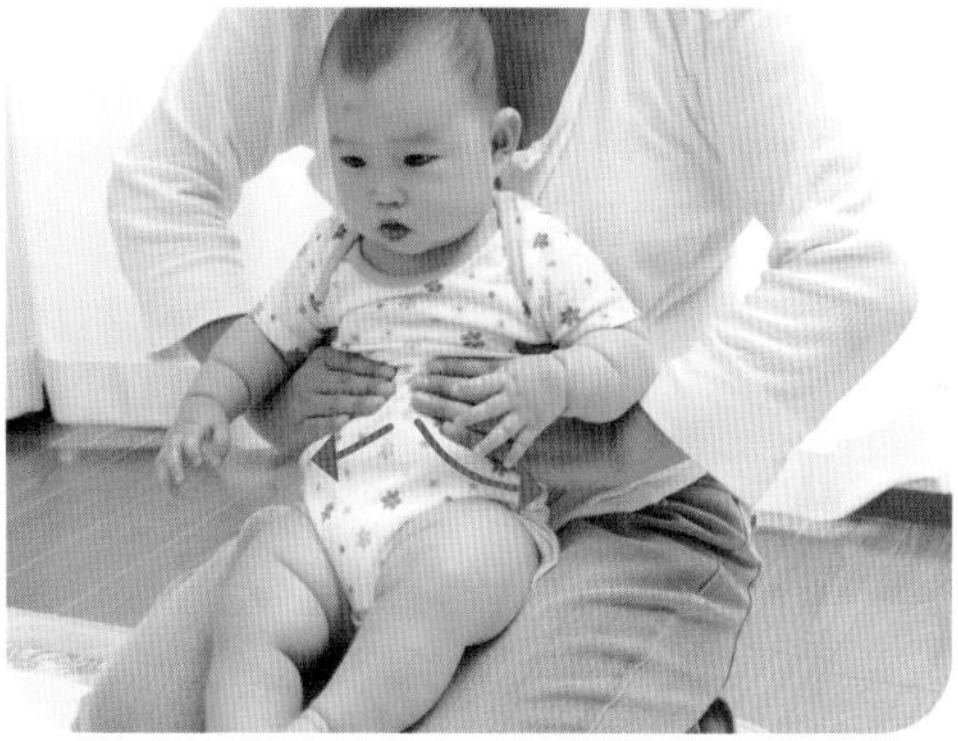

両手を左右へ開きます

肋骨の下あたりのおなかの中央に、指先と指先をくっつけるような形で手のひら全体を当てます。そのままママの両手を同時に左右へ開きます（手掌軽擦法）。写真のようにだっこをしながら行いましょう。

体重が順調に増えていれば問題はありません

たくさん食べたり、食が細かったり、食欲に個人差があるのは大人も子どもも同じです。一回の食事で食べた量に一喜一憂したり、周りの子よりも食べないと心配するママも少なくないようですが、体重が順調に増えていて元気がよければ、きほん的に問題はありません。逆に育児書などに書かれている目安の食事量にこだわり過ぎて、無理やり食べさせようとすると、それが原因で食欲不振になってしまうおそれも。

急に食欲がなくなったときは、病気を疑う必要があります。よくあるケースは、かぜの前兆。口内炎になって、食べ物がしみて食欲が落ちている場合もあります。下痢や嘔吐の症状も一緒に見られる場合は、食中毒や、うんちが白くなるロタウイルス腸炎にかかっていることも考えられます。いずれにしても、少ない情報で病気を特定するのは難しいので、様子がおかしいなと思ったら病院へ行くことをおすすめします。

アトピー性皮膚炎

試してみよう

原因がはっきりしない病気ですが、ストレスは大敵です。普段からスキンシップをたくさんして、安心させてあげることが大事です。

足

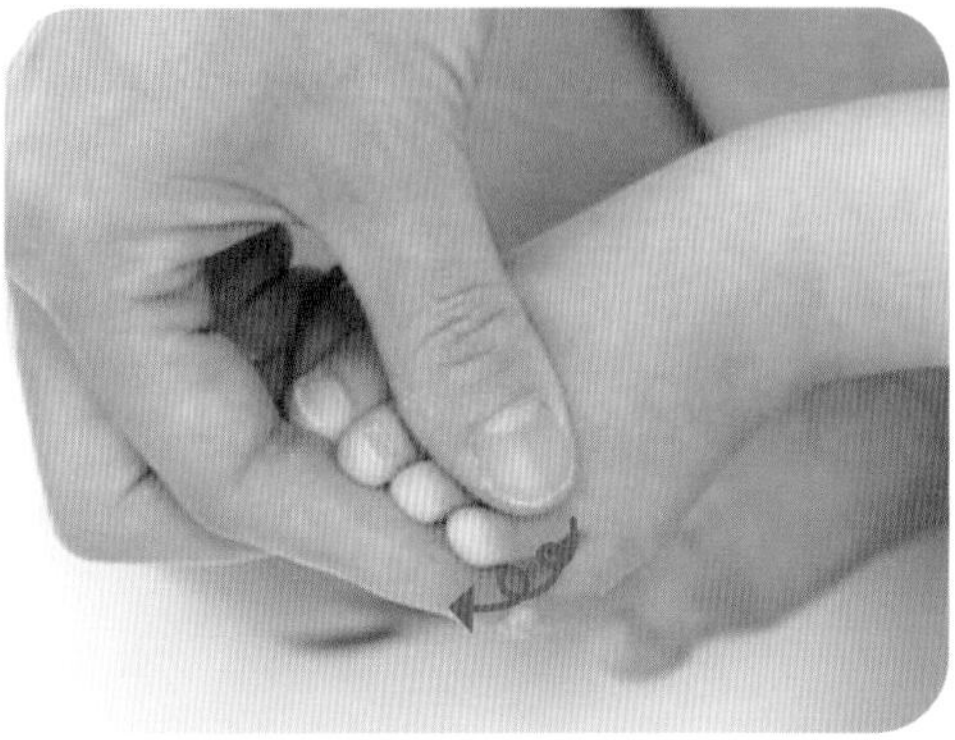

足の指をくるくる、ポンッ

親指と人差し指で、子どもの足の親指のつけ根を軽くつまんで、指先までくるくると回しながらさすります（二指軽擦法）。子どものつめの両わきで一度手の動きを止めて、ポンッと抜くように離します。小指まで同じように。

腕

ひじから手の甲までなでます

ひじの外側から手の甲に向かって、手のひら全体でスーッとなでさすります（手掌軽擦法）。腕の外側（日に焼けるほう）をさするのがポイントです。横向きにだっこすると、行いやすいでしょう。

心理的な要因が大きく作用してしまいます

　原因がはっきりとわからず、治療に長い期間を必要とする病気です。ストレスと深く結びついていて、ストレスを受けると症状が悪化してしまいます。湿疹が出るため、あまりふれなくなってしまうことが多いので、普段からたくさんスキンシップをするようにして安心させてあげましょう。

　子どもをしっかりとだっこしながら、「かゆいのはきっとよくなるよ」と毎日言い聞かせる治療をしているお医者さんもいるほどです。身体的な原因で発症しますが、症状がよくなったり悪くなったりすることに心理的な要因が関係しているといわれています。アトピーの子どもは神経質だったり、感情をあまり表に出さない内気な性格が多いようです。自然のなかで思い切り遊んでストレスを発散させたら、症状がよくなったという例もあります。民間療法に頼らず、医者にもらうステロイド剤を指示通りに使うことが大切です。

おむつかぶれ

試してみよう

おむつにふれている部分が炎症を起こす、おむつかぶれ。赤ちゃんにはとても不快な症状なので、おしりをいつも清潔にして予防を心がけましょう。

足

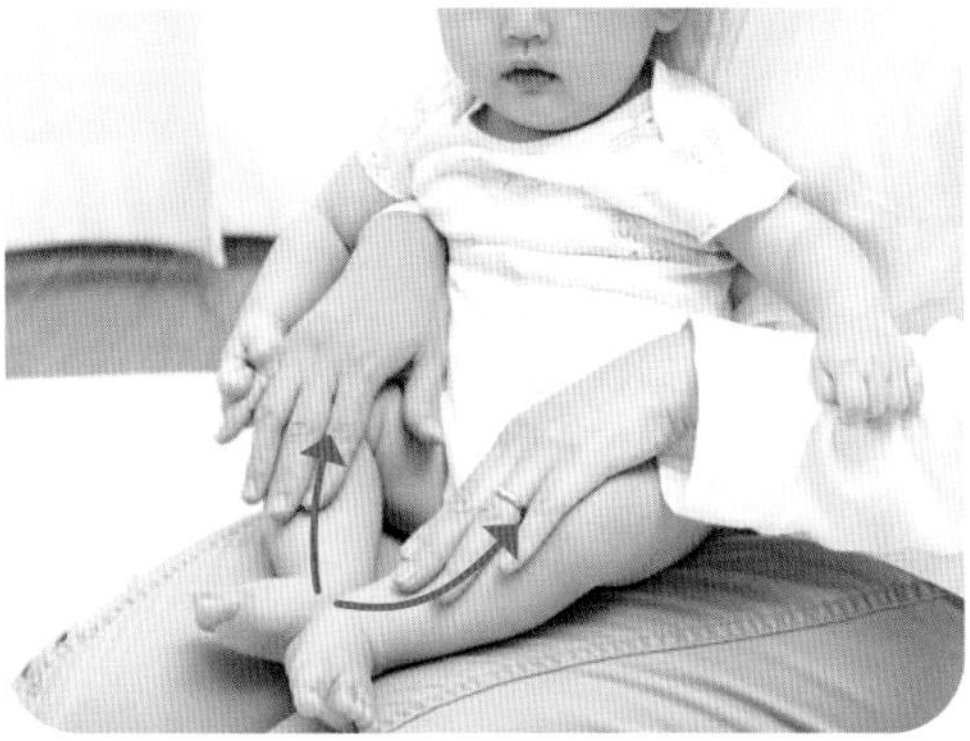

足を下から上へさすります

足首に手をそえて、ももまで上に向かって、スーッとなでさすります（手掌軽擦法）。出発地点となる足首は、やや内側からはじめるといいでしょう。だっこをしながら行いましょう。足をマッサージして、おむつかぶれ部分の血行を促します。

おなか

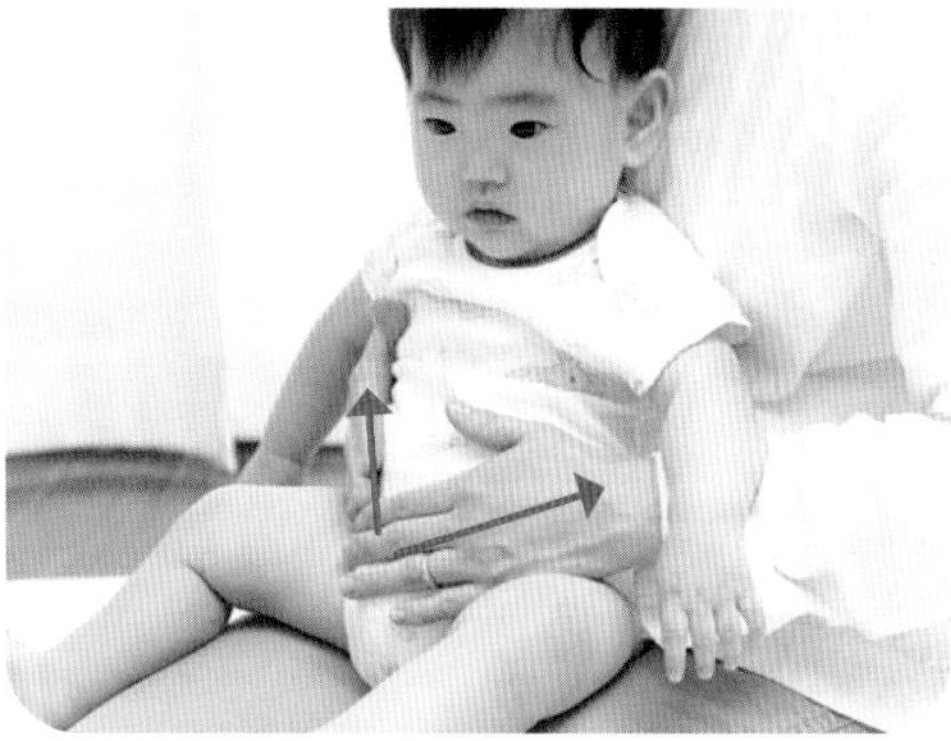

真ん中からわきへさすります

へその下あたりのおなかの真ん中に、指先同士をくっつけるような形で、手のひらをそえます。両手を同時に左右へスーッと開きます（手掌軽擦法）。だっこをしながら行いましょう。腸の働きを高めることで、なおりが早くなることも。

おむつかぶれ予防は、清潔&乾燥がきほんです

赤ちゃんの肌は薄くて、皮脂の分泌量も少なくデリケートで、外からの刺激にとても弱いものです。そのうえいつもおむつを当てているので、汗やおしっこで湿気が高くなり、皮膚がふやけて傷つきやすくなっています。こうした状態のところに、おしっこやうんちに含まれる成分が刺激を与え、炎症を起こしてしまうのが、おむつかぶれです。おむつの当たる部分が真っ赤になり、ひどい場合はブツブツと発疹ができたり、ただれてしまいます。かゆみやヒリヒリとした痛みが生じて、赤ちゃんにとってはとても不快な状態です。

予防は、とにかくおしりを清潔に保つこと。おむつはこまめにかえて、きれいに乾かしましょう。とくにうんちのときは、よく拭いてあげることが大切ですが、ゴシゴシこするのは禁物です。肌が弱っている場合は、それ自体が刺激になって、おむつかぶれを起こしやすくなってしまいます。

かぜ・せき・鼻水・花粉症・小児喘息

一年を通してかぜを引きやすく、気温の変化に敏感なタイプ。呼吸器系を鍛えるマッサージのほかにも、外へ出て積極的に運動をしましょう。

積極的に外で遊んで呼吸器系を鍛えましょう

呼吸器系が弱いため、頻繁にかぜを引いてしまうようなタイプです。扁桃腺がはれたり、鼻がグズグズしていることもよくあります。気温の変化に敏感なため、季節の変わり目の体調管理はとくに気をつけましょう。冷房による夏かぜにも要注意。

天気のよい日は外へ連れ出して、積極的に遊ぶようにしてください。動いて汗をいっぱいかくと、青白くカサカサしていた肌が自然と強くなるでしょう。呼吸器系を鍛えたいので、マッサージをする場合は、温かくなる春から夏にかけてたくさんこまめに行うようにしましょう。秋から冬にかけてはポイントのみでじゅうぶんです。

まずは予防を

呼吸器系を鍛えるようなマッサージを積極的にやって、かぜに強い体を作りましょう。

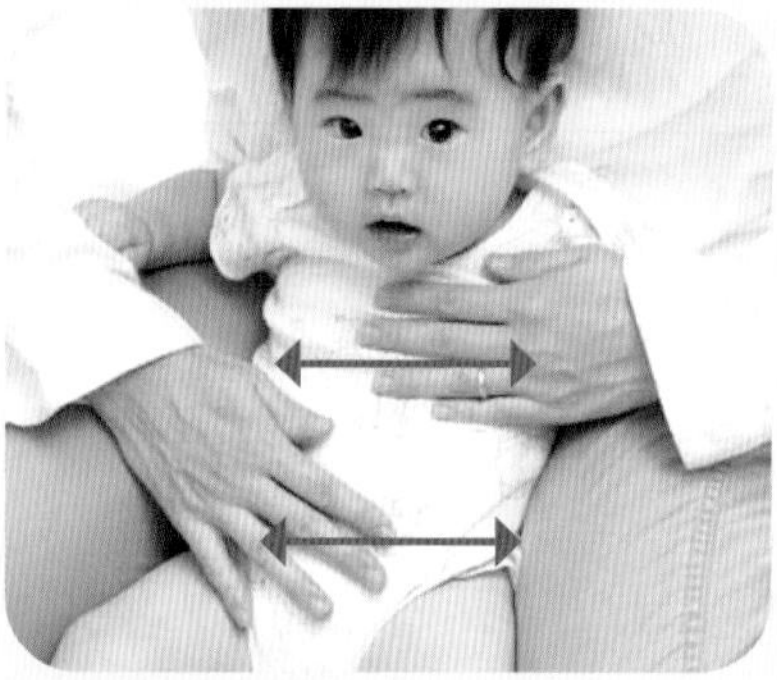

肩から手首

首のつけ根から手首まですべらせます

首のつけ根あたりから手首まで、4本の指全体を使って腕の外側をスーッとなでさすります（四指軽擦法）。両手でいっぺんに行いましょう。

おなか

おへそを挟んで行ったり来たり

おへそを挟むようにして上下に手のひらを置き、左右へ平行移動させるイメージで、手を行ったり来たりしてなでさすります（手掌軽擦法）。

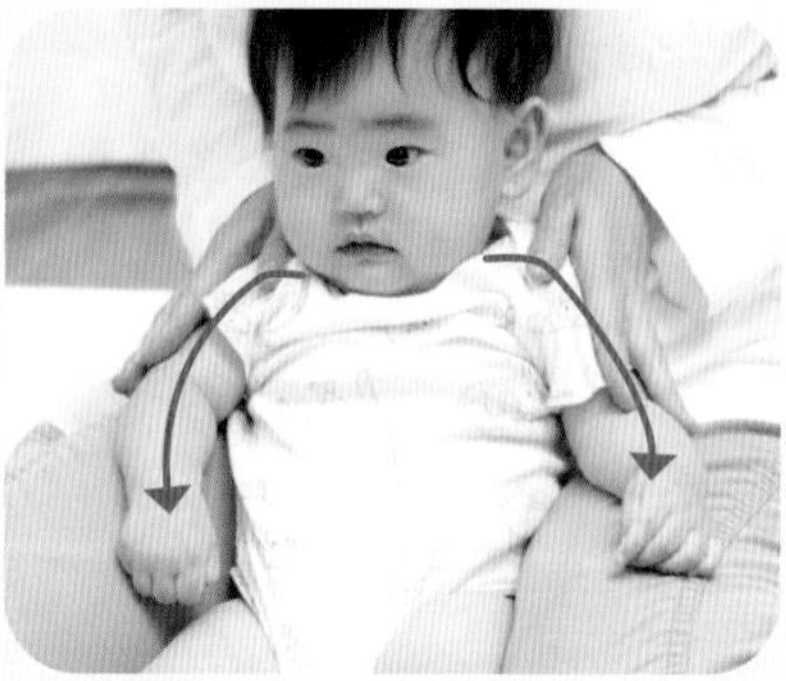

かぜ

試してみよう

かぜは子どもにも大人にも、もっとも身近な感染症です。空気感染をするため、子どものかぜの予防には家族も気をつけることが欠かせません。

おなか

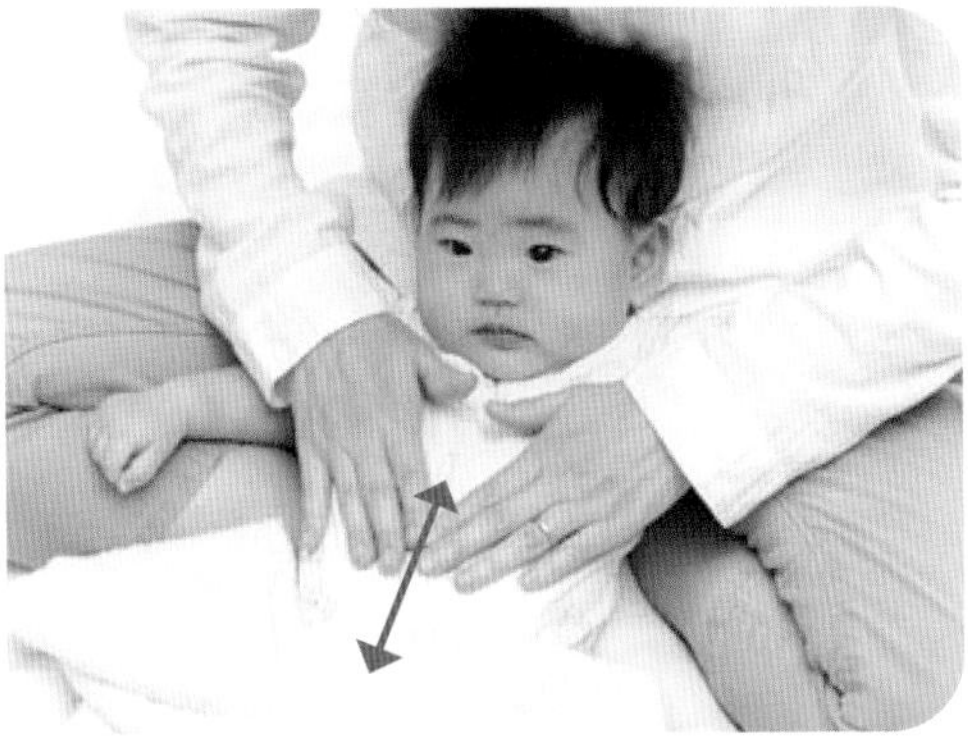

おなか全体を上下になでます

肋骨の下くらいに手のひらを当てて、下腹部に向かって手をすべらせておなか全体を上下になでさすります（手掌軽擦法）。かぜのなおりかけのときにおすすめ。おなかの調子を整えて、自己治癒力をアップさせます。

首から肩

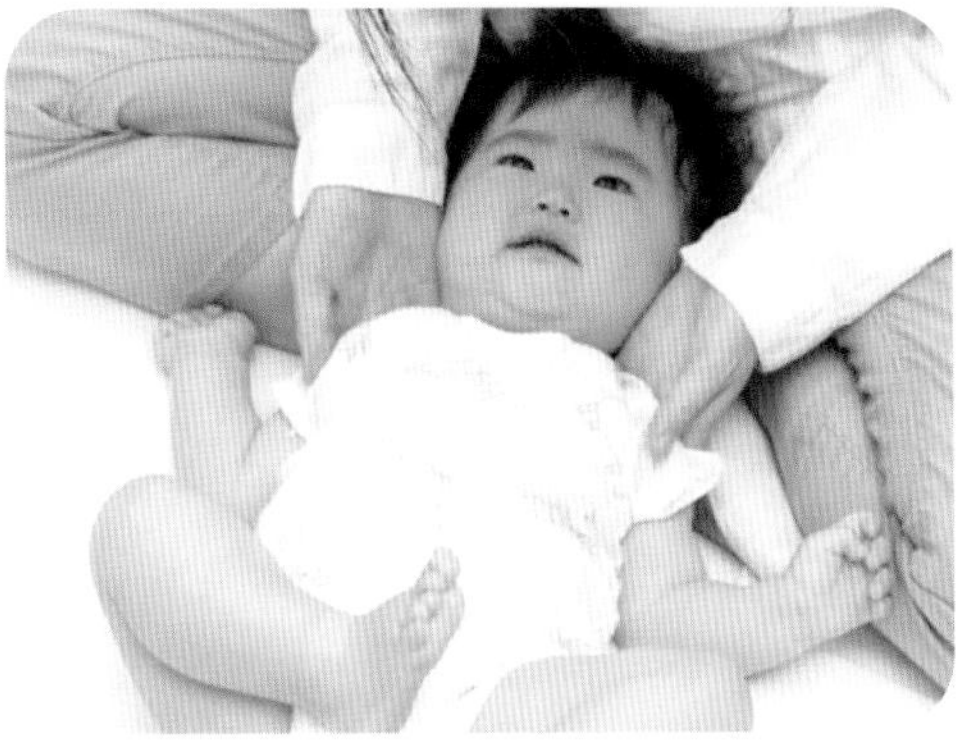

首の後ろを温め、かぜをブロック

首の後ろから肩へ向かって、手のひら全体で温めるようにやさしくなでます（手掌軽擦法）。引きはじめに、かぜをこれ以上引かないようにするためにバリアをはります。ママがあぐらをかいて、そこに頭を乗せるとやりやすいでしょう。

積極的に外で遊ばせ、丈夫な体を作りましょう

生後6か月くらいまでの赤ちゃんは、おなかにいるときにママから免疫をもらっているので、あまりかぜを引きません。子どもがウイルスに感染すると、3日以内にくしゃみや鼻水、発熱、せきなどの症状があらわれます。場合によっては手足の痛み、下痢、嘔吐なども起こりますが、多くの場合は3日くらいで熱が下がり、ほかの症状も次第におさまります。

かぜを引いたら、とにかく安静に。引きかけや引いたときは厚着にするのではなく、肌が風に当たらないように寒くないように工夫して、薄着にしましょう。とくに首、手首、足首など「首」がつく部分から風が入らないように、気をつけてください。

かぜの予防には、バランスの取れた食事とじゅうぶんな睡眠、適度な運動が大切です。かぜを恐れて外出しないのではなく、外で遊ばせて抵抗力をつけましょう。夏から秋にかけては、肌を鍛えるチャンスです。

せき

試してみよう

子どもがせき込んでいるときは、せきの仕方を注意深く見ることが大切。場合によっては大病のおそれもあるので、早めのケアを心がけましょう。

背中

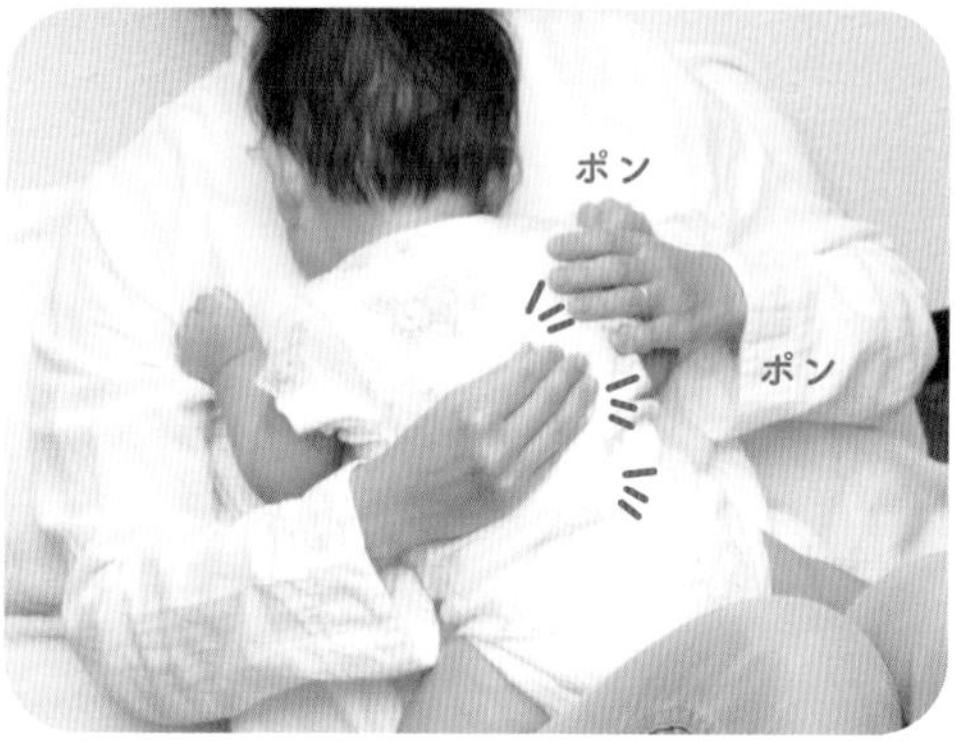

前傾姿勢で、背中をポンポン

ママは壁に寄りかかって座り、子どもが前傾になるようにだっこして、おなかと胸をくっつけます。手をおわん型にして、背中を下から上へポンポンとはねるようにたたきます（拍打法）。

鎖骨下

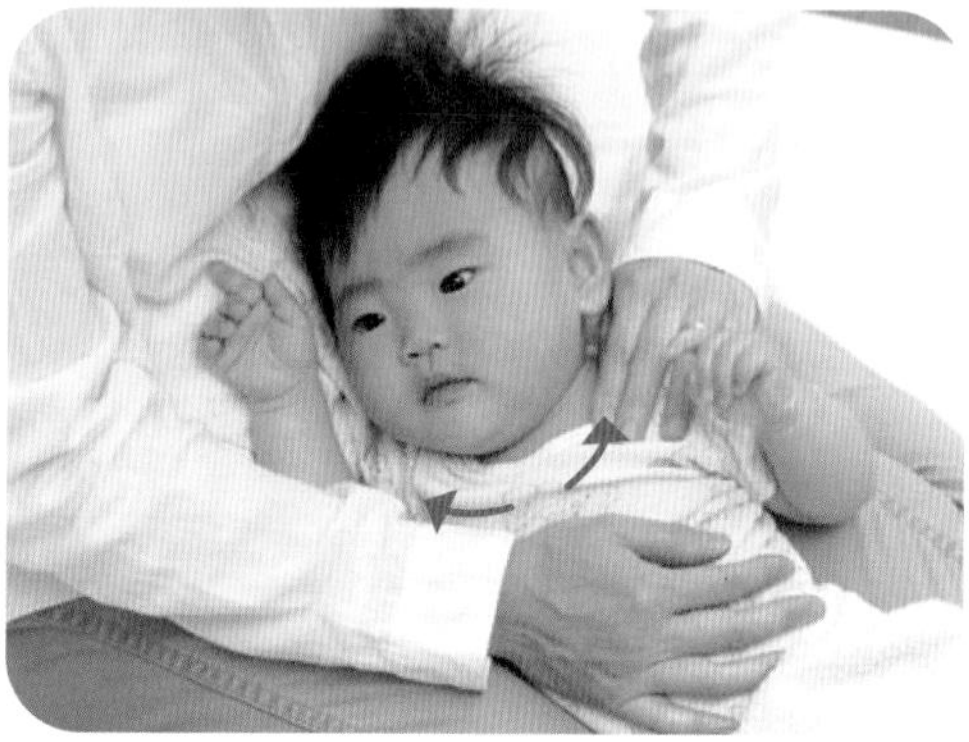

鎖骨にそって内側から外側へ

鎖骨の下のあたりを4本の指のはらを使って、内側から外側へ鎖骨にそってスーッとなでます（四指軽擦法）。終わったら反対側の鎖骨も同じように行います。呼吸器の機能をアップさせます。

せきの仕方によっては大病のおそれも

せきは、かぜを引いたときだけに出るものとは限りません。長引いたり、食欲がなかったり、いつもと違うせきだなと感じたら、気管支炎や肺炎を起こしている場合があるので、早めに病院へ行きましょう。ヒューヒューと苦しそうな呼吸をして顔色の悪いときは、呼吸困難のおそれがあるので夜間でも大至急病院へ。あるいは急に激しくせき込んだときは、異物を飲み込んでつまらせている可能性も。

せきが止まらず苦しそうなときは、たて抱きにして気道がまっすぐになるようにします。そして背中をさすってあげたり、トントンと軽くたたいてあげると、たんが切れて呼吸がらくになるでしょう。

空気が乾燥するとせきが出やすくなるので、加湿器を置いたり、洗濯物やぬれタオルを室内に干したりすると湿気をおぎなうことができます。たんの切れをよくするために、様子を見ながら少しずつ水分補給を。

鼻水

試してみよう

鼻水がつまっていると呼吸がしづらく、母乳やミルクが飲みにくいため、こまめに取り除いてあげましょう。粘り気のある色のついた鼻水には要注意です。

耳

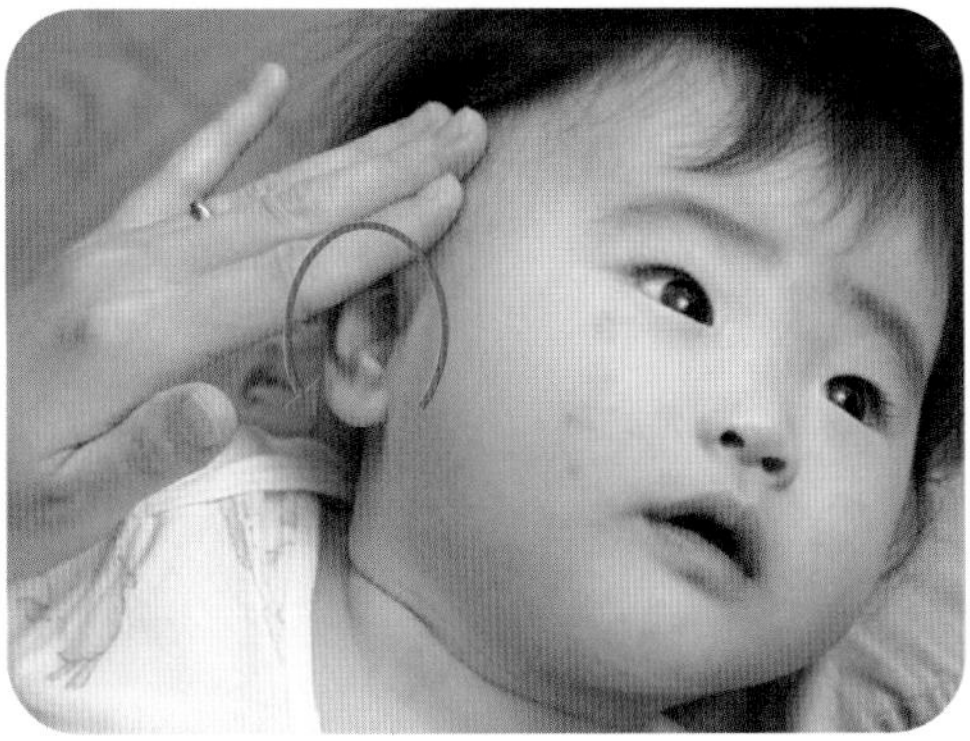

耳の周りをくるりとなでます

4本の指のはらで、耳の周りを前から後ろへやさしくくるりとなでさすります（四指軽擦法）。小さい赤ちゃんには、親指を使っても（拇指軽擦法）。そのとき4本の指は、頭の後ろにそえてください。

顔

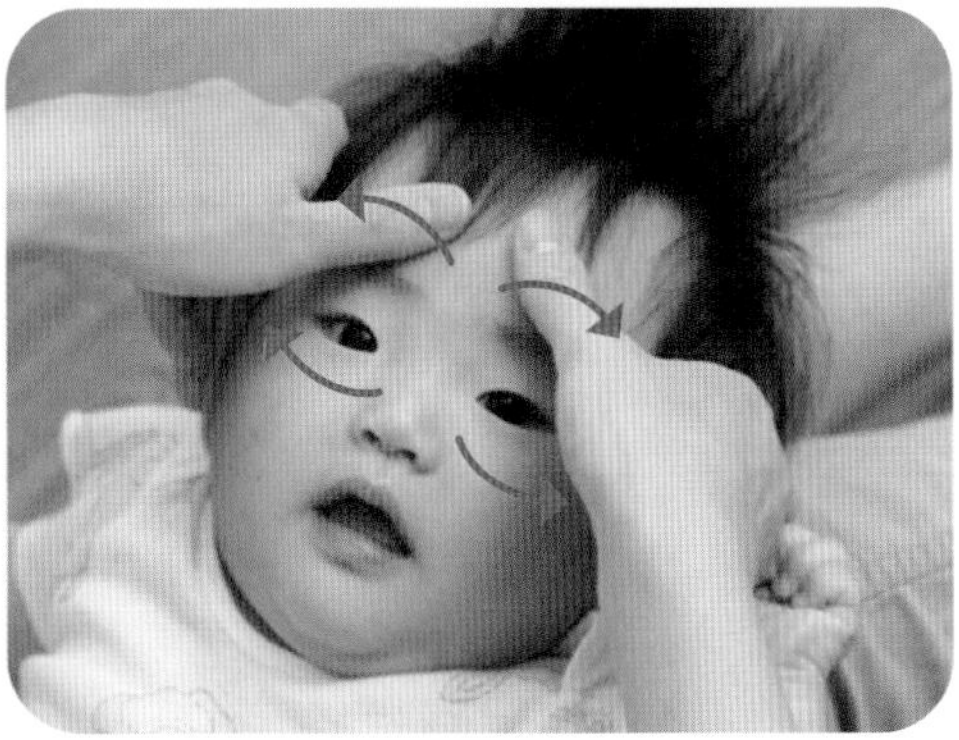

おでこと小鼻の横をスーッとなでます

親指のはらで、おでこと小鼻の横をスーッとなでさすります（拇指軽擦法）。なで方は、顔の真ん中から外側へ向かって、ゆっくりやさしく。親指以外の4本の指を耳にかけて固定すると、子どもも安心します。

鼻水の出し方を覚えて、こまめなケアを

鼻水や軽い鼻づまりは、よくあることですが、鼻がつまっていると呼吸が苦しくなり母乳やミルクが飲みにくくなるため、赤ちゃんにとってはとてもやっかい。せかさずに休み休み飲ませてあげると同時に、こまめに鼻水を取ってあげましょう。

ベビー用綿棒や、市販の鼻吸い器で取り除くことができますが、いやがる赤ちゃんが多いもの。鼻水を出すマッサージ（32ページ）を覚えると、とても便利です。鼻水を出すとかぜのなおりも早いので、ぜひ練習してみてください。また蒸しタオルを鼻の下に当てて温めると、鼻の通りがよくなります。加湿器などで部屋の湿度を上げることも効果的です。

一方、粘り気があって、黄色や緑、茶色などの色がついている鼻水が出たときは要注意。なんらかの感染症にかかっているおそれがあるので早めに病院へ。放っておくと、中耳炎を起こしてしまう可能性も。

花粉症

試してみよう

発症が低年齢化しつつある花粉症。症状は大人と同じなので、外から帰ったら服を着替えたり、洗濯物は外に干さないなど、少しでもらくになるケアを。

手

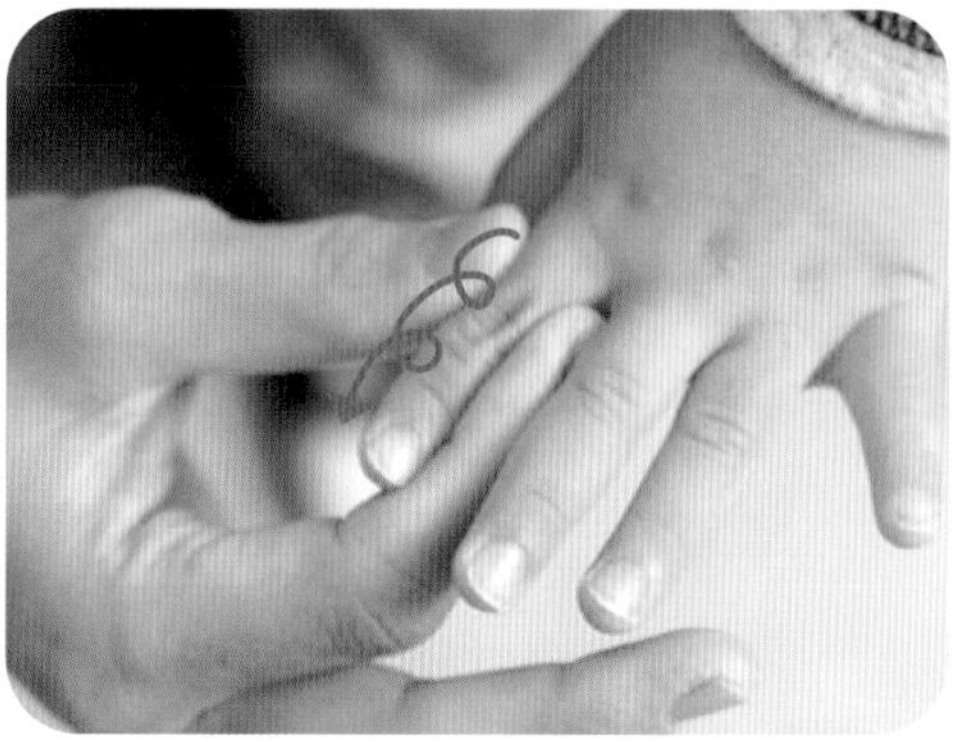

つけ根から指先へくるくる、ポンッ

指のつけ根を、ママの親指と人差し指で軽くつまみます。指先へ向かってくるくると転がすようになでさすって（二指軽擦法）、子どものつめの両脇をはさんだ状態で一度止めます。最後はポンッと抜くように離します。親指から小指へ。

耳

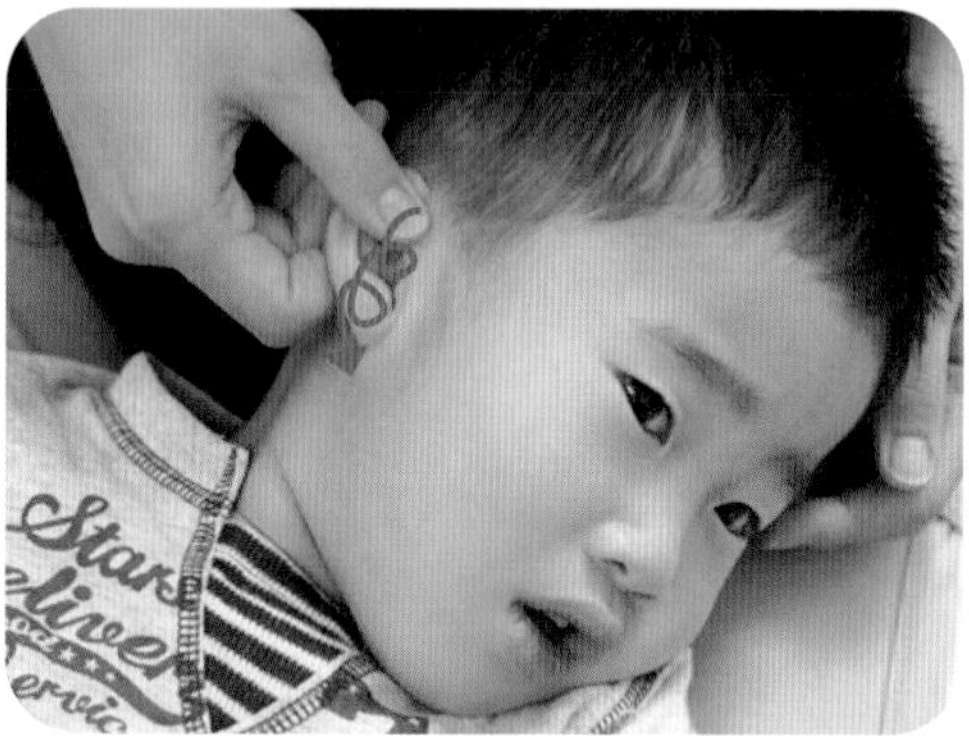

耳の根元を上から下へくるくる

親指のはらを使って、耳の根元を上から下へ向かってくるくるとなでさすります（拇指軽擦法）。幼児の場合は、耳の根元を動かすような感じで、痛がらないようにやさしくさすります。耳たぶを下へ軽く引っ張っても。

様子がおかしいと思ったら アレルギー検査を

花粉症の発症は、大人も子どもも年々増加傾向で、発症する年齢も低くなりつつあります。アレルギー体質は遺伝するものですが、病気そのものが遺伝するわけではありません。ですから、両親が花粉症だからといって、子どもが絶対に花粉症になるとは限らないので、悲観しないで。

通常、最初に体内に抗原が入ってきたら、抗体が作られるため、花粉症を発症するのは次のシーズン以降といわれています。ですから1歳未満の赤ちゃんが発症することはほぼないといえるでしょう。ダニやハウスダスト、ペットなどのアレルギー反応もすべて同じ仕組みです。症状は大人と一緒で、鼻水、くしゃみ、目のかゆみなど。様子がおかしいなと思ったら、アレルギー検査を受けてみましょう。

アレルギーの発症をできる限りおさえるためには、いろんな食べ物をバランスよく食べさせることが大切です。

小児喘息

試してみよう

自律神経の緊張と関わりのある小児喘息。体を密着させるマッサージで不安を取り除いてあげましょう。いつもと違う呼吸だと感じたら、即病院へ。

足

手のひらで足全体を温めます

胸とおなかが、ママにぴったりつくようにだっこします。手のひらで足全体を温めるようにして、ももから足首までゆっくりとなでます（手掌軽擦法）。子どもが少し前傾姿勢になるようにして行いましょう。

背中

スーッとなでたりポンポンしたり

手のひら全体を首の下あたりにぺったりとつけて、そのままスーッと下に移動させます（手掌軽擦法）。または手をおわん型にして少し早めのリズムで体を目覚めさせるように、上から下へポンポンとたたきます（拍打法）。

濃密なスキンシップで過剰な緊張を抑えます

小児喘息の発症は、自律神経が過剰に緊張してしまうことと大きく関係しています。喘息発作はくり返せばくり返すほどくせになってしまいがちです。悪化すると、周りの人の発作や、両親の不安な表情を見ただけで発作の引き金になってしまうこともあるようです。自律神経の過剰な緊張は、喘息発作の不安や苦痛そのものが呼び水となって、さらなる緊張を引き起こすという悪循環も。発作が起きたときは、体を起こし、衣服をゆるめて、水分補給をすると呼吸がらくになります。

　緊張を抑えて不安をしずめるためには、だっこ療法が効果的です。発作を抑えるための薬の吸入を自宅でしている場合、それは子どもにとってただでさえ不安で心細い行為といえます。吸入をするときは、ママのひざの上で本を読んであげるなど、温かいコミュニケーションを習慣にしてみてはいかがでしょうか。

夜尿症・寝ぐずり・人見知り・かんしゃく・疲れやすい

元気や気力にムラがあるのは、冷えやすい体質と無関係ではありません。体を温めて、たっぷりの睡眠と規則正しい生活を心がけましょう。

おなかや腰の冷えからくる不安を解消しましょう

外で活発に遊んでいたかと思うと、家にこもりきりになってしまうなど、元気や気力にムラがあります。そのため集中力が長続きせず、何かを最後までやりとげる根気がないように見えるかもしれません。一見とても元気で積極的だけど、ちょっとしたことを怖がるのもこのタイプの特徴です。栄養のあるものをたっぷり食べることで、みるみる元気が出るタイプではないので、まずはじゅうぶんな睡眠を取って、規則正しい生活を送れるように気をつけてください。

おなかや腰、足が冷えやすく、そこからくる不安もあるので、体を温めるようなマッサージをして安心させてあげて。

まずは予防を　ママと密着しながらするような、体が温まって心も休まるマッサージがおすすめです。

腰から首

腰から首のつけ根までスーッとなでます

胸とおなかがくっつくようにだっこします。手のひらを腰の位置に置いて、首のつけ根までスーッと上へ移動させます（手掌軽擦法）。

足裏

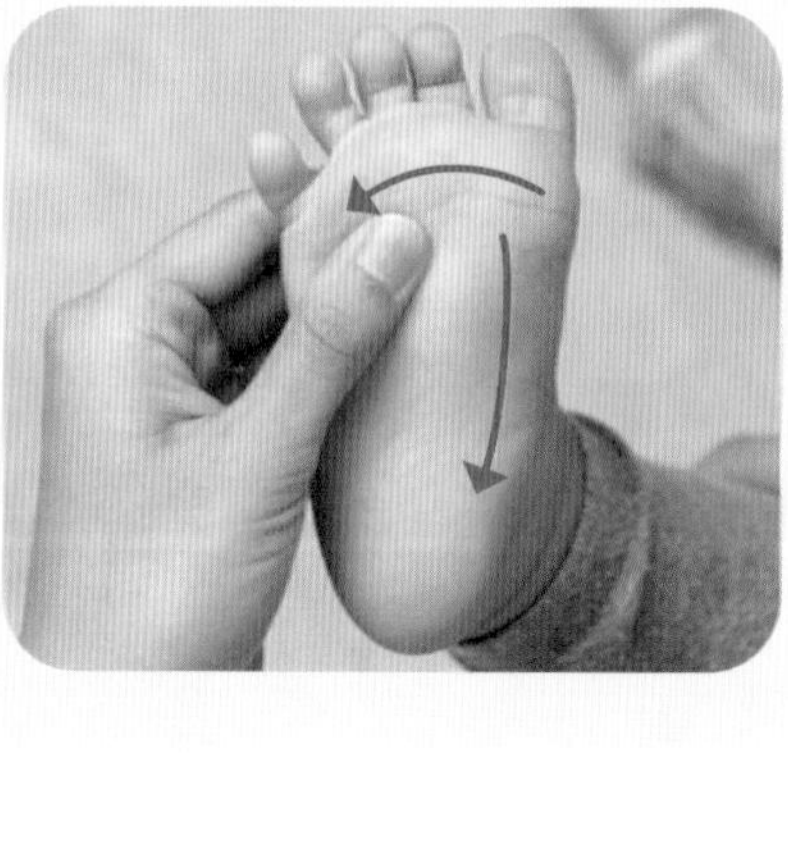

親指のはらで足の裏を軽くなでます

親指のつけ根から小指のつけ根に向かって、親指のはらでスーッとなでます（拇指軽擦法）。親指のつけ根からかかとに向かって縦になでます。

夜尿症

試してみよう 夜尿症は愛情不足のサインである場合も考えられます。しかったりせずに、きちんとこどもにかまってあげていたか、振り返ってみるのもひとつの道です。

背中

背中をくるりとなでさすります

反対向きになっておなかと胸がくっつくようにだっこします。腰に手のひらを置いて、時計回りに丸くなでさすります（手掌軽擦法）。ママの体温でおなかを温めながら、背中もやさしくマッサージ。

おなか

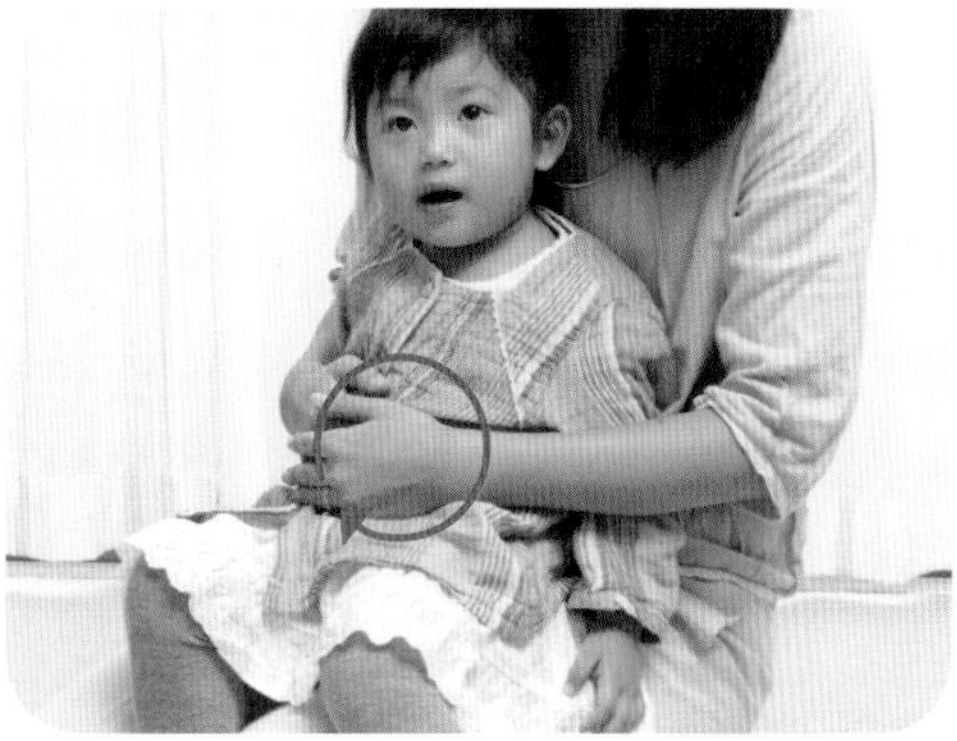

おなかをくるりとなでさすります

ひざの上にだっこして、腰とおなかをぴったりつけて座らせます。おなかに手のひらを置いて、おへそを中心に時計回りに丸くなでさすります（手掌軽擦法）。だっこをしながらマッサージすると、安心します。

失敗したら怒らずに安心させてあげましょう

夜尿症は、夜寝ている間に無意識のうちにおしっこをしてしまうこと。2歳ごろまではおねしょをするものですが、夜尿症は一般的に5歳以上に見られる症状をいいます。原因はいろいろありますが、糖尿病や膀胱炎など原因が明らかなものと、そうでないものがあります。ほとんどの夜尿症は特別な治療をしなくても、年齢を重ねると自然になおりますが、前者のような疾患がある場合は、専門の治療が必要です。

子どもの夜尿症には愛情不足が関係している場合もあります。もしかしたら「もっと、かわいがってほしい」とか「もっと、かまってほしい」というサインなのかもしれません。とくに、一度おさまったはずの夜尿症が再発した場合などは、その可能性大です。そんなときは、失敗してしまったことを、怒ってはいけません。

寝る前にスキンシップをじゅうぶんして、安心させてあげると落ち着きます。

寝ぐずり

試してみよう

よく見られる症状ですが、大切なのは寝る前に安心させることです。絵本を読んだり、歌を歌ったり、ちょっとした儀式を取り入れるのがおすすめです。

手

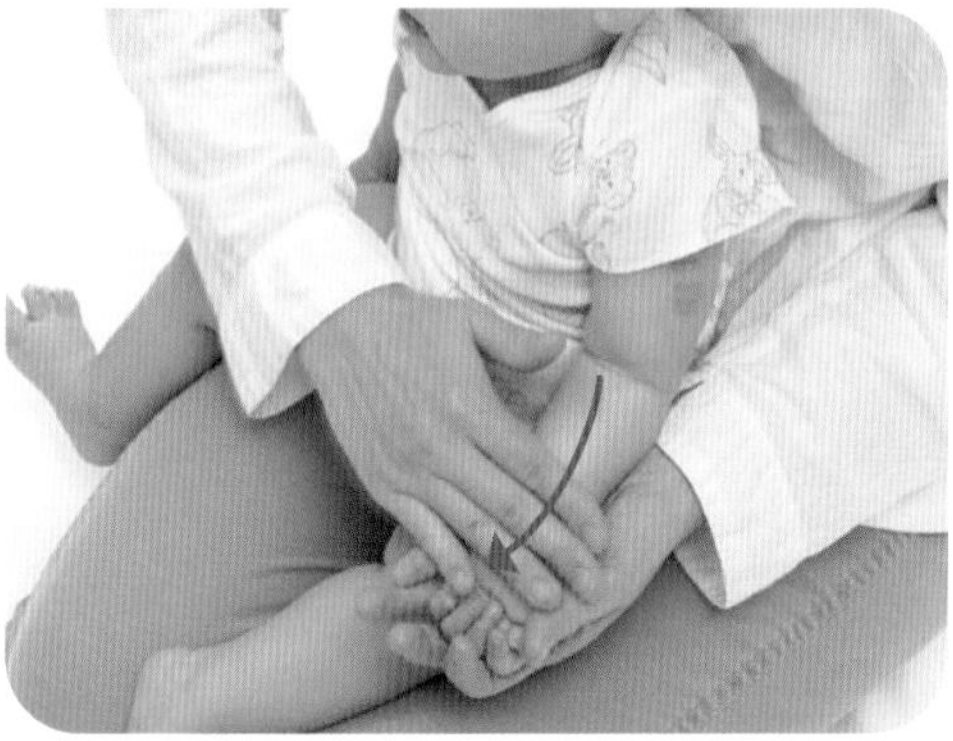

ひじから手のひらまでなでます

4本の指を使って、ひじの内側から腕を通って手のひらの真ん中まで、スーッとなでさすります（四指軽擦法）。腕の内側（日焼けしにくいほう）をなでることを意識しましょう。反対の腕も同じように行います。

足

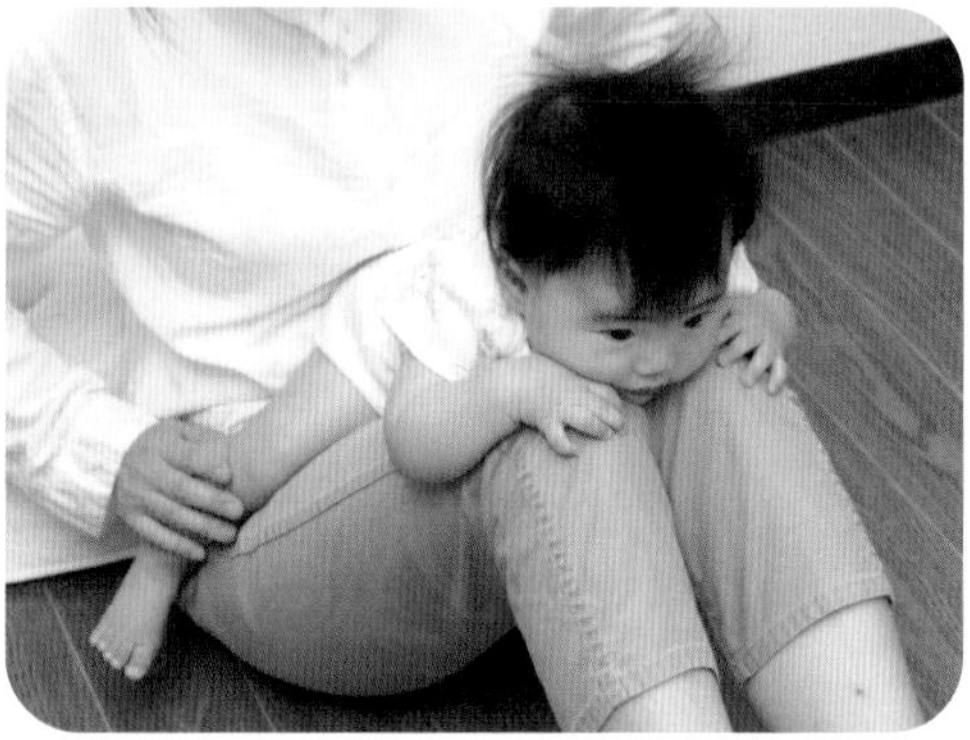

ふくらはぎをなでます

ひざを立ててすわり、その上に赤ちゃんをうつぶせにします。手のひらでふくらはぎを上から下へスーッとなでます（手掌軽擦法）。足でリズムを取りながらすると落ち着きます。背中をトントンするのもOK。

寝るときの不安や不快感を取り除こう

赤ちゃんは眠くなると自律神経のバランスが崩れて不快に感じ、きげんが悪くなったり泣いたりします。眠るのが怖いため、眠くなると不安になって泣くという説も。いずれにしても、赤ちゃんにはよく見られることですから、とくに心配する必要はありません。生活にリズムをつけて、昼間は外に出て体を動かし、夜は興奮させないようにしてみましょう。寝るときの不安や不快感を和らげるために、だっこをしたり背中をトントンしたり、添い寝をすると安心して眠ることができます。

そのほかにおすすめなのが、夜寝る前に毎日同じことをする「入眠儀式」です。たとえば絵本を読んでから寝たり、電気を消して歌を歌ってあげながら寝たりということを毎晩くり返して儀式化します。

すると、赤ちゃんはその行動をしたときにもう寝る時間であることを感覚的に理解して、眠りに入りやすくなるのです。

人見知り

試してみよう 人見知りは成長のあかしなので、無理になおそうとしないであせらず見守って。まずは子どもの集まるような場所に連れて行って、慣れさせるだけでOKです。

背中

上から下へやさしくなでます

手のひら全体を首の下あたりにぺったりつけます。そのまま下へスーッと移動させ、おしりの上あたりで止めます（手掌軽擦法）。だっこして、胸とおなかをぺったりつけながらマッサージすると落ち着きます。

腰

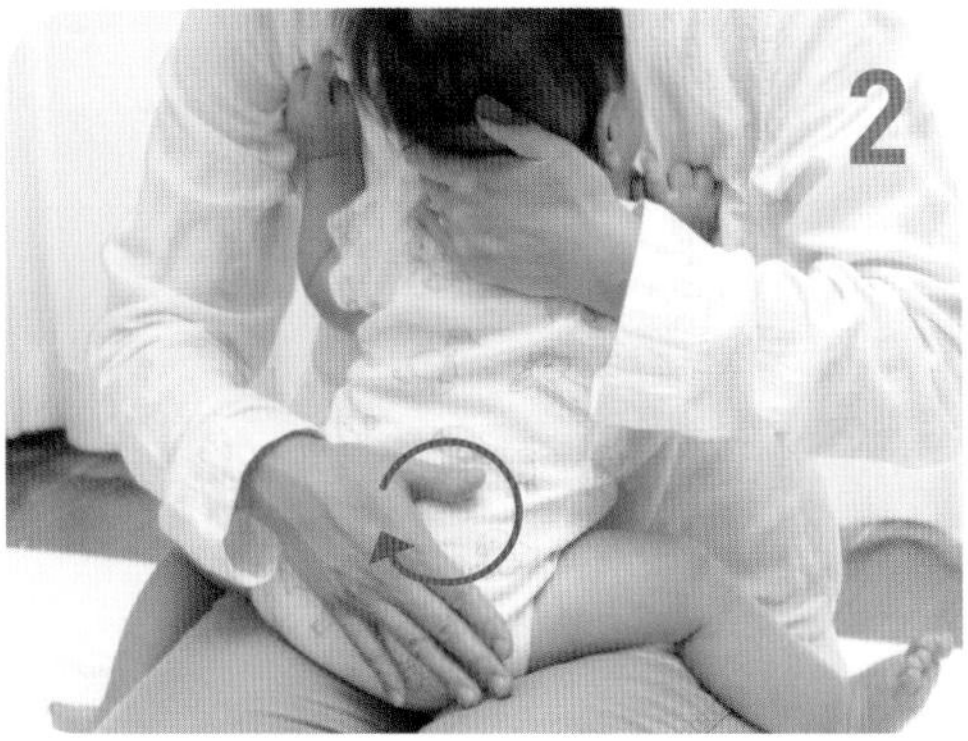

おしりの上を丸くなでます

同じ姿勢で今度はおしりの上あたりを、手のひら全体を使って丸くなでさすります（手掌軽擦法）。ゆっくりとリズミカルに行うのがポイントです。緊張をゆるめて、落ち着かせる作用があります。

無理に抱かせたりせず、周囲の理解を得ましょう

人見知りは、一般的に生後6か月くらいにはじまり、8か月ごろがピークになります。ただし個人差が大きく、早いと4か月ごろからはじまって、1歳くらいまで続きます。ママ以外の人を見て急に泣き出し、気まずい思いをすることもあるでしょう。しかし、成長のあかしなのだと前向きに受け止めて、ほかの人との関係が少しずつ築ける工夫をすれば乗り切ることができます。人見知りの原因は「大好きな人と引き離されるのではないか」という不安や、慣れ親しんだコミュニケーションのリズムとは違うことが原因で起こると考えられています。まず祖父母や友だちなど周囲の人に、人見知りの時期であることを伝えて、理解してもらって無理に抱かせないことです。ママがそういった人たちと仲良く話していれば、やがて赤ちゃんも「大好きなママが仲良くしている人だから大丈夫だ」と、警戒心をといてくれるでしょう。

かんしゃく

試してみよう　かんしゃくを押さえつけようとするのは逆効果。感情コントロールを発達させるため、ブランコやトランポリンなど、全身でバランスを取る遊びがおすすめ。

わきばら

わきばらをスリスリとマッサージ

両方の手のひらで、わきばらを挟むようにします。その手を上下に動かして、わきの下から腰のラインまでなでさすります（手掌軽擦法）。くすぐったがるときは、少し強めに挟んでマッサージしてください。

頭

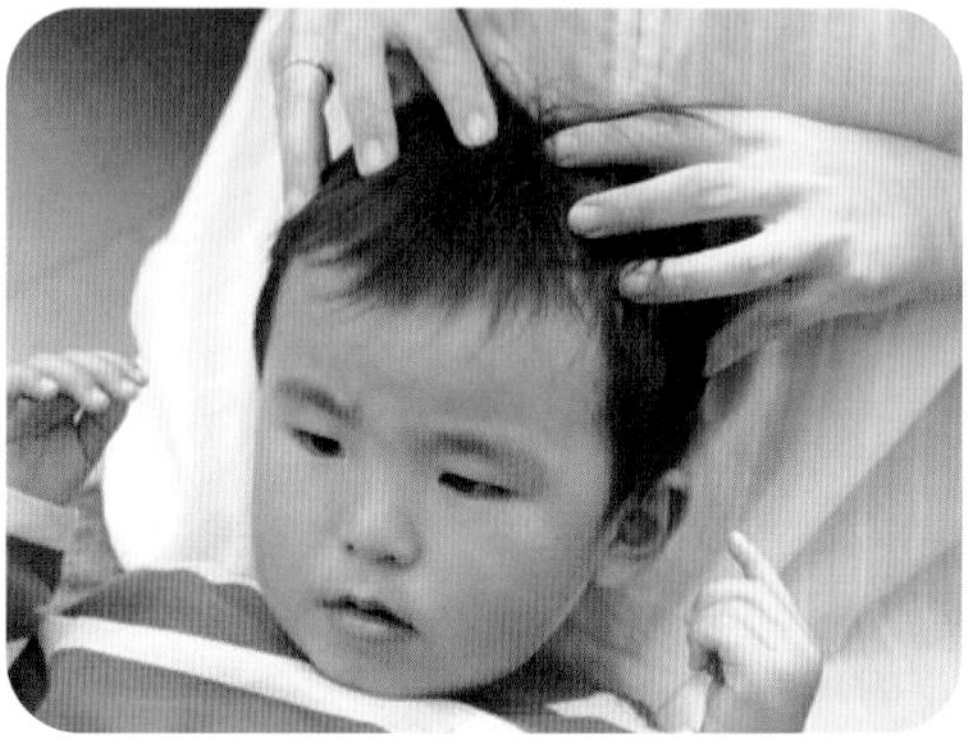

おでこから頭のてっぺんまで

4本の指のはらを頭に当てて、おでこからてっぺんまでなでさすります（四指軽擦法）。おでこの部分だけ、親指のはらを使ってもOK（拇指軽擦法）。まんべんなくマッサージして、スッキリした気分にしてあげましょう。

子どもが主張したことはさり気なく後押しを

歩きはじめて1～2年間の子どもの感情はとても激しく、欲求や希望が満たされないと、かんしゃくを起こして泣いたり怒ったりします。感情をコントロールできるようになるためには、自分の欲求を我慢することを伝えるだけではうまくいきません。周りの人を信じることで、自分を信じることができるのと同じように、周りの物事を操作できるという実感が育つことによって、自分の衝動も本当にコントロールできるようになるのです。

　そのためには、自分ではうまくできないことをやろうとしたり、主張したときに、できるだけうまくできるように手助けしてあげましょう。「そんなこと、まだできないでしょ」とやめさせるのではなく、パパやママが一緒にしてあげるのです。手伝ってもらってでも、主張したことがうまくできれば、衝動をひとりで処理するための大きな原動力となるのです。

疲れやすい

試してみよう 毎朝決まった時間に起きたり、昼間は外遊びをして体を動かすなど、生活リズムを整えましょう。全身を動かす遊びを、積極的に取り入れてください。

腰

肩甲骨の下から腰までをなでなで

肩甲骨の下あたりに両方の手のひらを乗せて、腰のラインまでスーッとなでさすります（手掌軽擦法）。上下に手を動かして、全体的になでさするようにしましょう。マッサージの前後など積極的に体を動かす時間を作って。

くるぶし

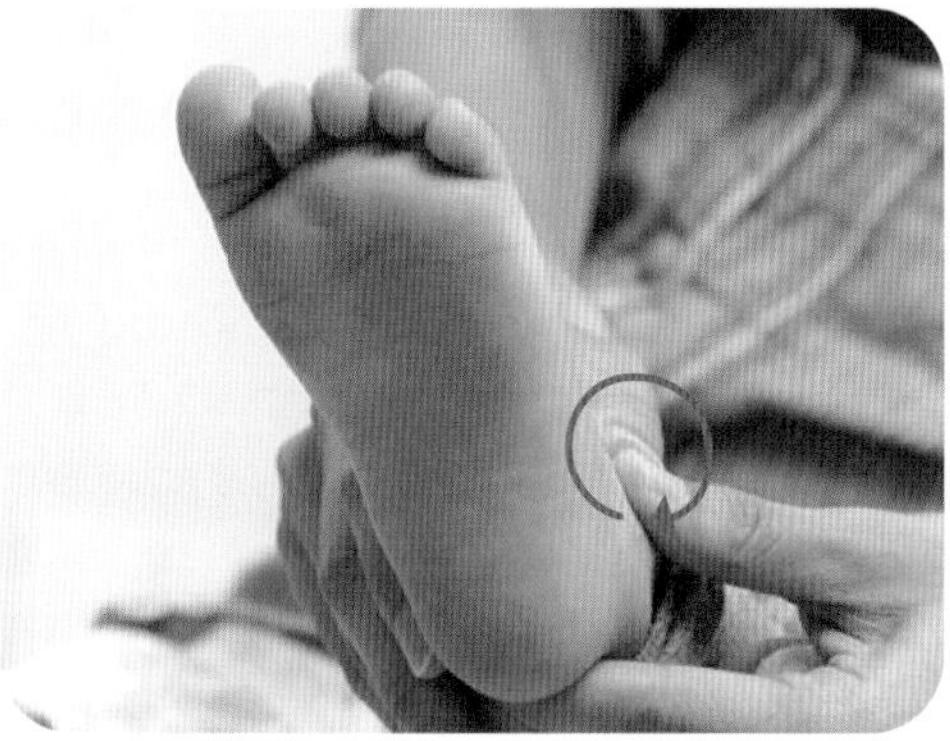

親指で外くるぶしをくるくる

親指のはらを使って、外側のくるぶしの周りをくるくるとなでさすります（拇指軽擦法）。疲れやすい子どもは、毎朝決まった時間に起こすようにします。朝一番にこのマッサージをしてあげるとよいでしょう。

「疲れた」が口ぐせの子はストレスに弱いしるし

小さいうちは、疲れやすいということは考えにくく、疲れやすい場合は何らかの身体的な病気の可能性があります。2歳以上の子どもが「疲れた」と自分から言うのには、2種類のパターンがあります。

まずは本当に体が疲れている状態です。原因の多くは夜更かしと生活リズムの乱れにあります。朝起きても交感神経がうまく働かず、午前中あるいは一日中頭がボーッとして、すぐに疲れを感じてしまうのです。早めに起きて朝食をきちんと摂る生活をしていれば、すぐによくなるでしょう。

もうひとつは、わずかな身体的疲れや不快感を「疲れた」と表現している場合です。過保護に育てられたため、ストレスに弱くなっているのかもしれません。わがままをすぐに受け入れたり、何でも手を貸してしまうと、面倒なことや我慢することをいやがるようになります。そういう場合は、子どもに接する態度を少しずつ変えましょう。

COLUMN

ベビーマッサージをはじめてみました！

ベビーマッサージを実践しているという先輩ママたちの声を
集めてみました。子どもだけでなく、ママにもいいことがいっぱいです！

赤ちゃんの肌のやわらかさに日々、いやされています。

はじめての子どもだったので、だっこの仕方ひとつとっても、どうやってふれていいのか恥ずかしながらわかりませんでした。そんなときに知り合いのママからベビーマッサージを紹介してもらい、はじめてみると自然にふれられるように。それまでは、距離が遠いと感じていた子どもが、マッサージをすることで近い存在に思えるようになりました。子どものぷにぷにした肌をさわりながらマッサージしていると、なんだか私のほうがいやされてしまいます。

史夏さん（28歳）

マッサージで夜泣きが少なくなりました。

毎晩のように夜泣きをするので、私自身も寝不足の状態が続いて困っていたところにベビーマッサージの存在を知りました。夜泣きに効くというものはいろいろ試していたのですが、なかなか効果があらわれなかったためマッサージも半信半疑でした。ところが寝る前にマッサージをすると落ち着くようで、眠りも深くなり以前よりだいぶ夜泣きが少なくなった気がします。たまに夜泣きをしても、私自身に余裕が生まれてやさしくなだめられるようになったのが、何よりの進歩です。

たっくんママさん（25歳）

最初はいやがりましたがすっかりお気に入りに。

はじめはマッサージをしようとしたら、イヤイヤをしたり、泣き出したりして、なかなか体にさわらせてくれませんでした。「うちの子にマッサージは向かないのかも」とあきらめかけていたのですが、子どもがいやがらないところから少しずつさわってみることに。なるべく楽しい雰囲気を作って、語りかけながら何度かチャレンジしていくうちに、だんだんと心を開いていやがらないようになってくれました。今ではすっかりお気に入りです。

まささん（30歳）

大きくなってもマッサージは特別な時間。

生後1か月を過ぎたころからマッサージをしています。子どもは3歳になりますが、「マッサージをするよ」というと、遊びをやめてうれしそうに飛んできます。マッサージをする時間帯は大体決まっているのですが、いつもよりも少し遅くなったりすると、向こうから「ママ、マッサージはまだ？」と聞いてくるほど。同じマッサージでも子どもの反応が少しずつ変わってくることに喜びを感じますし、今では母と子の大切なスキンシップの時間になっています。

京ちゃんさん（33歳）

PART

4

楽しい！
歌に合わせてマッサージ

歌を歌いながらマッサージをすれば、
リズムが取りやすく余計な力が抜けて、
楽しい雰囲気で行うことができます。
ママの声を聞きながらふれてもらうことで、
マッサージの効果がアップします。

マッサージの秘訣は楽しい雰囲気作り

じつは、雰囲気次第でマッサージの効果は大きく変わります。ここでは楽しい雰囲気作りのポイントと、歌に合わせたマッサージをご紹介します。

子どもは小さいときから音楽が大好きです

マッサージに雰囲気作りは欠かせません。大人でも大勢の人が見ているなかで、緊張しながらマッサージを受けても、気持ちがよくないのと一緒です。

楽しい雰囲気を作る方法はいろいろありますが、もっとも簡単にできて、とても効果的な方法が、歌に合わせたマッサージです。子どもは小さいころから、音楽が大好き。音楽が鳴り出すと、大泣きしていたのにぱたりと泣きやんだり、自然と体が動いてぴょんぴょん飛びはねたりするような子どもはたくさんいます。

3つの気持ちよさがそろっています

マッサージはリズムがとても大事なので、歌いながらだとテンポが取りやすいという利点もあります。何もしゃべらず黙々とやると、無意識のうちに力が入ってしまいがちです。歌いながらやることで、適度に力が抜けて、やさしく軽やかなマッサージができるのです。子どもにとっても、**おなかの中にいたときから聞き慣れているママの声を聞き、目を合わせ、そしてふれられるという3つの気持ちよさがそろっている、**歌のマッサージ。その効果は計り知れません。

子どもが大きくなっても、効果はバッグン！

赤ちゃんのうちから歌を聞かせて遊んでいると、大きくなっても「お歌を歌うよ！」というだけで、うれしそうに寄ってくるものです。歌に合わせたマッサージも同じで、楽しさを記憶に刷りこませておけば、大きくなってからも「マッサージしようね！」と声をかけることで、楽しく遊べるでしょう。

ポイントを押さえれば、さらに楽しい雰囲気に！

ちょっとした工夫や心がけだけで、楽しさは倍増します。
子どもを楽しませるためには、何よりもママも楽しむことが大切です！

楽しいことを
はじめるよ〜

目をみつめながら、にっこり笑顔で

マッサージをはじめるときは、これから楽しいことをはじめるのだということが伝わるように、目を見てにっこりしましょう。ママの表情を見て、子どももリラックスするはず。

音程は気にしない！声かけをする気持ちが大事

音程が多少ずれても問題ありませんし、歌詞通りに歌う必要もありません。大切なのは、子どもとコミュニケーションをとること。楽しい形にどんどんアレンジしていきましょう。

ゆらゆら
ボート♪

♪まないたの
うえに ゴロ〜ン
ゴロン！

少しオーバーめの表情とイントネーションが◎

小さい声でボソボソ歌うのでは、せっかくのマッサージも台無し。「やりすぎかな？」というくらいの表情と、メリハリをつけた歌い方が、子どもにはむしろベストなのです。

全身のマッサージ

「ダイコン漬け」

1か月～

子どもの体を一本のダイコンに見立てて、全身をくまなく刺激できるマッサージです。ケラケラ笑って、ストレスも発散されます。ただし、とくに小さい赤ちゃんの時期はデリケートなので、力を入れ過ぎず、やさしく扱ってください。

ダイコン漬け　　作詞・作曲　二本松はじめ

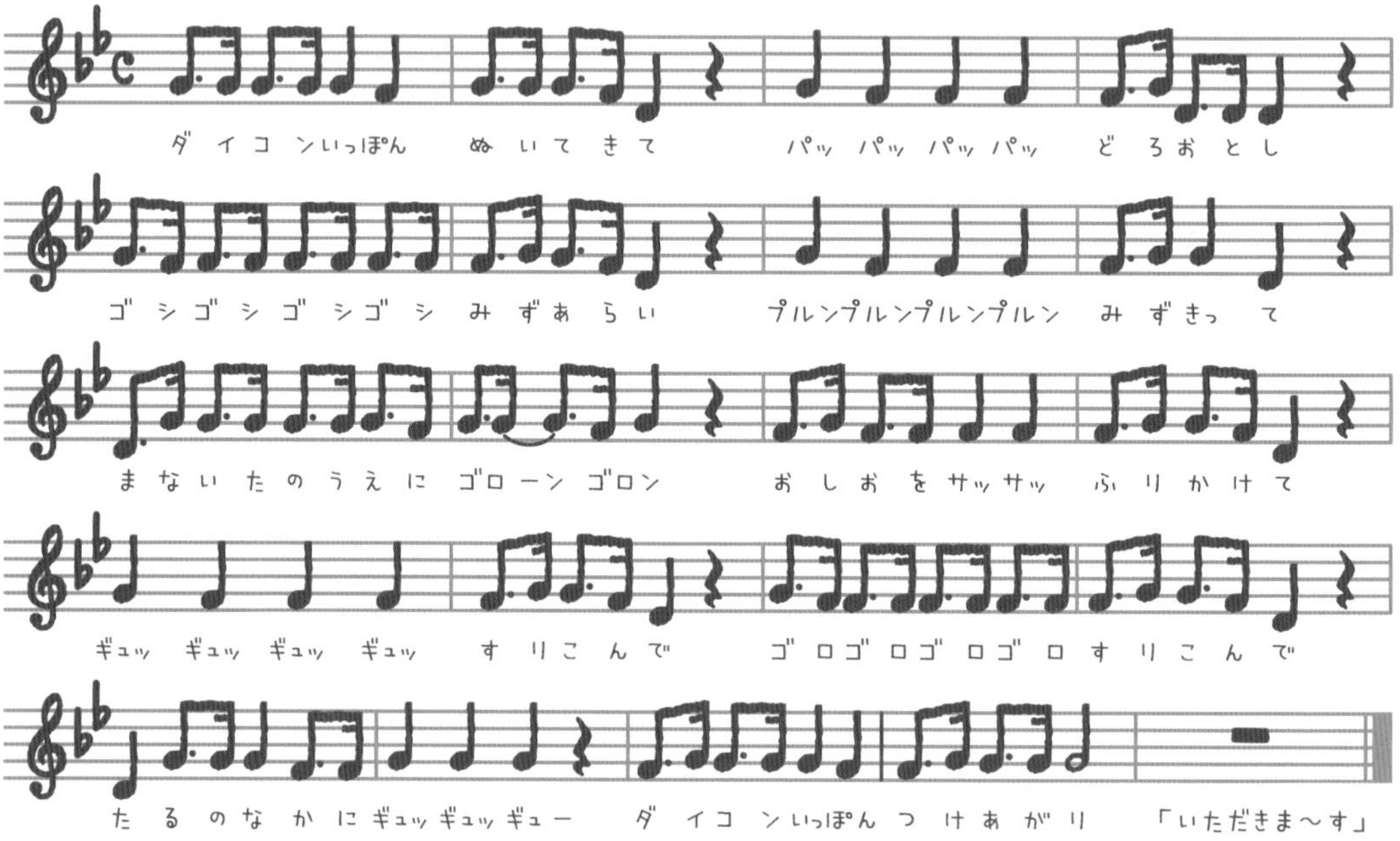
ダイコンいっぽん　ぬいてきて　パッパッパッパッ　どろおとし
ゴシゴシゴシゴシ　みずあらい　プルンプルンプルンプルン　みずきって
まないたのうえに　ゴローンゴロン　おしおをサッサッ　ふりかけて
ギュッギュッギュッギュッ　すりこんで　ゴロゴロゴロゴロすりこんで
たるのなかに　ギュッギュッギュー　ダイコンいっぽん　つけあがり　「いただきま～す」

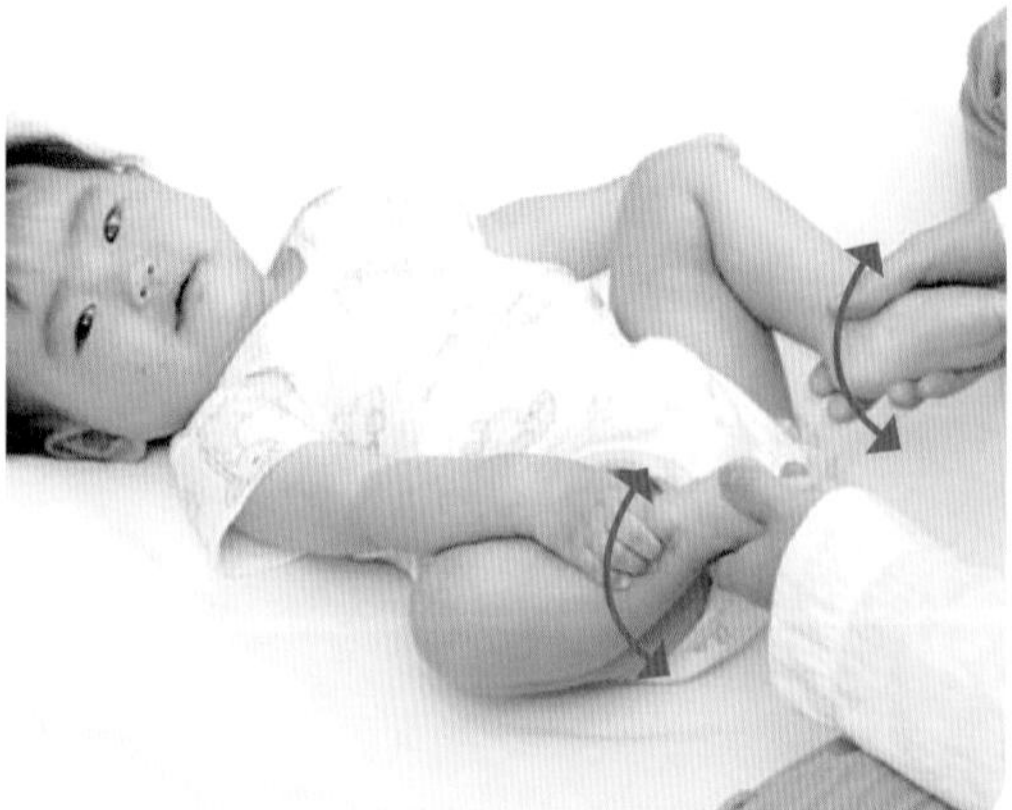

1 ダイコン　いっぽん　ぬいてきて♪

両方の足首を持って、上下にゆらします

両方の足首をそれぞれの手で持ちます。股関節を動かす感じを意識して、足首を持った手を上下に軽くゆらします。1歳未満の赤ちゃんの場合はとくに、無理に足を伸ばす必要はありません。自然な状態のまま、足を上げ下げしましょう。

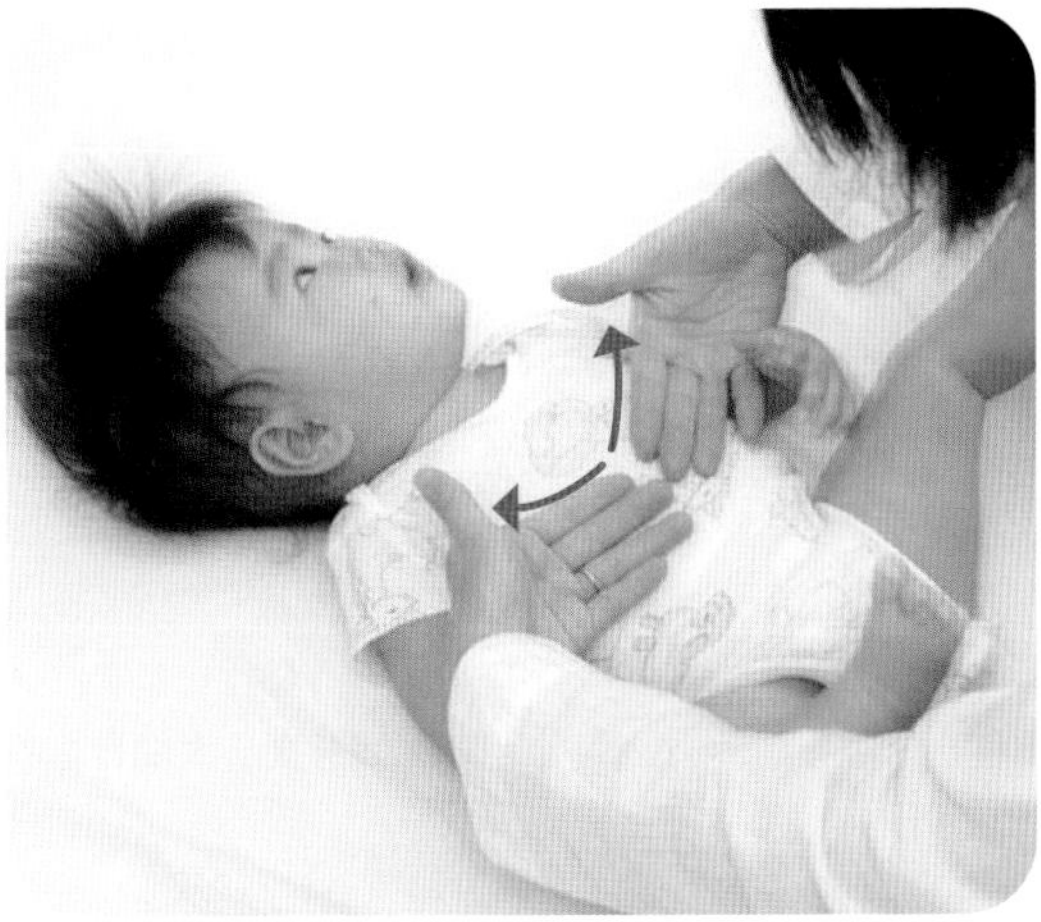

2 パッパッパッパッ どろおとし♪

手のひらを表裏に返しながら体を軽くはたきます

手のひらを自分側に向けて、4本の指のつけ根のあたりまで子どもの胸にふれるようにします。「パッ」のタイミングで、内側から外側へはたくようにして動かします。次の「パッ」で、手のひらを返して外側から内側へはたきます。胸からおなかへ徐々に下がりながら、同じ動作をくり返します。

3 ゴシゴシゴシゴシ みずあらい♪

握りこぶしを作って体中をくるくるさすります

両手で軽く握りこぶしを作ります。足先からひざ、太もも、おなか、胸までこぶしでらせんを描くようにして、さすります。足を通るときは、外側を軽めにくるくるとしてあげましょう。

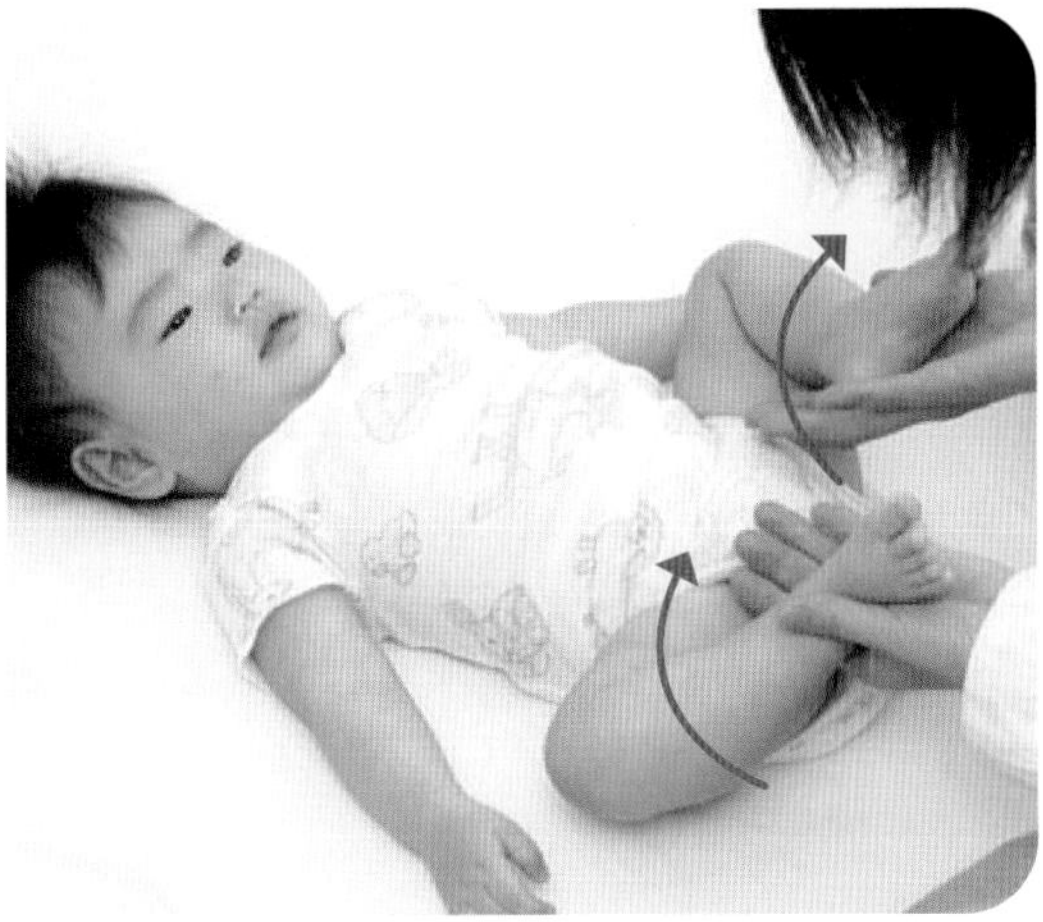

4 プルンプルンプルンプルン みずきって♪

両方の足首を持って、パッと足だけ上へ放り投げます

両方の足首を手のひらにのせて、パッと足首を上へ放り投げます。1歳未満の赤ちゃんは、ほんの少し足が宙に浮く程度で大丈夫です。1歳を過ぎたらだんだん筋肉もついてくるので、高くポーンと足を放り投げると、子どもも喜びます。

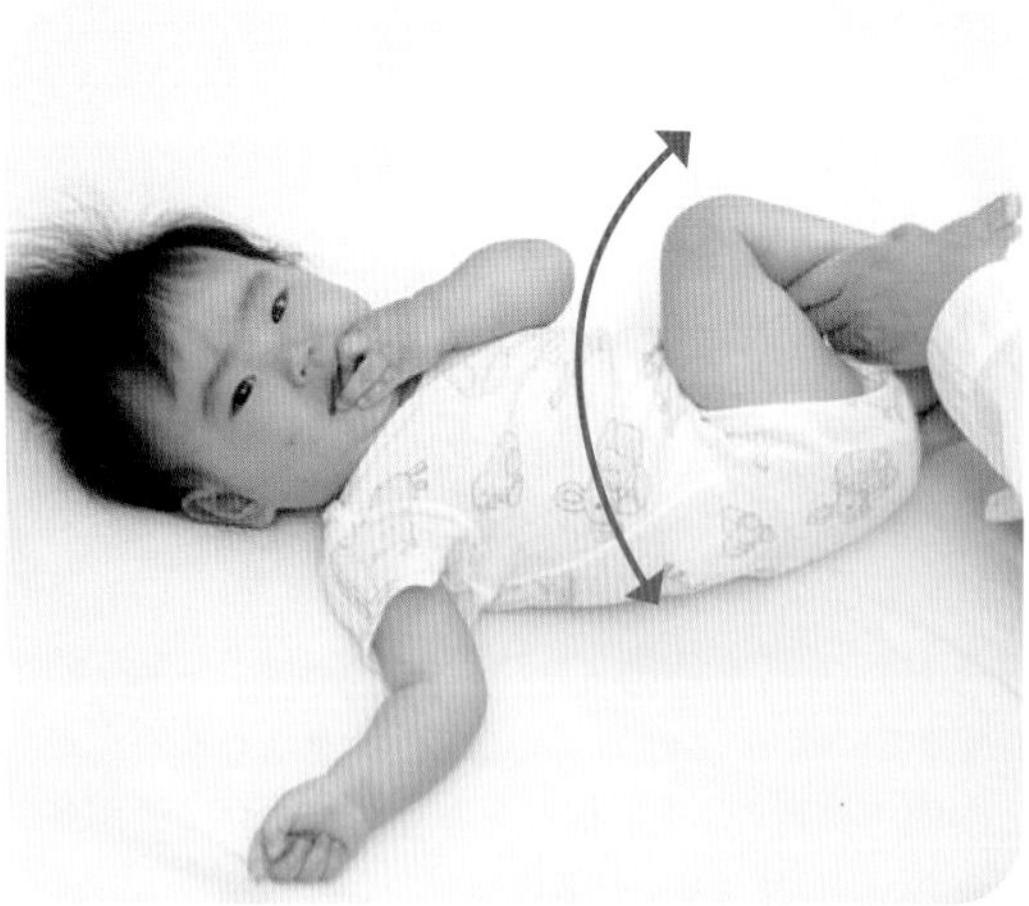

5 まないたのうえに ゴローンゴロン♪

股関節とひざを曲げて 左右にたおします

足首を持ち、股関節とひざを曲げます。両方の足首を体の右側の床へ持って行き、ひざが床につくくらいまで足をたおします。左側も同じように行います。ひざとひざをくっつけず、こぶし1個分を必ず開けてください。

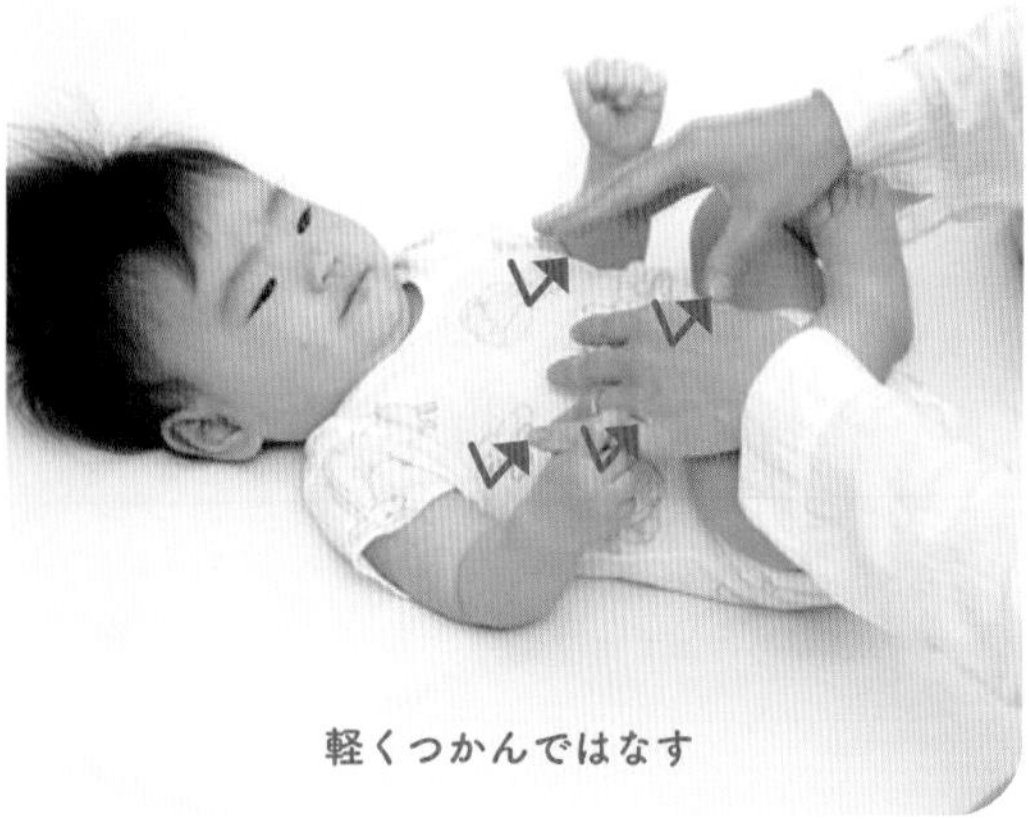

軽くつかんではなす

6 おしおをサッサッ ふりかけて♪

指先で体中を軽くつまみ 刺激を与えます

指先を立てて、全部の指を使って体を軽ーくつまむようにして、パッと離します。胸やおなか、太ももなど全身をつまんで、刺激を与えましょう。

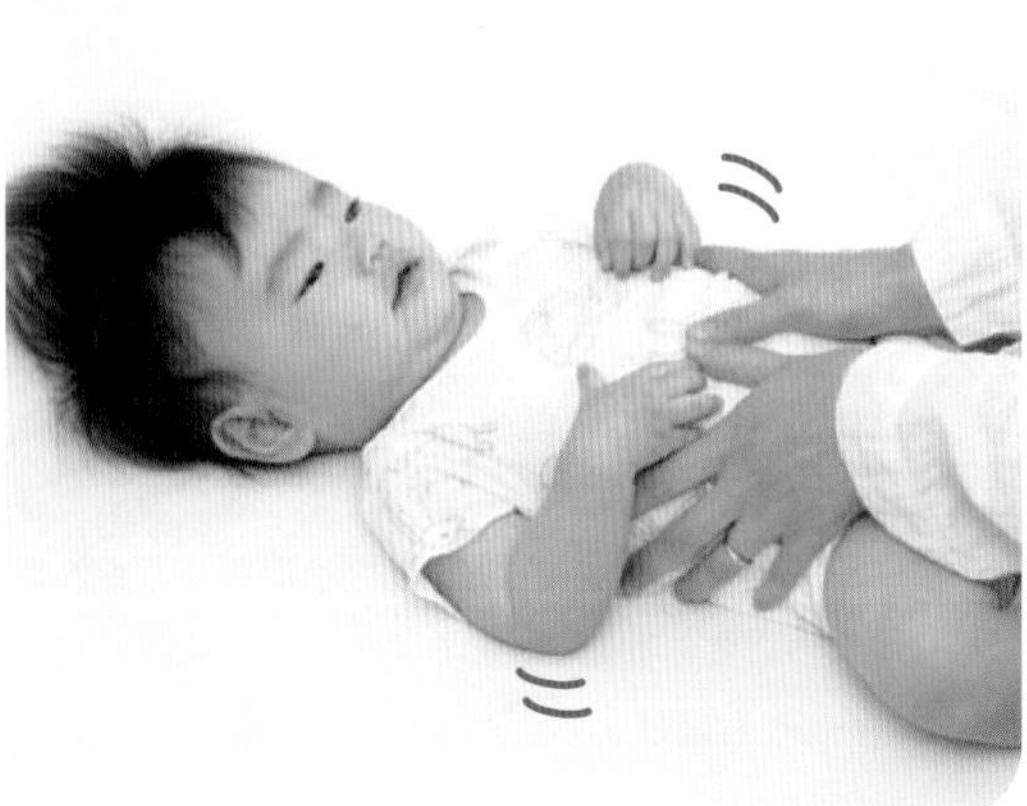

7 ギュッギュッギュッギュッ すりこんで♪

5本の指を動かして 全身をくすぐります

手のひらを体にぺったりとつけて、5本の指を動かしながら体中をもみもみとくすぐります。くすぐったがって喜んでいる部分を集中的にもみもみしたり、終わってホッとしたすきをついて、また同じパートをくり返すと、とても喜びます。

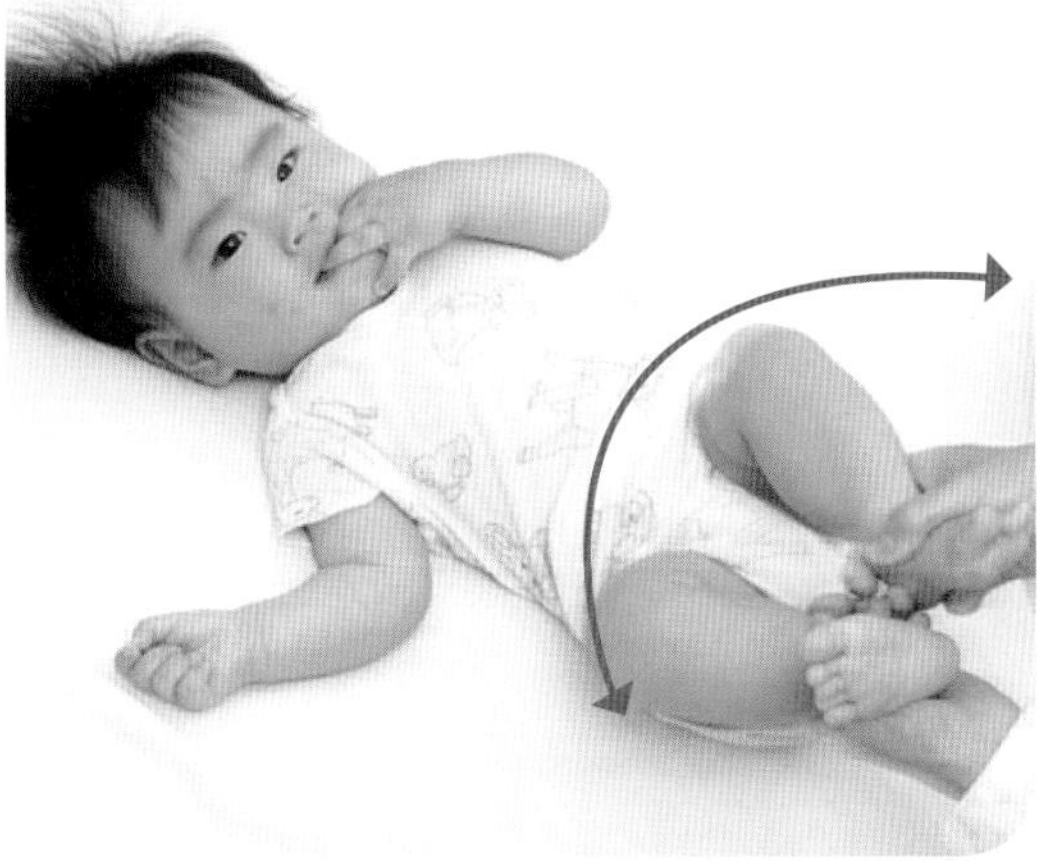

8
ゴロゴロゴロゴロ すりこんで♪

足を左右にたおす 5の動きをくり返します

5と同じ動きをくり返します。股関節とひざを曲げて、ひざが床につくくらいまで、足を左右にたおします。足先ではなく、必ず足首をしっかり持つようにしましょう。

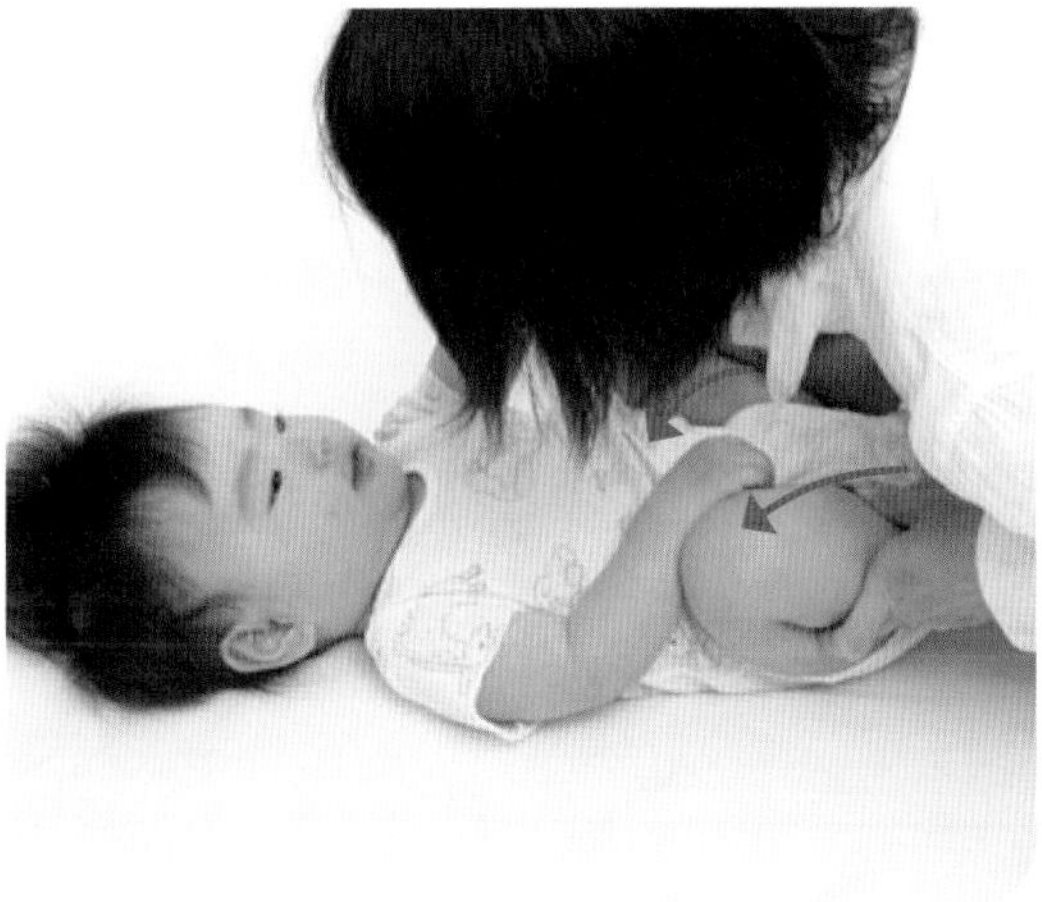

9
たるのなかに ギュッギュッギュー♪

太ももをおなかにつけて 顔をのぞきこみます

股関節とひざを曲げて、太ももをおなかにやさしくくっつけます。そのとき顔を近づけて、子どもの目をのぞき込むようにしてください。1歳を過ぎた子どもには、「ギュウウウ」と語尾を伸ばして、股関節をゆっくり曲げながら顔を近づけてみてもよいでしょう。

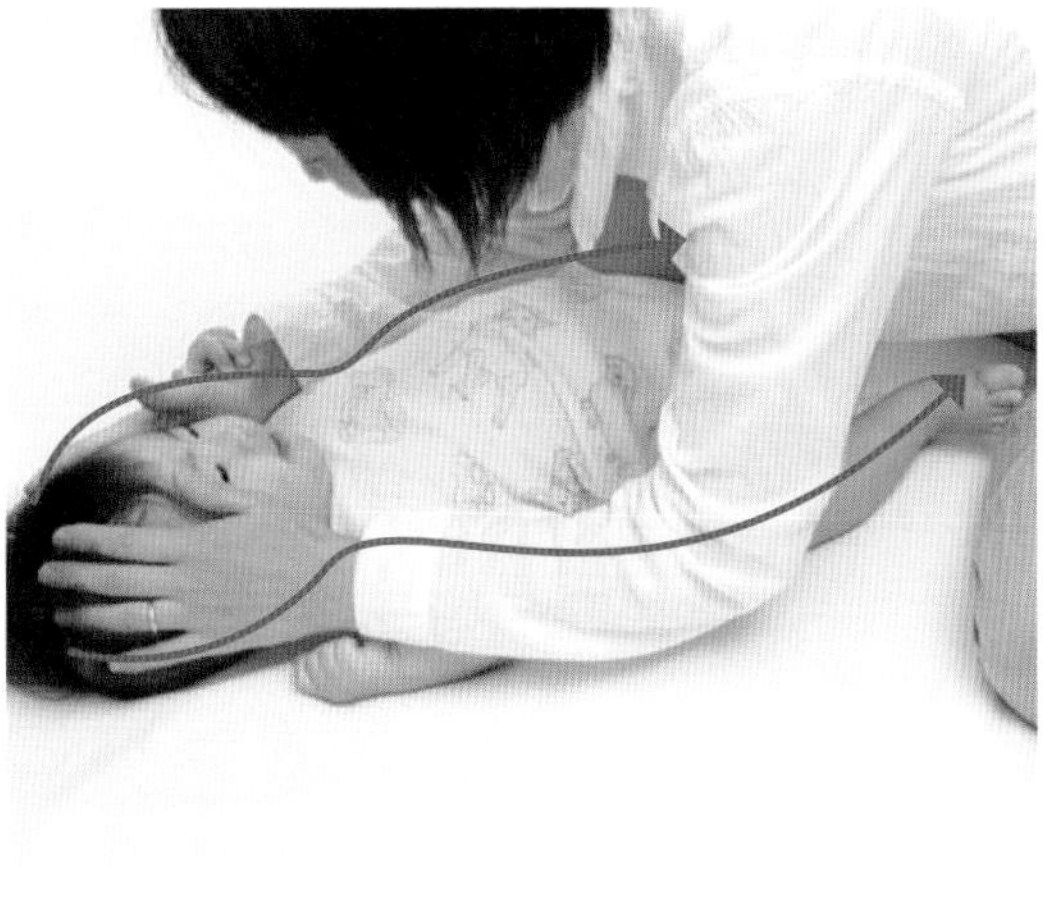

10
ダイコンいっぽん つけあがり♪

頭から足先まで流します 最後は試食をしてみましょう！

頭から足先までなでて、全身の気を整えます。終わったら「おいしくできたかな？　いただきまーす！」と、体を手でつまんで食べるしぐさをしてみましょう。「ここが足りなかったかな？」と子どもが喜ぶパートを多めにしてあげても。

上半身のマッサージ

「ララララぞうきん」

0か月～

おなかや腕など、上半身を中心に行うマッサージです。短い歌ですが４番まであって、部分的に動きが違うところがポイントです。

ララララぞうきん

アメリカ民謡

ラ ラ ラ ぞう きん ラ ラ ラ ぞう きん ラ ラ ラ ぞ う きん を
ぬ い ま しょ う チ ク チ ク チ ク チ ク チ ク チ ク チ ク チ ク ラ ラン ラ ランラン
ラン ヘイ！

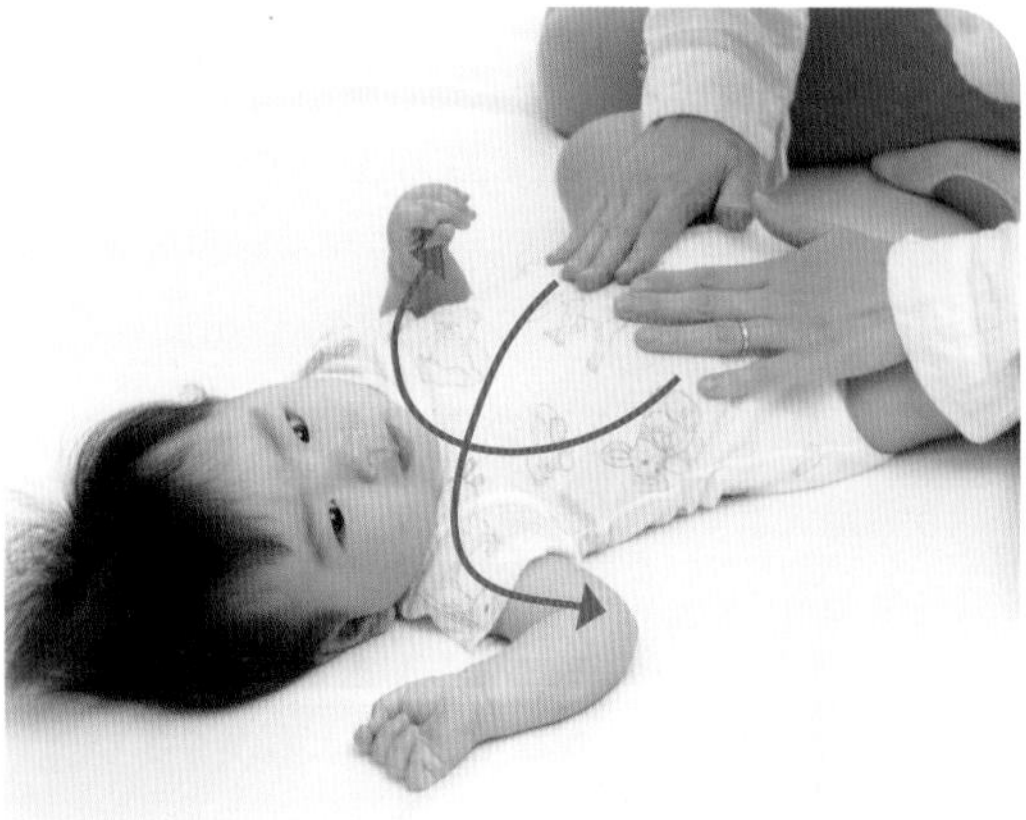

1

ララララぞうきん
ララララぞうきん♪

おなかから肩、腕にかけて手のひらでさすります

両方の手のひら全体をおなかにぺったりとつけます。最初の「ララララぞうきん」で、片方の手を上へすべらせて、子どもの肩を通って腕までさすります。次の「ララララぞうきん」では、もう一方の手で反対の肩、腕をさすります。

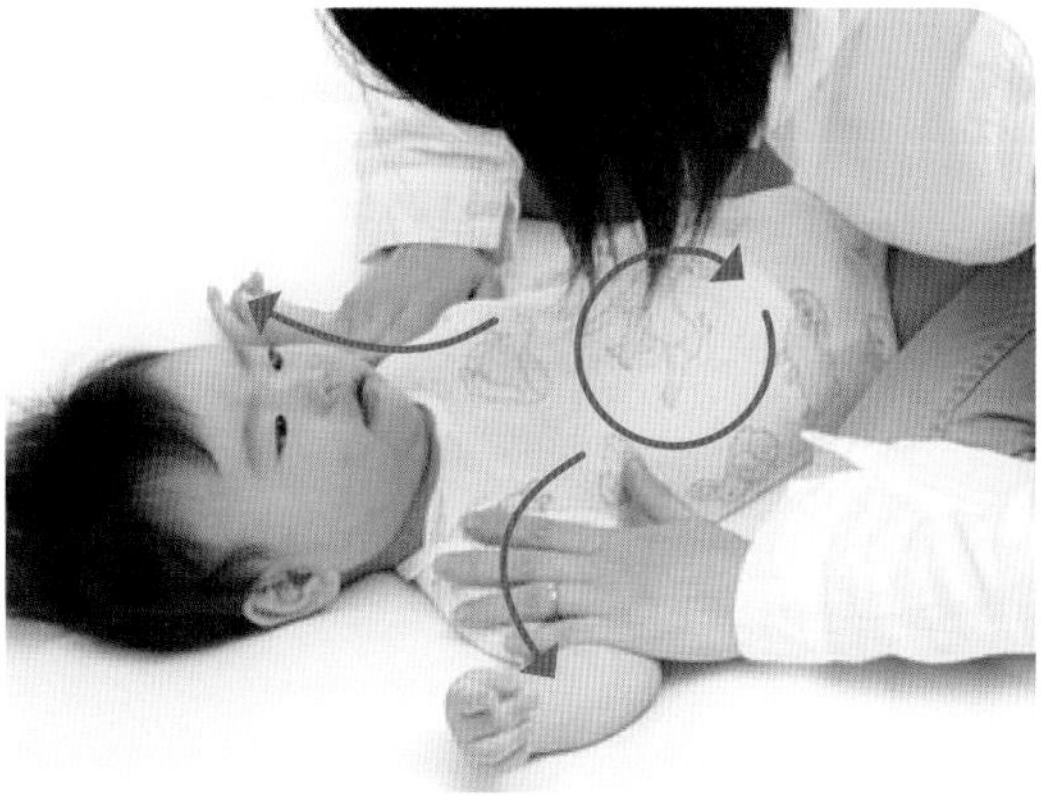

2

ラララ　ぞうきんを ぬいましょう♪

おなかをくるくるなでて、胸、肩、腕をさすります

両方の手のひら全体を、おなかにぺったりとつけます。片方の手でおへそを中心に時計回りにおなかをなでて、それから、両方の手で同時に胸、肩、腕、手の先までさすります。

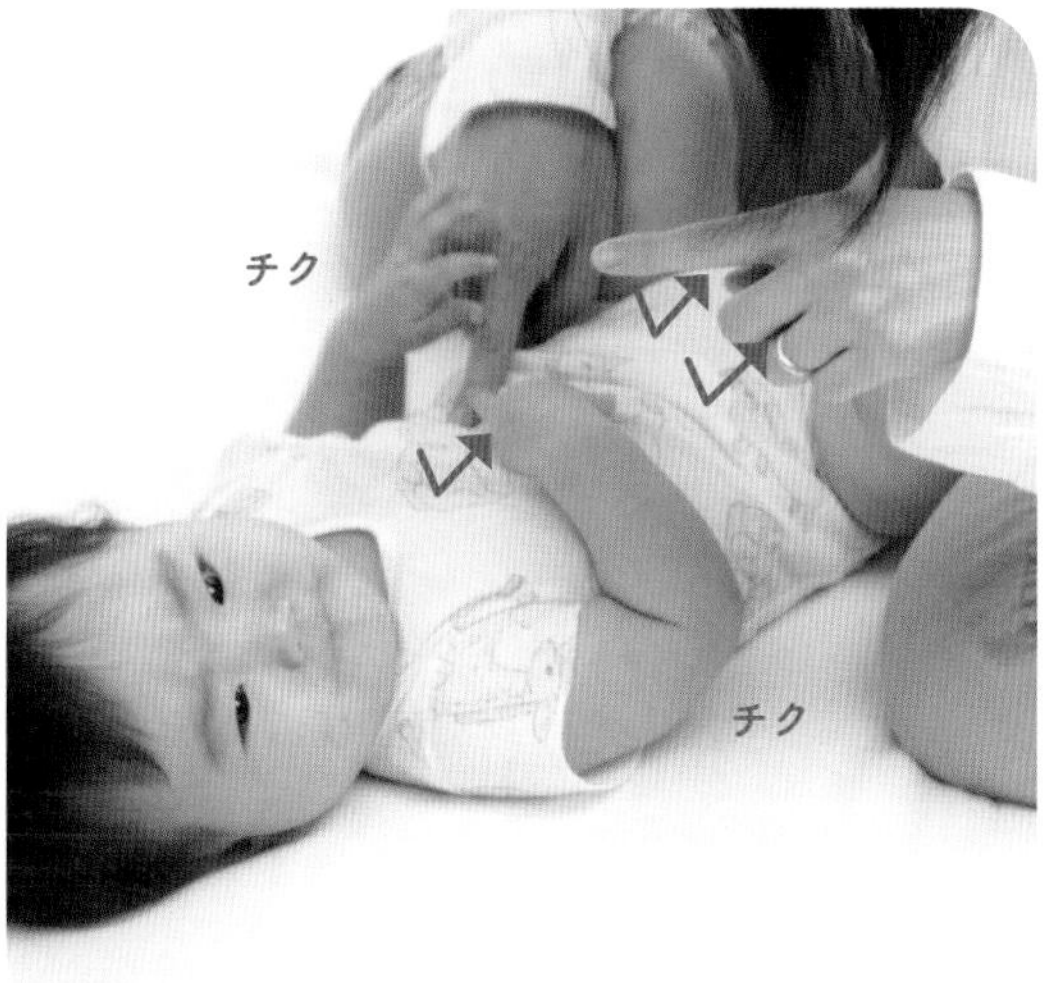

3

チクチクチクチク チクチクチクチク ラランラ　ランランラン♪ ヘイ！

人差し指でツンツンと体中を軽く突っつきます

両手の人差し指を立てて、「チクチクチクチク」のリズムに合わせて、全身を軽く突っつくようにして刺激します。くすぐったがって喜んでいるときは、長めにやってみて。ほっぺなどをチョンチョンと刺激してあげてもよいでしょう。

歌詞2.3.4番は3の動きをかえます。

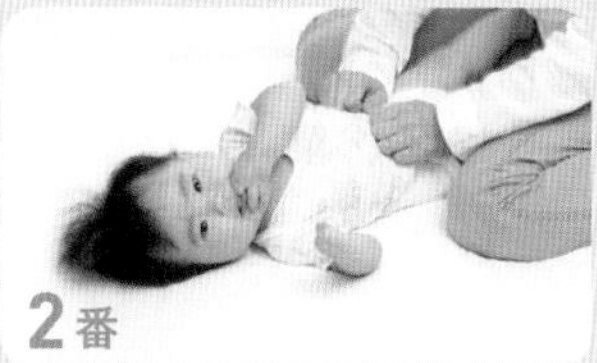
2番

ぞうきんを洗いましょう ゴシゴシゴシゴシ×2

両手で軽く握りこぶしを作り、足先からひざ、太もも、おなか、胸へかけて、らせんを描くようにしてごしごしとさすります。

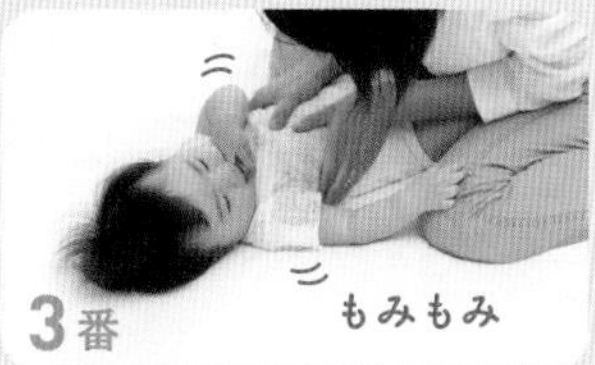

3番

ぞうきんをしぼりましょう ギュッギュッギュッギュッ×2

手のひらを体につけて、5本の指を動かしながら体中をもみもみとくすぐります。わき、おなかなどをもみもみしましょう。

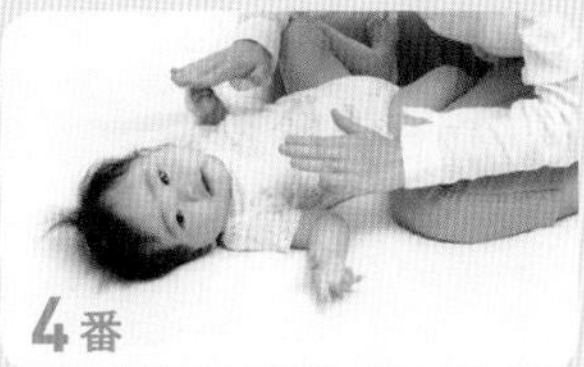
4番

ぞうきんを干しましょう パタパタパタパタ×2

アイロンがけをするみたいに伸ばすようなイメージで、手のひら全体を使って内側から外側へ向かってさすります。

胸の
マッサージ

「げんこつやまのたぬきさん」

0か月～

胸と腕をなでて、呼吸器を丈夫にするマッサージです。最後のお茶目なポーズに子どもも大喜び。最後だけリピートしてもOK！

げんこつやまのたぬきさん　　わらべうた

げんこつやまのたぬきさん
おっぱいのんでねんねして
だっこしておんぶしてまたあした

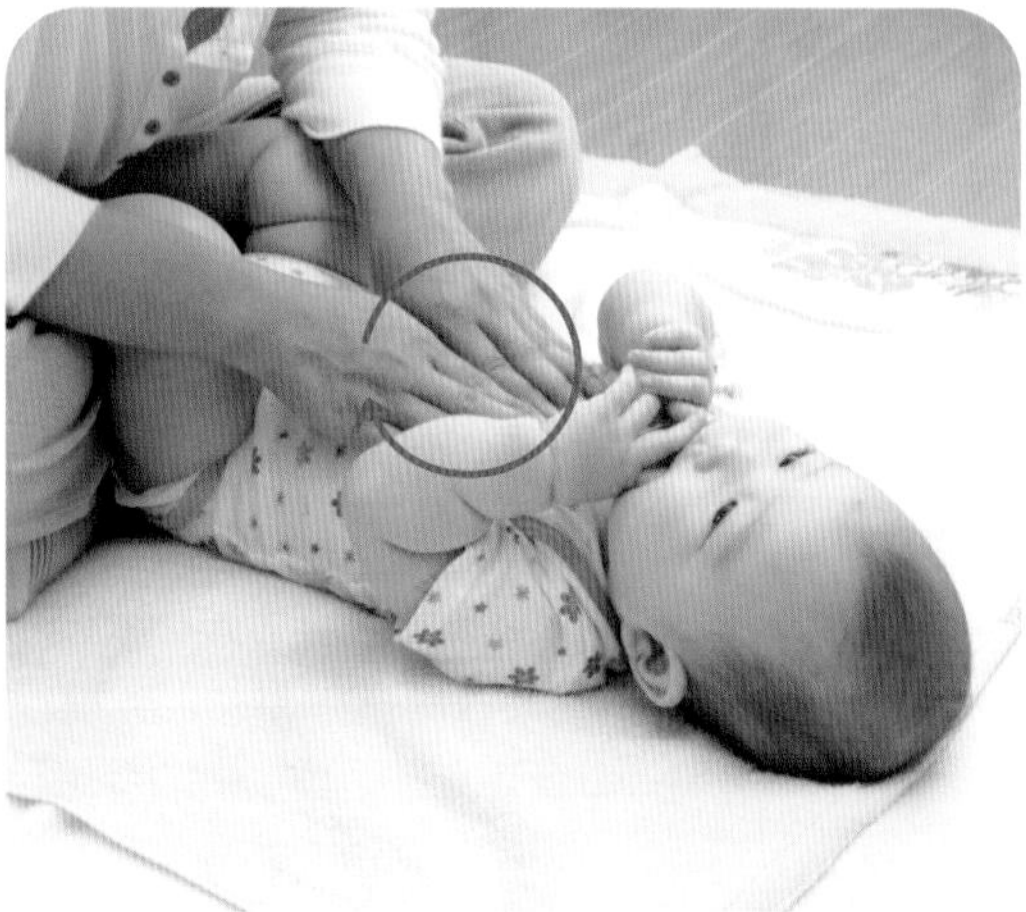

1

げんこつやまのたぬきさん
おっぱいのんで
ねんねして♪

両方の手を使って
胸から腕の内側をさすります

両方の手のひらを胸の上に乗せます。両手で同時に胸をくるくるとさすります。それから、ママのそれぞれの手で子どもの腕の内側（色の白いほう）を通って、手のひらまでさすります。

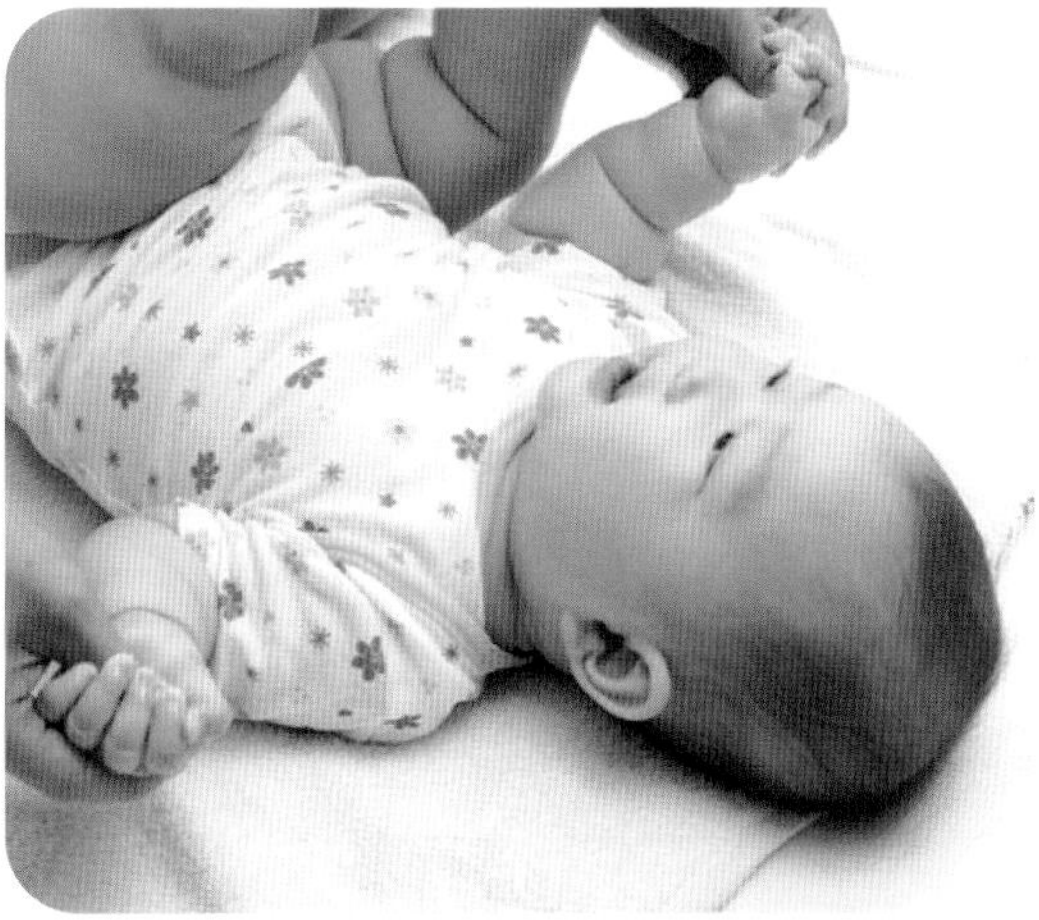

だっこして おんぶして♪

両手を握って、手の中をなでます

両方の手を握ります。「だっこして 」のときに、子どもの手の中で親指をくるくる回してなでます。「おんぶして 」でもう一度手の中で親指をくるくる回してなでましょう。

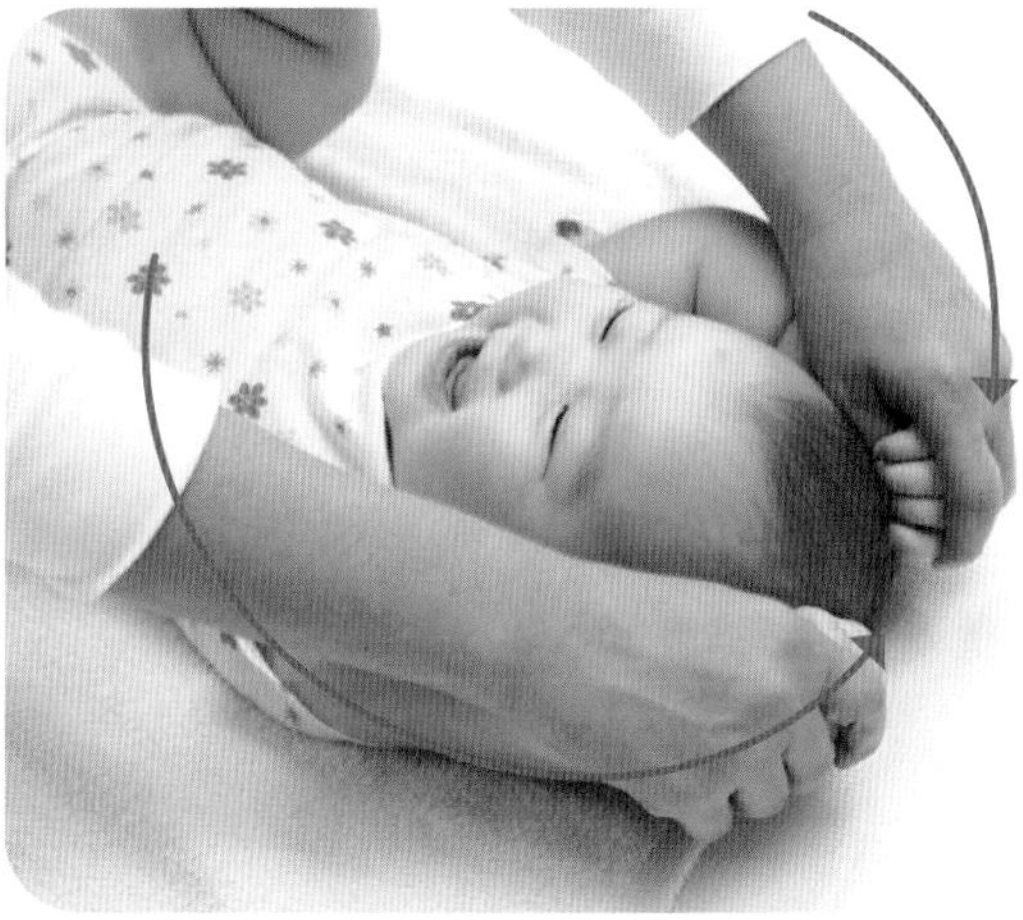

またあした♪

手を頭の上にちょこんと乗せます

両手を握ったまま腕を大きく回しながら、最後は子どもの両方の手を頭の上にちょこんと乗せます。顔をのぞき込んで、ニッコリ笑ってあげましょう。

もっと楽しく！ マッサージのコツ

手を握っているときに手のひらをマッサージ

手のひらを握るとき、ママの親指を子どもの手のひらの中に入れると、自然と握り返してくれます。その手を軽く包んで、親指でくるくると手のひらを刺激しながらマッサージをしてみましょう。

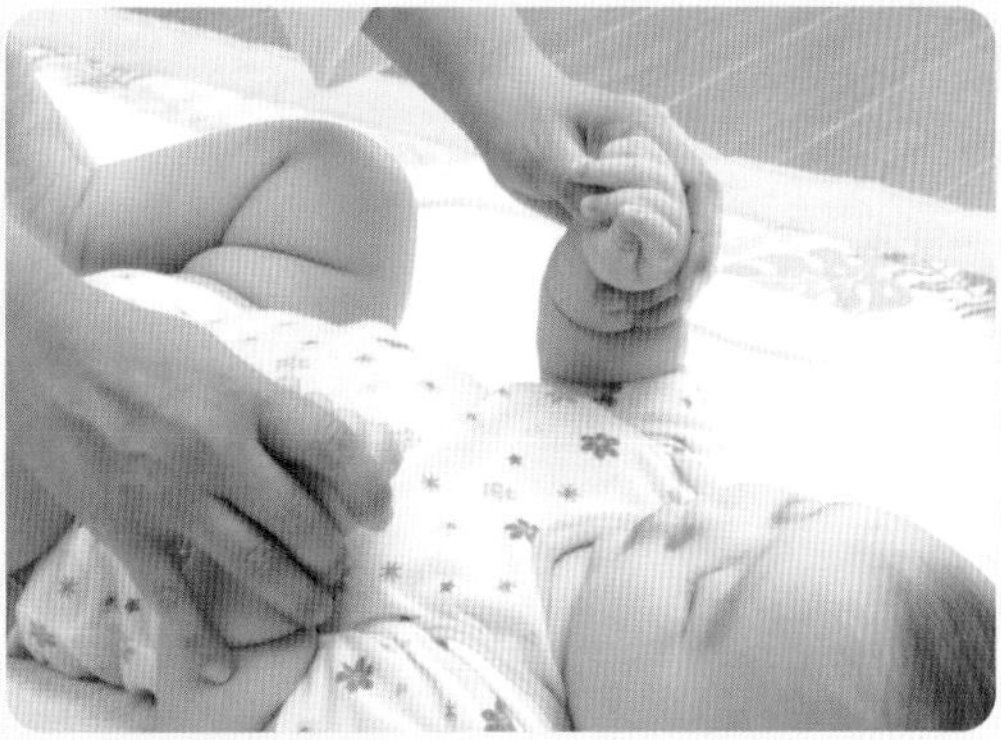

おなかの
マッサージ

「ゆらゆらボート」

0か月～

おなかを集中的にマッサージします。ゆったりとした歌なので、本当にボートに乗っているように体をゆらしながらやってみましょう。

ゆらゆらボート

志摩桂（訳詞）　外国曲

ゆ ら ゆ ら ボ ー ト な み の う え ー
ラ ラ ラ ラ ラ ラ ラ ラ ラ ラ ラ ラ い い き も ち ー

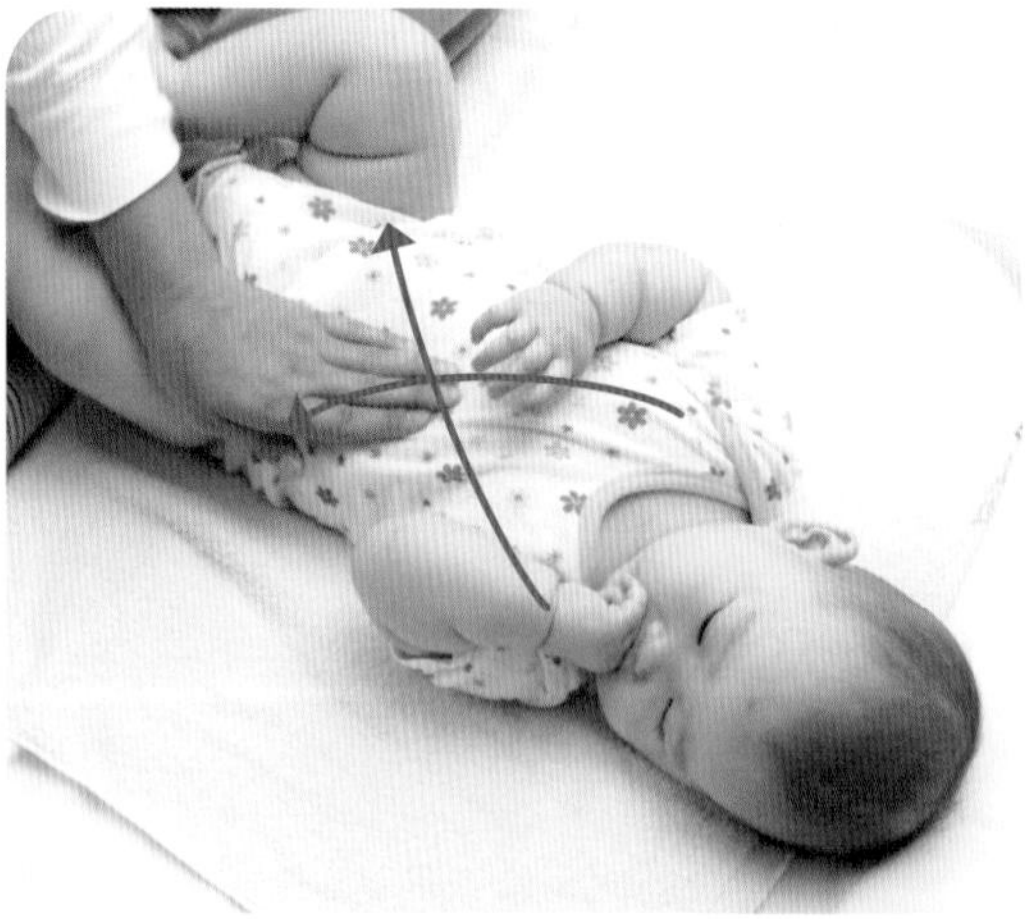

ゆらゆらボート♪

1

**肩からおなかへ斜めに
手のひらでさすります**

「ゆらゆら」のときに、片方の手のひらを肩からおなかへかけて、斜めに動かします。「ボート」で手を替えて、反対の肩からおなかにかけて、同じように斜めに動かします。

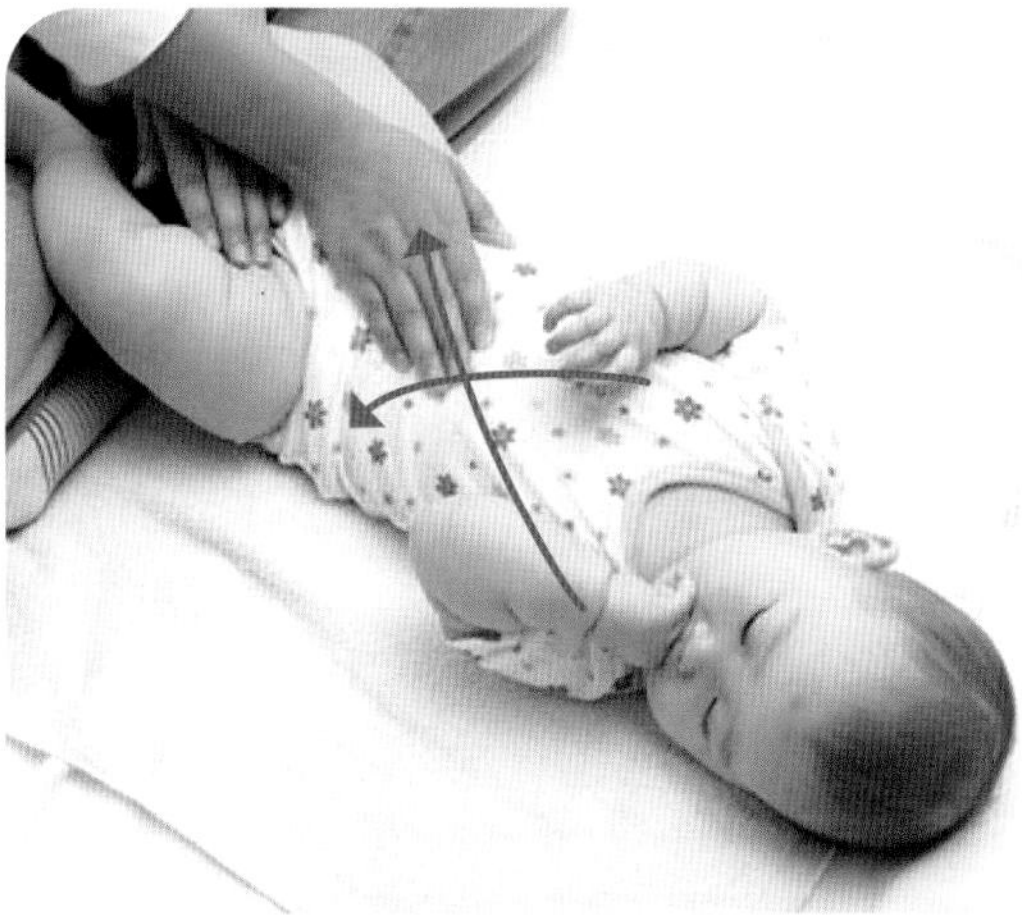

2 なみのうえ♪

1の動きをもう一度くり返します

1の動きをくり返します。1でも2でも、両手が子どもの体から常に離れないようにしてください。片方の手を肩からおなかへ流しているとき、もう片方の手は、子どもの体にそえておきます。

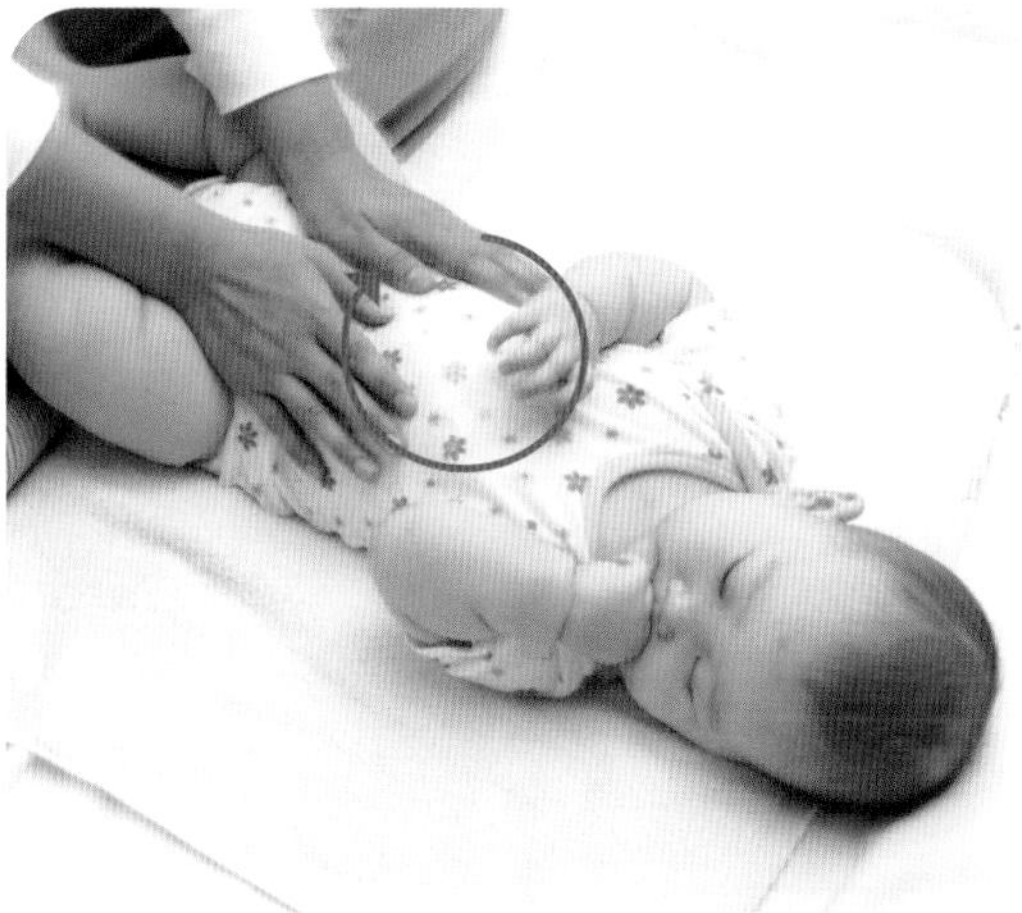

3 ラララ　ラララ　ラララ　ラララ　いいきもち♪

おなかを時計回りに くるくるとなでます

片方の手のひらで、おへそを中心に時計回りにおなかをくるりとなでたら、もう一方の手も同じようになでます。両手で追いかけっこするように。

もっと楽しく！ マッサージのコツ

ボートに乗っているように、左右に体をゆらしましょう

1と2のパートでは、歌っているママもボートに乗っているように、体を左右にゆらして臨場感を出しましょう。肩からおなかへ斜めに手を動かすリズムに合わせると、うまくできますよ。

足のマッサージ

「ぞうさん」

1か月〜

足全体をマッサージして、血行をよくします。シンプルで覚えやすい歌詞なので、慣れてきたら、かえ歌をして楽しみましょう。

ぞうさん

作詞　まど・みちお　作曲　團伊玖磨

ぞ う さん ぞ う さん お は なが なが い の ね
そ う よ か あ さん も な が い の よ

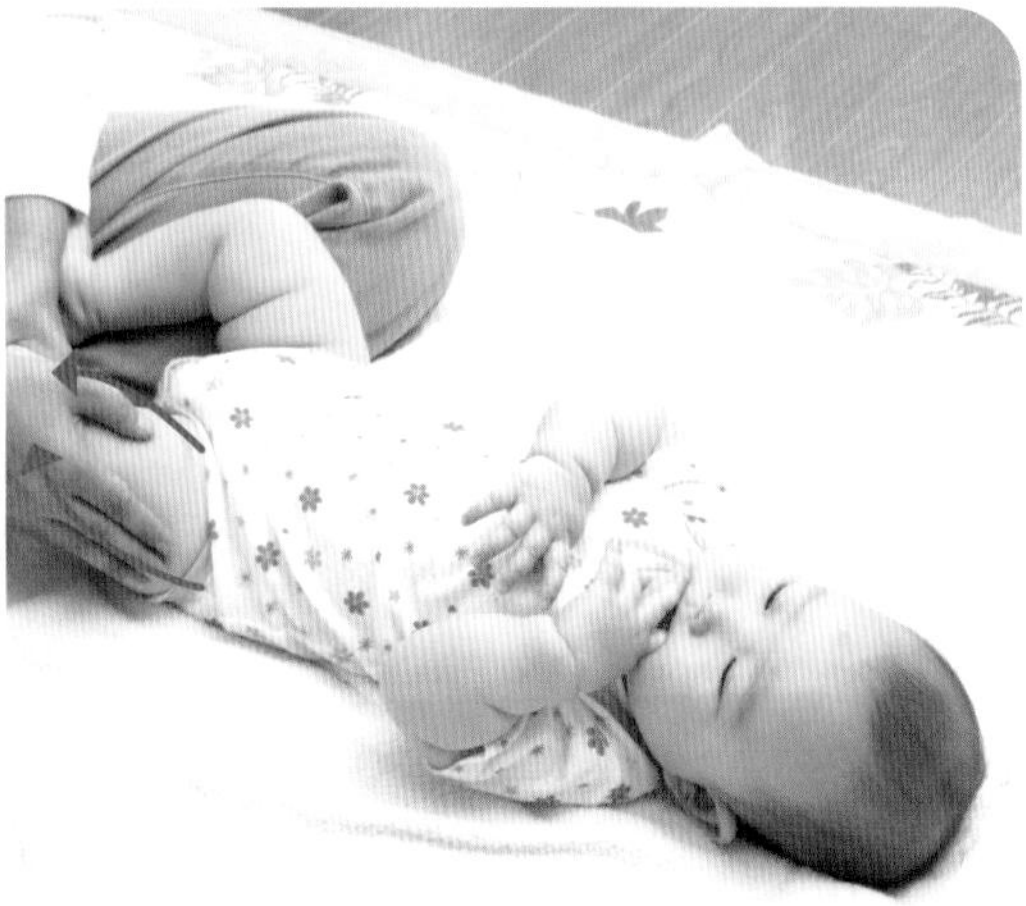

1

ぞうさんぞうさん
おはながながいのね♪

左足を太ももから足先へ
外側、内側の順になでます

「ぞう」で、左足の外側部分を太ももから足先にかけて、手のひら全体でなでます。次の「さん」で、内側部分を同じようになでます。「おは」「なが」「ながい」「のね」で、同じ動きをくり返します。

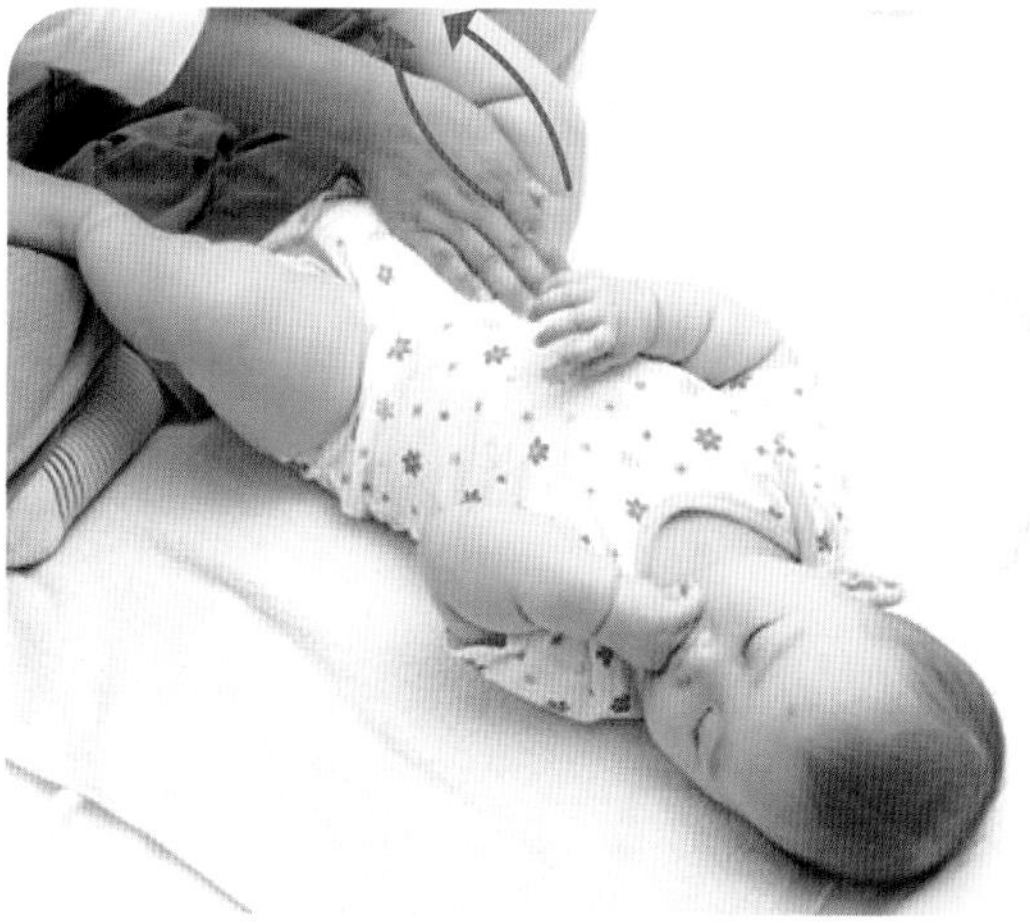

そうよ かあさんもながいのよ♪

右足に替えて、同じ動きをくり返します

今度は足を替えて、「そう」で右足の外側、「よ」で内側をなでます。「かあさん」「も」「ながい」「のよ～」で、同じ動きをくり返します。

歌い終わったら

仕上げに足の指をくるくるポンッ！

「おしまーい」と歌の調子に合わせて声かけをして、足の指を親指から小指の順にマッサージします。最初に足の親指の両側を、親指と人差し指でつまんで、つけ根のほうからくるくると回します。最後にポンッとはじいて、次の指へ。

もっと楽しく！ マッサージのコツ

かえ歌しやすい曲なので、子どもの名前に変えてみて！

シンプルな歌詞なので、アレンジして歌ってみましょう。たとえば「ぞうさん」の部分を子どもの名前に変えて、「おはな」や「ながい」の部分にその子の特徴を入れるなど、いろんな楽しみ方が！

COLUMN

ママだけでなくパパも
積極的にふれ合いましょう

子どもとのスキンシップはママにおまかせ、そんなパパはいませんか？
パパとのふれ合いも、子どもの成長には欠かせません。

パパとのスキンシップは社会性を育む第一歩

大人の男性と女性とでは、肌の質感や、さわられたときの印象がまったく異なるもの。子どもにとってもその差は歴然で、パパとのスキンシップは、ママとは違った効果をもたらすことがわかっています。

ママとのスキンシップは、基本的に情緒を安定させるもの。一方、パパとのスキンシップは、ママと子ども以外のもっと広い世界へ意識を向けさせ、社会性を伸ばすという役割があります。スキンシップの仕方についても、ママの場合はお世話の流れでふれ合うことが多くなりますが、パパとは遊びを通したコミュニケーションがほとんど。決められたルールのなかで楽しむ遊びは、社会性や協調性を育みます。パパとママで協力して、バランスよくさわってあげたいものですね。

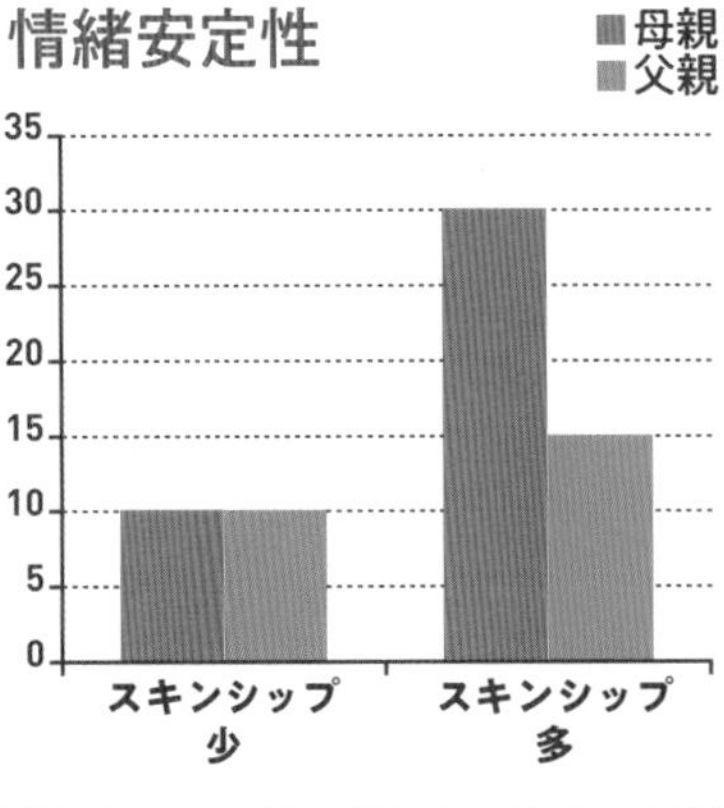

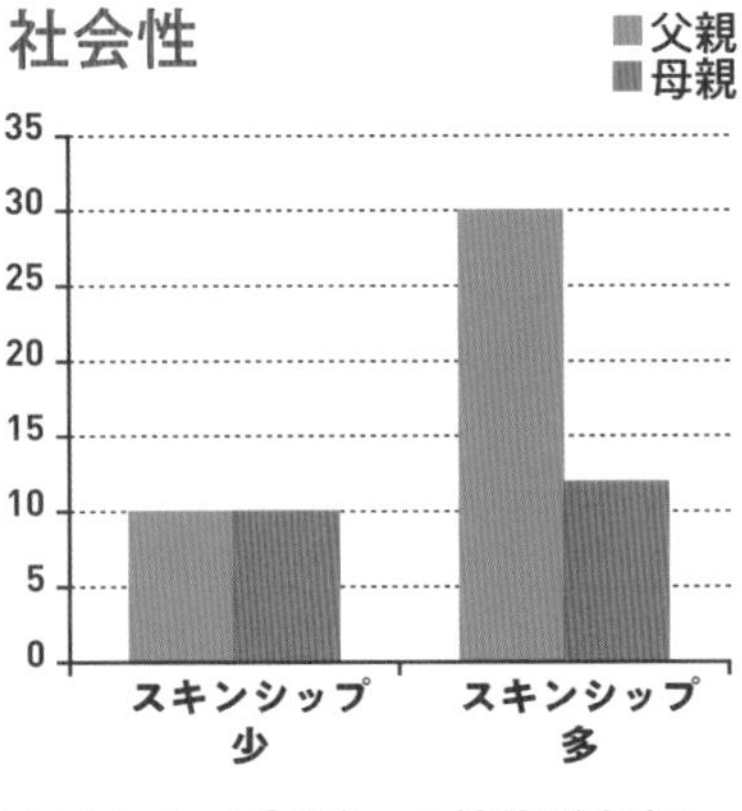

幼稚園の3、4歳の子どもに調査した結果、母親とのスキンシップが多いと情緒が安定し、父親とのスキンシップが多いと社会性が高いという結果が出ました。

PART

5

子どもの
発達に合わせたケア

子どもとふれ合うことは大切ですが、
大きくなっても赤ちゃんと同じように
ベタベタしているのも考えもの。
子どもの成長や発達に合わせて、
スキンシップをすることが大切です。

子どもの発達に合わせたふれ合い方が大切

親子のふれ合いは、体の成長だけでなく、心や感覚の成長とも深く結びついています。発達段階に合ったふれ合いをして、すこやかな成長を促しましょう。

子どもの様子を観察して細やかな気配りを

お世話の仕方が発達の段階によって変わってくるように、**ふれ合い方もそれぞれの時期によって異なります。**とくにふれ合い方の場合は、体の成長だけでなく、心や感覚の成長も密接に関わってくるので、そのときどきの子どもの様子を観察しながら、細やかな気配りが必要になってきます。

いやがっているときに無理矢理するのは逆効果

生後間もない赤ちゃんは、だっこがふれ合いの大部分と考えてよいでしょう。お家で本格的なマッサージをする場合は、1か月検診が終わってから。手足などの末端部分をさわって、身体感覚を身につけましょう。たっちをするころまでは、さわり過ぎということはまずありません。甘えたい欲求に応えてあげてください。

自分で歩けるようになると、片時もじっとしていないため、マッサージをいやがる場合も出てきます。とくに2歳ころのイヤイヤ期は、反発することも多いでしょう。そういうときは無理にマッサージすると、かえって逆効果です。**年齢が上がるにつれて、遊びの要素の多いふれ合いを取り入れ、楽しみながらスキンシップする工夫をしていきましょう。**

いくつになってもベタベタとスキンシップしていればいいわけではありません。子どもの発達とともに、ふれ合い方も少しずつ変化していくことをお忘れなく。

月齢・年齢別　子どもとのふれ合い方

子どもが大きくなってくると、ふれ合い方も変わっていきます。
子どもの様子を見ながら、適切なふれ合いをしましょう。

年齢	ふれ合い方の目安
ねんねのころ（1～3か月）	このころの赤ちゃんの体は水袋のようにやわらかく、皮膚もとても薄い状態です。ふれるときは、手のひらをぴったりつけたり、やさしくだっこをすることがポイントです。触覚に敏感ですから、ふれ方にバリエーションをもたせて、赤ちゃんをなだめたり遊んだりしましょう。
首がすわったころ（3～5か月）	少しずつ体の筋肉がついてきて、体がしっかりとしてきます。やさしくふれたりだっこをするのは、「ねんねのころ」と同じですが、くすぐり遊びなどのバリエーションを増やしたり、パパとママを区別できるのでパパとのふれ合いも大切にしてください。
腰がすわったころ（5～9か月）	腰がすわるようになると、視界が開けて大人と同じように見ることができます。そこで寝かせた姿勢だけではなく、起こした状態でマッサージしてみましょう。離乳食をはじめるころなので、しっかり栄養が摂れるようにおなかを中心にマッサージしましょう。
たっちのころ（9か月～1歳）	たっちできるのが楽しくて、無理に寝かせてマッサージをするといやがることもあります。たっちの姿勢で背中やおなか、足などを素早い動きでマッサージするとよいでしょう。遊びながらのタッチを増やすと楽しくマッサージできます。
あんよのころ（1～2歳）	あんよが上手にできるように平衡感覚や足の裏の触覚を刺激するマッサージを増やします。また段差や坂道などでも転ばないように、ママやパパの体にふれながら練習するのもよいでしょう。ほめたりしかったりするときのスキンシップも忘れずに。
2歳～	遊びを通したタッチと、ほめたりしかったりする、しつけのタッチが重要になってきます。どちらも子どもの情緒を育てる大切なものです。イヤイヤ期に入るので、無理強いは禁物です。軽めのタッチを増やしながら、いつでも受け入れてもらえる安心感を与えてあげましょう。
6歳～	まだまだスキンシップ遊びやしつけを通したタッチは大切です。学校でいろいろなことがあって、不安になったり落ち込んで元気がないときには、いっぱいだっこして元気を補給してあげましょう。スキンシップは子どもの話を聞きだすための有効な手段でもあります。

妊娠中

ママになる準備期間は、母性を引き出す大切な時期。おなかの赤ちゃんの様子を想像しながら、やさしくタッチしてあげましょう。

おなかをなでることで愛着が生まれます

妊娠中におなかをなでて声をかけてあげると、ママの体内にオキシトシンが分泌されます。そのため不安や抑うつ症状が少なくなり、赤ちゃんとのきずなが強まるといわれています。赤ちゃんを愛おしく思う気持ちが深まって、生まれてからもよりかわいく思えるようになるのです。

赤ちゃんは妊娠17週ごろから全身の触覚を感じられるようになります。おなかをなでた刺激が羊水を伝って、振動となって届くのです。そのためおなかをなでると、胎動が多くなることもわかっています。胎動が激しくなってきたら、キックゲームをしてコミュニケーションをとってみましょう。

タッチケア　きほんは両手でタッチ！

おなかの赤ちゃんを想像しながらさわろう

妊娠中と産後は、母性を引き出すには最適の時期。とくに妊娠中は赤ちゃんを見ることができないので、おなかをさわってその様子を感じながら、想像力を働かせてママになる準備をしましょう。「今どんなことしてるのかな？」とか「ここは頭の部分かな？」などといつも気にかけてあげることが大切です。

マッサージ

正常な位置に逆子をもどしたい

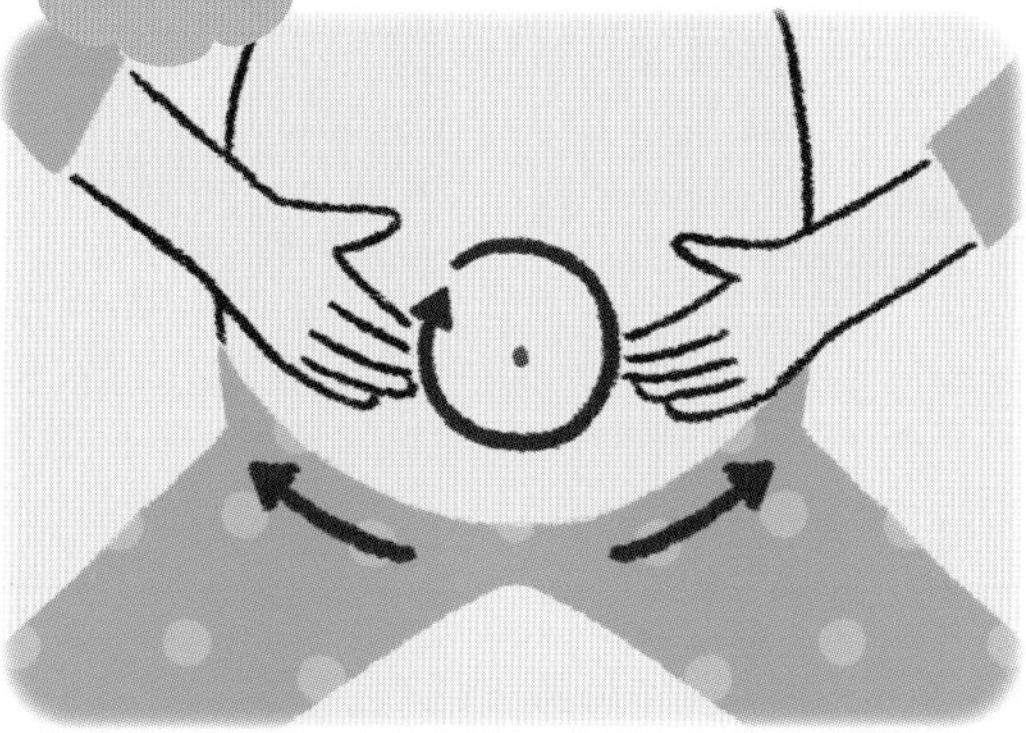

おなかをくるくるあたためて 緊張した筋肉をゆるめます

逆子がもどるためには、おなかに余裕が必要です。手のひらでおへそを中心に、時計回りにおなかをなでて筋肉の緊張をゆるめてあげます。また、緊張の原因となる冷えを解消するためにも、そけい部（足のつけ根）をマッサージして、リンパの流れをよくします。

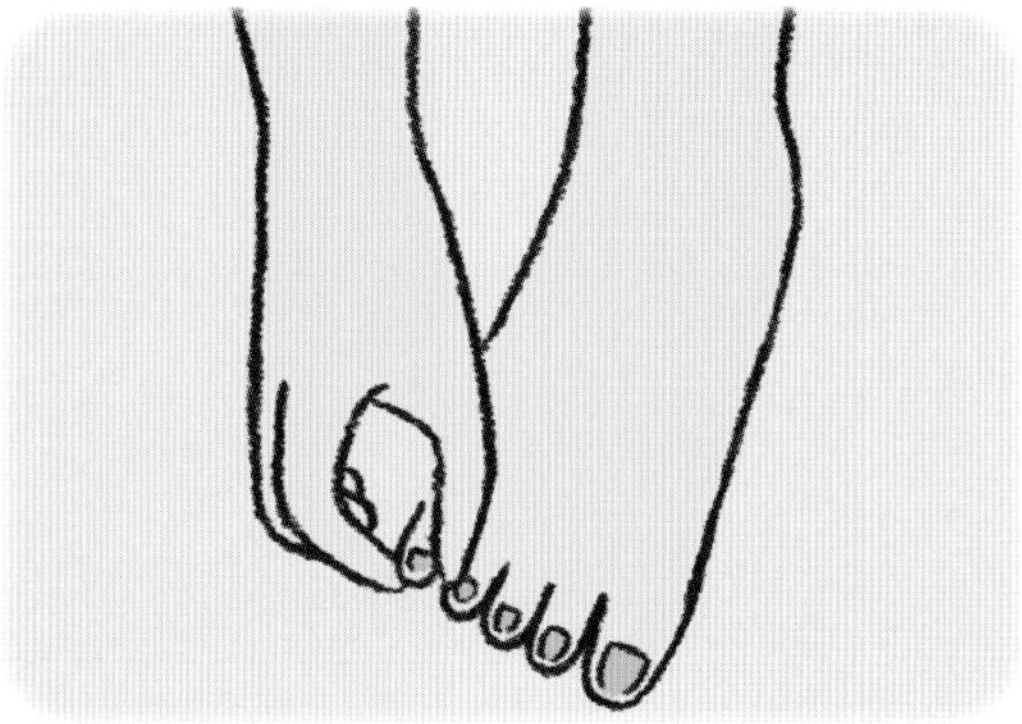

足の小指の横にある 逆子をもどすツボを意識して

足の小指外側の、つめのつけ根部分には至陰《しいん》という逆子をもどすツボがあります。そのツボを意識しながら、親指と人差し指で小指の両わきをつまんでくりくりと動かします。最後はポンッとはじいて、反対の指も同じようにマッサージを。

遊び

キックゲーム

おなかをけられたら、 トントンと合図を送ってみましょう

顔の見えない赤ちゃんとコミュニケーションを楽しんで、きずなを深める遊びです。内側からおなかをけってきたら、呼びかけに応えるようにけられたあたりをトントンとたたいてみましょう。しばらくすると赤ちゃんがけり返してきます。

産後すぐ

触覚がもっとも発達した状態で生まれてきた赤ちゃん。ママもパパもきちんとスキンシップをして、愛情を伝えてください。

たっぷりとふれ合って きずなを深めてください

ようやく新しい世界に出てきた赤ちゃんは、五感のなかでも触覚がもっとも発達しています。できれば生後24時間以内に、赤ちゃんとふれ合うことが大切です。スキンシップをたっぷりしてあげることで、全身でママの愛情を感じ取って成長を促し、きずなを深めることができるのです。

カンガルーケアのように、生まれてすぐの赤ちゃんをママの胸で抱いて温めてあげることで、親子の愛情も深まります。

またママと同じように、パパのスキンシップもとても大切です。この時期にきちんとスキンシップをすることで、パパにも父性が芽生えます。

マッサージ　包み込むようにだっこ

やさしく全身を包み込むようになでなでを

腕全体で包み込むようにして抱いてあげると、ママのおなかのなかを思い出してとても安心します。赤ちゃんの顔は横向きにして、ママの胸のあたりに。もぞもぞと動き出したらその部分をなでなでして、赤ちゃんのささやかな呼びかけに応えてあげてください。そうすることで、信頼関係が生まれます。

マッサージ　寝ながらくるくる

体をくっつけて、背中をくるくるさすります

赤ちゃんと向かい合って横になります。背中に手を回して、頭、背中、腰の順に上から下へくるくると、円を描くようにさすってみましょう。胸やおなか、足など、赤ちゃんと体の一部をくっつけながら行うと落ち着くので、寝かしつけたいときにおすすめです。

POINT

産後のママもらくな姿勢で無理せずにできます

出産直後はママも寝たきりで過ごすことが多いので、わざわざ体を起こさずにできるお手軽なマッサージです。赤ちゃんもママもらくな姿勢で、リラックスしながら行いましょう。

遊び　ほっぺツンツン、おなかチョンチョン

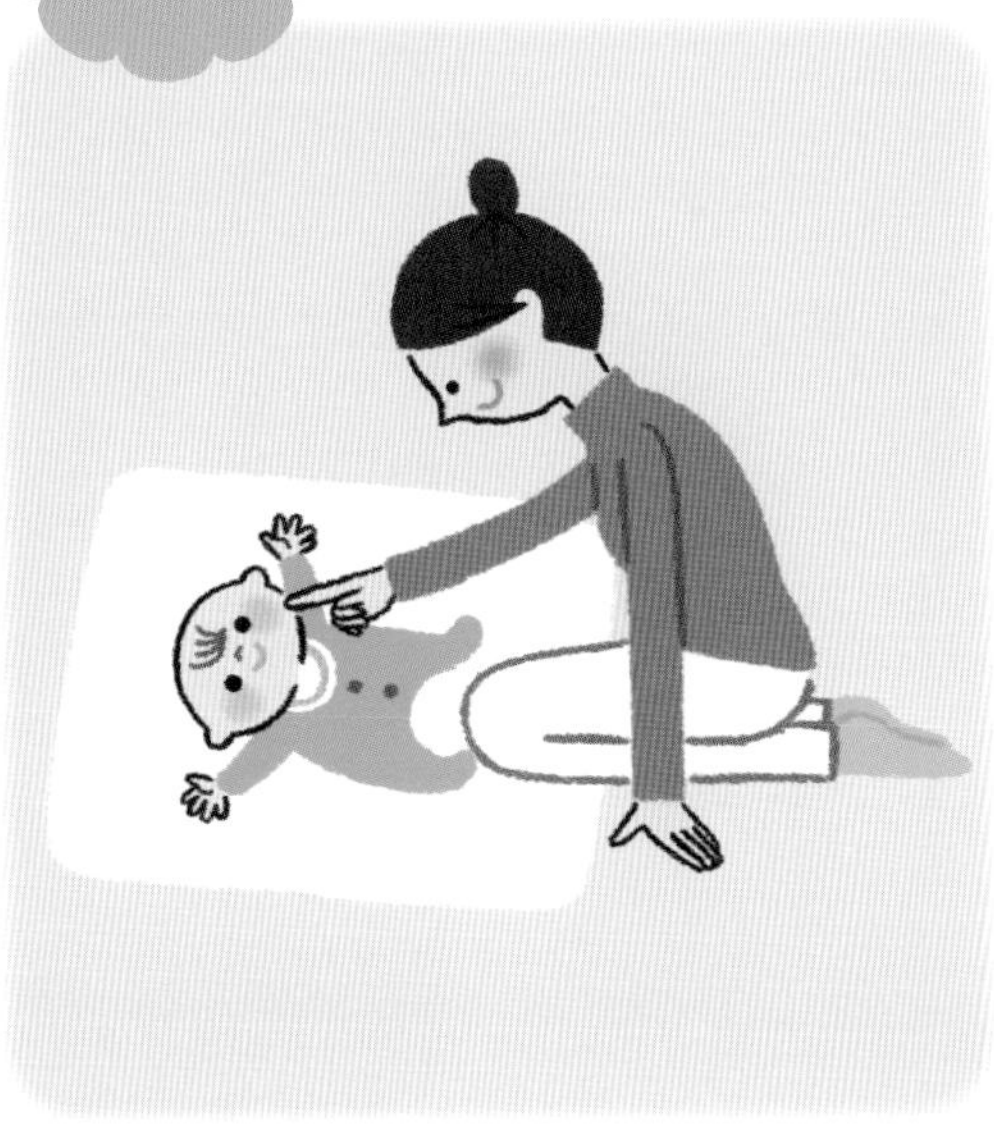

人差し指で軽くふれてあげましょう

タッチで感覚を促す、ふれ合い遊びです。ほっぺやおなかなどやわらかい部分を、人差し指でツンツンと軽くふれてあげましょう。あお向けのときは、顔をのぞき込むようにしてなるべく目を見てあげて。赤ちゃんにふれればふれるほど、母性も高まります。

POINT

スキンシップは着がえタイムを利用して

この時期はすやすや眠っていることの多い赤ちゃん。わざわざ起こしてまでふれる必要はありませんが、おむつがえや着がえのタイミングを利用して、積極的にふれ合いましょう。

1~3か月

ねんねのころ

マッサージのきほんをはじめるのに、最適な時期です。きげんがよいときを見計らって、たくさんふれてあげましょう。

体

体つきがふっくらとしてきて、バタバタと活発に手足を動かすようになります。

感覚

自分の手をなめて、触感を楽しむ姿が見られます。視力もだんだんはっきりしてきます。

心

「あー」「うー」という声を出すようになり、ときおり笑顔も見せるようになります。

マッサージでいろんな反応が楽しめるように

一日の大半は寝ているので、きげんがよいときに全身をマッサージしたり、お世話をしながらふれてあげましょう。ミルクなど人工栄養で育てている場合はとくに、積極的なタッチケアを心がけてください。泣き声以外の声を出したり、ニコニコしたり、いろんな反応が楽しめます。

　ふれるときは、手のひらをぴったりつけたり、ゆっくり動かしてあげると心地よさを感じます。この時期はよく泣くので、はじめてのママは戸惑うことも多いはず。泣きやまないときは、体に毛布を巻いてだっこしたり、おしゃぶりを使うなど、触覚的な刺激を与えてあげるとよいでしょう。

マッサージ 足に乗せて、手足をニギニギ

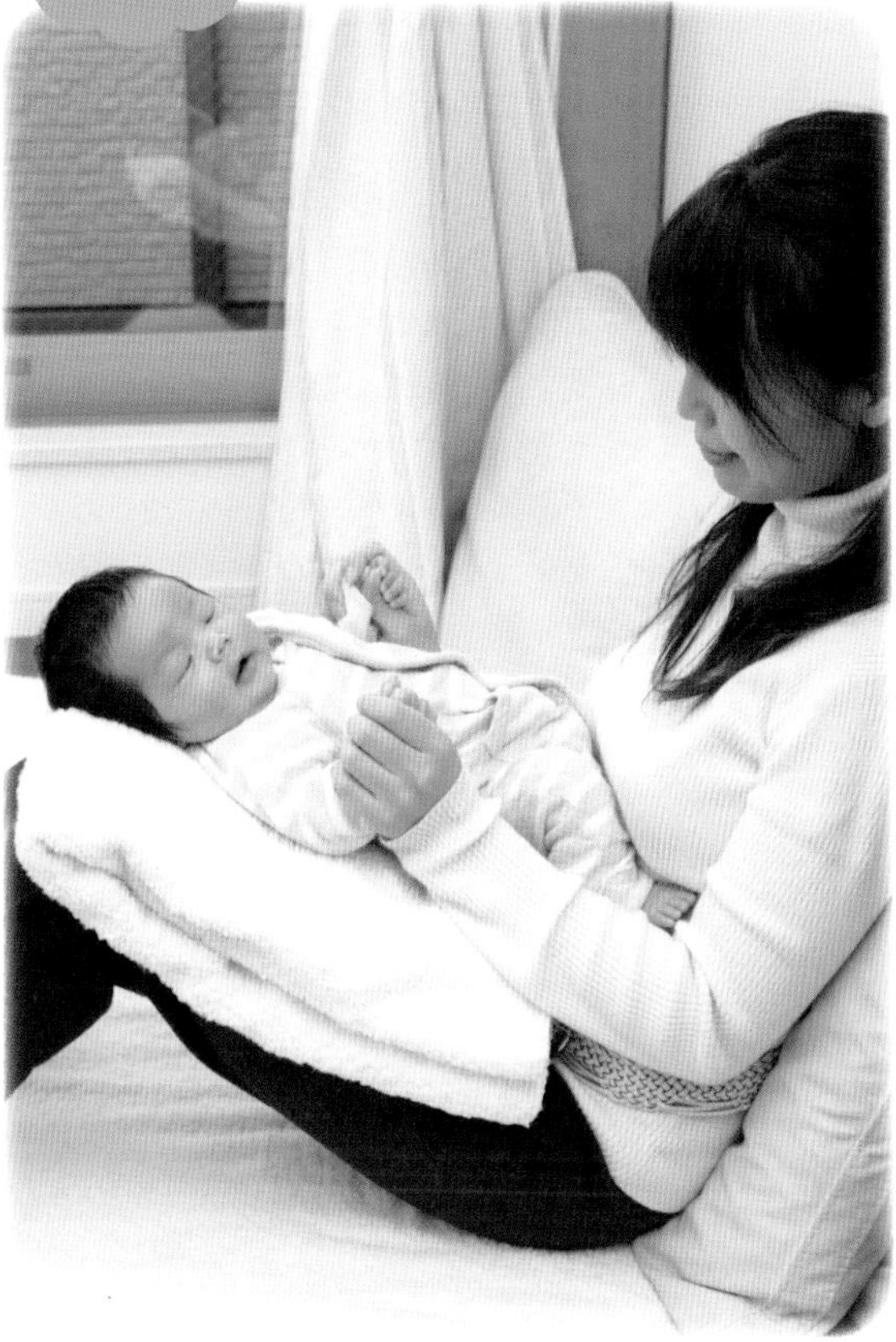

手足にふれることで、感覚の発達を促します

ママは壁に寄りかかってひざを立てて座り、ももの部分に赤ちゃんを乗せます。手や足の先などを、ていねいに握ってあげましょう。手や足をさわられると、どこまでが自分の体なのかがわかるようになります。タオルを1枚しくと行いやすいのでおすすめです。

POINT

ベランダや窓辺で、外気浴をしながらでもOK

外の新鮮な空気にふれることは、気分転換にもなりますし、赤ちゃんの体にも大切です。ベランダや窓辺などで、風を感じたり、鳥のさえずりを聞いたりして、五感を刺激しながらマッサージしてみるとよいでしょう。ただし直射日光には当たらないようにするなど、紫外線ケアもお忘れなく。

ねんねのころ お悩みQ&A

Q あせもやおむつかぶれがひどいのですが、マッサージをしても大丈夫？

A 肌が乾燥しているときは大丈夫ですが、熱を持ってジクジクしているときはやめましょう。赤みの強い部分はさわらずに、その周辺をマッサージしてあげると治りが早くなります。

Q 赤ちゃんの頭の上がやわらかいけど、これってふつうのこと？

A 頭蓋骨の形成がまだ完全にできておらず、大泉門という骨と骨の隙間があります。ぺこぺことやわらかいので、強く押さないようにしましょう。1歳～1歳半までに閉じます。

遊び 寝ながら足をキック

屈伸運動をしながら、ふれる感覚を楽しみます

この時期の赤ちゃんは、自転車をこぐように頻繁に足をバタバタ動かしています。その動きに合わせて足の裏を手で受け止め、けってきたら軽く押し返してあげましょう。妊娠中にやったキックゲーム（P89 ）のときと同じ感覚で、その続きを楽しむようにして遊んでみてください。

POINT

赤ちゃんは足でママの居場所を探している!?

手足を活発に動かすのは、この時期の特徴です。あやしてあげると、足を曲げ伸ばしして喜ぶ赤ちゃんもいます。添い寝をしているときもママの居場所を足で探して、確認しているような姿が見られます。足をバタバタさせているときは、積極的にふれてあげて。自分の体の一部であることをだんだん理解していきます。

発達の目安

こんなサインが出たら、もうすぐ首すわり

あお向けの状態で、自分で首を左右に動かしたり、正面に頭を固定できるようになったら、首すわりはもうすぐというサインです。手を前に伸ばしても体が安定しています。

だんだん頭を正面に向けることが出来るようになります。

タッチケア　寝かせたいとき

耳元でママの寝息を聞かせて安心感を

赤ちゃんの耳元に息がかかるくらいの位置で、「スーハースーハー」とゆっくり呼吸してみてください。赤ちゃんもママの呼吸のリズムにつられて、次第に呼吸が合ってきます。おなかのなかにいたときの感覚を思い出して、眠りを誘います。

タッチケア　泣きやまないときの対処法

スリングに入れて背中やおしりをトントン

全身を覆うスリングは、おなかのなかにいるような感覚で安心します。スリングがないときは、毛布やタオルで頭を出して体をくるんであげると落ち着きます。その状態でだっこして、背中やおしりを軽くトントンとたたいてあげてください。

POINT

正しく使って、濃密なスキンシップを！

赤ちゃんとママが密着できるスリングは、スキンシップをするうえでもとても便利。ただし、きちんと装着しないと危険なので、正しい使い方をマスターしてください。

3~5
か月

首がすわったころ

自分の意思で手を動かすなど、体の感覚を徐々に理解しはじめます。体のすみずみまでていねいにマッサージしてあげましょう。

体

首がすわると、うつぶせでも顔があがるように。体の動きもスムーズになります。

心

喜怒哀楽が育まれ、大声で泣いたり、はっきり笑ったりなど表情も豊かになります。

感覚

手の感覚が発達する時期で、両手を使ってものをつかんだり、なめたりするように。

体を細かくマッサージして身体感覚を養いましょう

寝返りができるようになり、視野が広がる時期です。手や足の指をしきりにしゃぶり、体の感覚を理解するようになります。このくらいからすみずみをマッサージしてあげると、身体感覚の発達が促されます。身体感覚は自我を形作る土台になるので、気持ちのよいスキンシップをしてあげることが大切です。ママとパパの区別ができてくるので、パパもスキンシップをきちんとしないと嫌われてしまうことも。

くすぐると、少しずつわかるようになります。くすぐったい感覚はママと信頼関係が築かれているしるしです。たくさんくすぐり遊びをしてあげましょう。

マッサージ

指先をていねいにマッサージ

1

指の間をなぞる

人差し指のはらで、赤ちゃんの指のまたの部分を親指から小指にかけて、ていねいになぞります。手を握っていたり、指と指がくっついている場合は、そっと開いてあげてください。

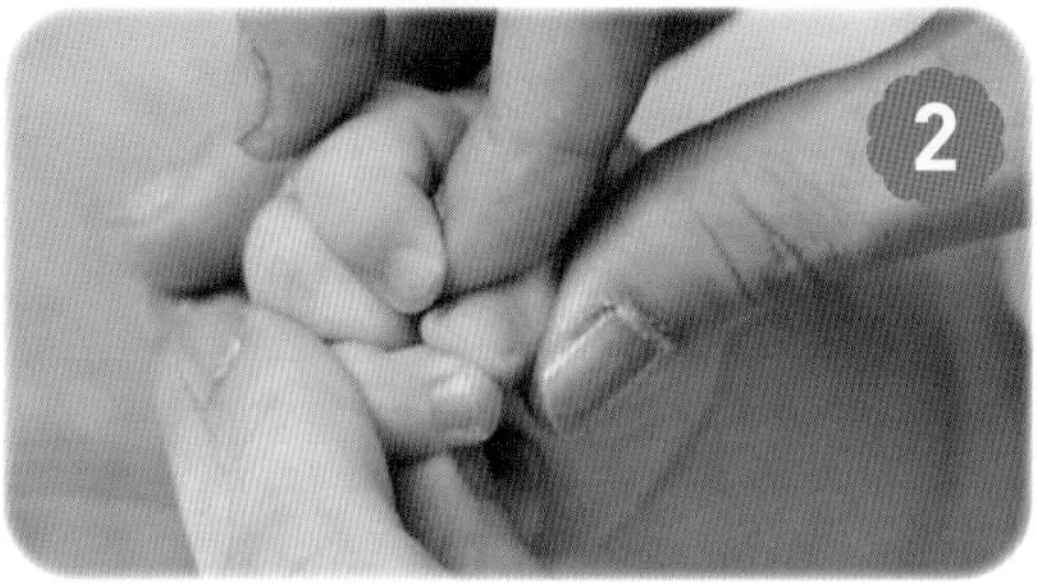

2

親指とそれぞれの指を合わせる

赤ちゃんの親指とほかの４本の指を、人差し指、中指、くすり指、小指の順に1本ずつくっつけてあげます。指のはら同士がふれ合うようにしてください。

POINT

指の感覚を刺激して、ものを持つ準備をしましょう

ものを持つための準備となるマッサージです。赤ちゃんはこのくらいの時期から目の前のおもちゃに積極的に手を伸ばすようになり、手のひら全体を使って持つようになります。指先はまだ上手に使えないので、普段あまりさわられることが少ない部分の触覚を刺激して、感覚を促してあげましょう。

首がすわったころ　お悩みQ&A

Q うつぶせにしても頭をあげません。まだ首がすわっていないのでしょうか。

A うつぶせが苦手な赤ちゃんも多く、これだけでは判断が難しいもの。あお向けで引き起こしたとき首がついてくるかなど、ほかの状態でも確認をしてみましょう（P99）。

Q 夕方になるとぐずぐずがひどくなり、なかなか泣きやみません。

A 「夕暮れ泣き」「たそがれ泣き」といわれる、この時期に多い悩みです。昼間は活発に過ごし、昼寝から覚めて夜寝るまでは静かに過ごすなどして、生活リズムを整えましょう。

マッサージ　顔全体をやさしくマッサージ

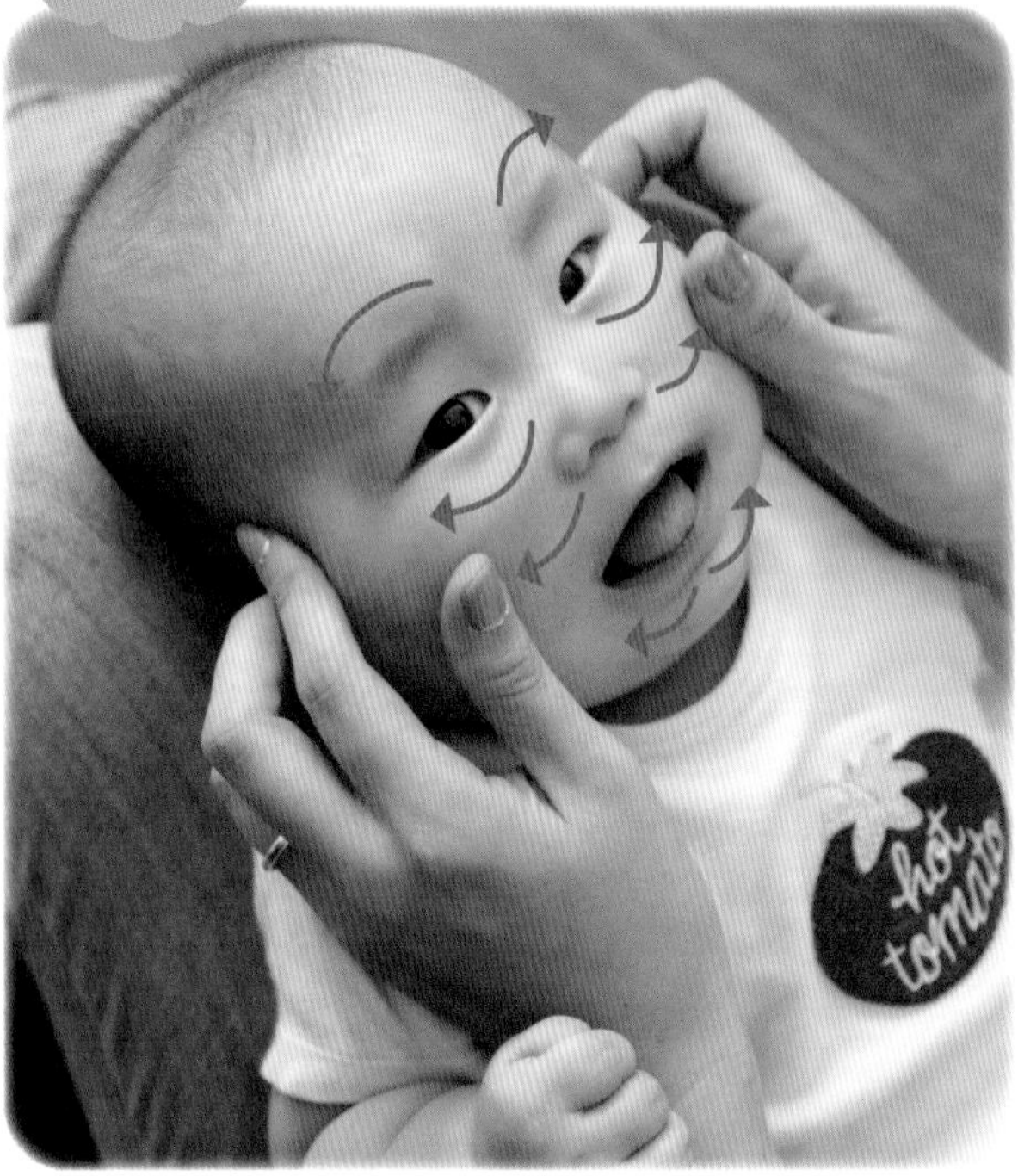

顔の中央から外側に向かってなでます

4本の指を赤ちゃんの耳にかけて、親指のはらを使ってやさしくなでてあげます。顔の中央から外側へ向かってなでるのがきほん。眉の上、目の下、小鼻の横、口の下の順番で行います。

POINT

顔のマッサージは腰のすわる前に集中的に

おすわりができるようになると、顔にさわられるのをいやがるようになることも。今のうちにたくさん顔をさわって、刺激してあげましょう。

マッサージ　寝返りの練習

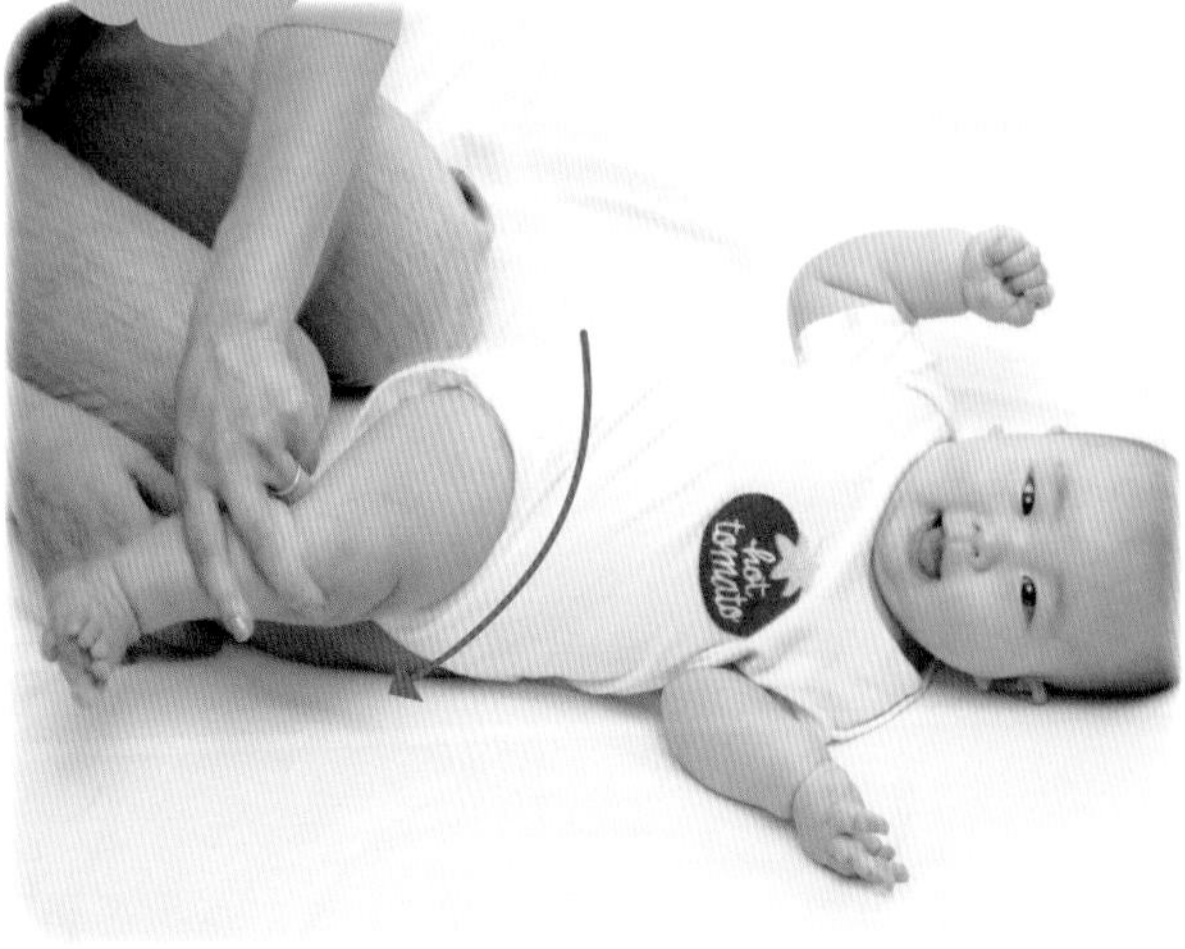

赤ちゃんの足を持って、やさしく転がして

あお向けで足をあげたり、自分で体をひねったりしていたら、赤ちゃんの足を持ってゆっくり転がしてあげましょう。

POINT

おもちゃや興味のあるものを近くに置いてあげると、それに近づきたいと思って寝返りをしようとすることも。

タッチケア おなかの上でうつぶせ

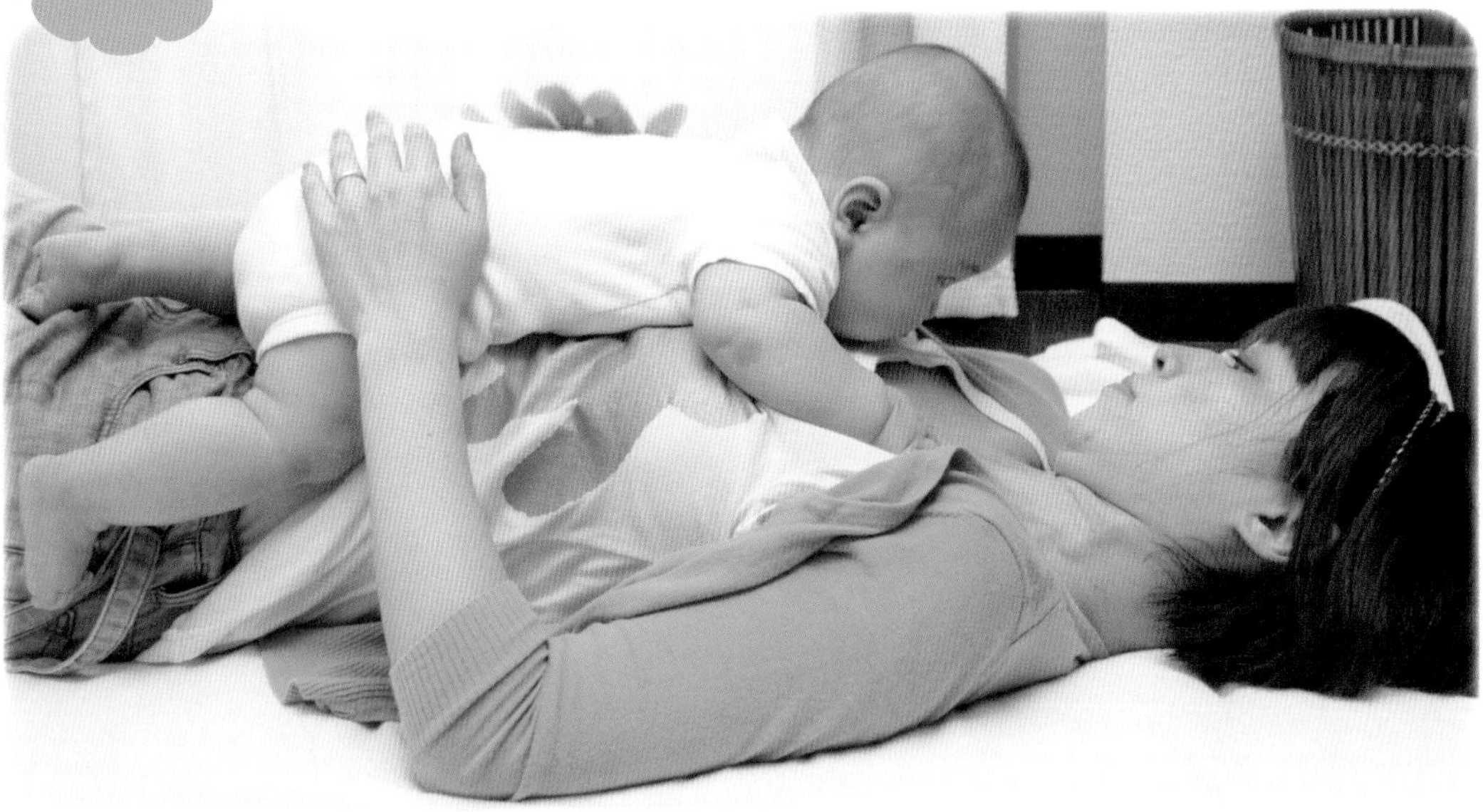

ママの顔を見ようとして首すわりが促されます

あお向けになったママのおなかの上に、赤ちゃんをうつぶせにして乗せます。ママの顔を見ようとして顔を上げることで、首すわりが促されます。

POINT

ゆらゆらと体を動かしてコミュニケーションを

ママはじっと動かないであお向けになっていてもかまいませんが、ときどきゆらゆらと体をゆらしてあげると、赤ちゃんも喜びます。

発達の目安

首がすわったかな？確認してみよう

あお向けにして両手を持ち、そっと引き起こしてみましょう。首がダランとせずついてきたら首がすわってきたしるし。うつぶせにすると、頭を持ち上げ首を左右に動かすように。

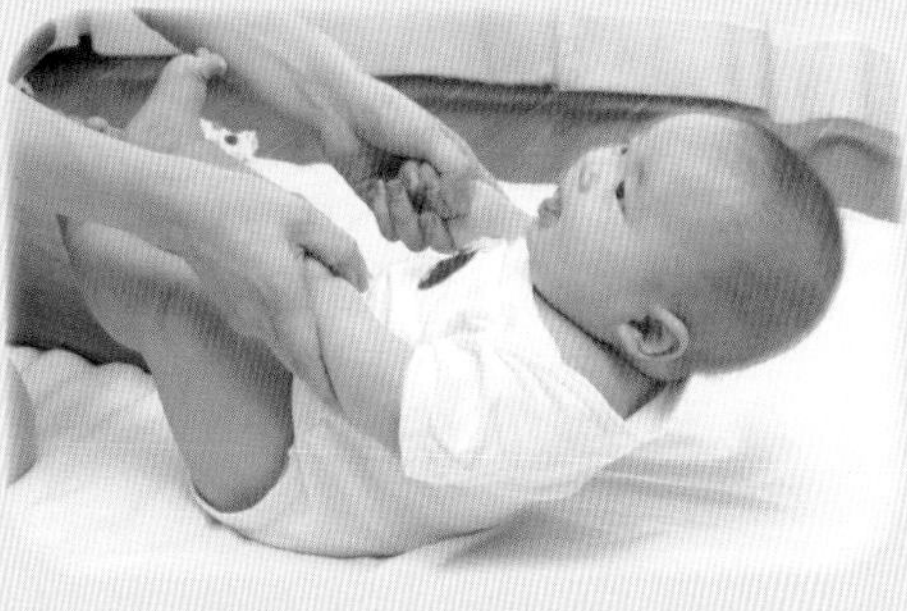

首のすわった赤ちゃんは体を引き起こしたとき、首がグラつかずしっかりついてきます。

5~9
か月

腰がすわったころ

おすわりができるようになると、視界がぐんとアップして好奇心も旺盛に。人見知りをするようになるので、スキンシップで安心感を。

体

寝返りが上手になり、手先も器用になって、いろんなものをつかんで遊びはじめます。

心

好奇心が旺盛になり、思い通りにいかないと大泣きするなど、意思を主張するように。

感覚

人見知りがはじまりますが、名前を呼ばれると振り返るなど、反応を示すように。

人見知りや後追いは、甘えたい欲求のあらわれ

知らない人に抱かれると不安になって泣き出すなど、人見知りをするようになります。ママとのきずなが安定しているからこそ不安になるので、この時期は無理にほかの人にだっこしてもらう必要はありません。人見知りは自然とおさまるので、そのときにいろんな人にふれてもらいましょう。後追いも激しくなってきますが、人見知りと同じく、甘えたいという欲求のあらわれなので、たくさんスキンシップをして欲求を満たしてあげることが大切です。甘えたりなかった子どもは、将来、自分の存在価値を感じにくくなったり、不安を感じやすい性格になってしまいがちです。

マッサージ

腰をまあるくマッサージ

赤ちゃんの不安な気持ちが自然と落ち着きます

人見知りや後追いが激しいときは、だっこをして腰のあたりをくるくると丸くなでてあげましょう。「大丈夫だよ」「安心して」などとやさしく言葉をかけながら、マッサージするのがポイントです。そうすると、赤ちゃんの不安な気持ちが自然と落ち着いてきます。

POINT

人見知りは、ママとほかの人が区別できている証拠です

人見知りは、ママとほかの人との区別がしっかりついているために起こる現象。ママは赤ちゃんとしっかりスキンシップをして、不安を取り除いてあげましょう。もちろん人見知りをまったくしないからといって、発達が遅れているというわけではありません。性格の違いもあるので、心配無用です。

腰がすわったころ お悩みQ&A

Q 離乳食をはじめたのですが、まったく食べてくれません。

A ミルクや母乳で栄養が摂れていれば、それほど心配ありません。赤ちゃんが食べるのを見ているのではなく、ママも一緒においしそうに食事する姿を見せることが大切です。

Q はいはいしていると、手足が寒そう。室内で靴下をはかせたほうがいい？

A 手足はラジエーターの役割をしていて、体の熱を放散するので、室内では素足がおすすめです。ただし、しもやけになりやすい子や外出時のケガ予防には、はかせてあげましょう。

マッサージ

歯のムズムズ解消

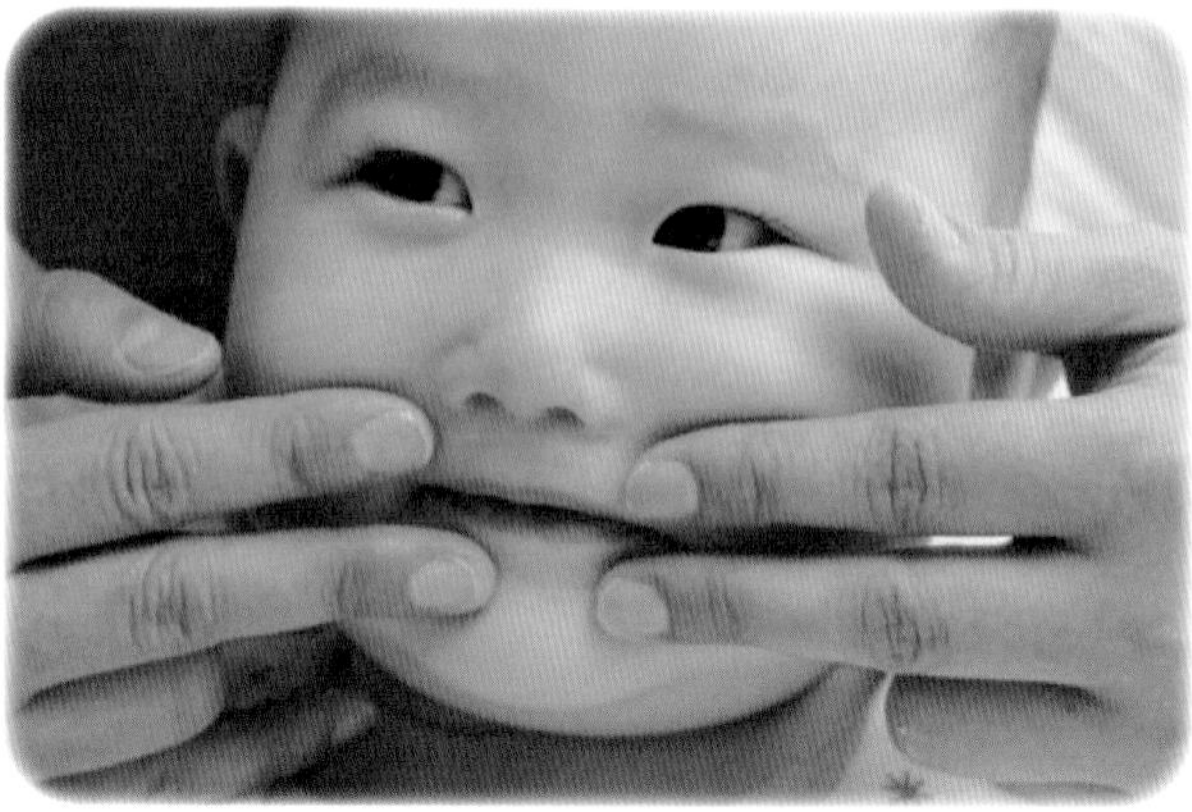

歯の生えはじめに 口の上からマッサージ

歯茎の位置を意識しながら、口の上の部分と下の部分を人差し指と中指で挟み、中央から外側へマッサージします。歯の生えはじめによるムズムズは、夜泣きやかみつきの原因にも。ムズムズしてるかな？ と思ったら、いつでもマッサージをしてあげましょう。

POINT

ごきげんななめのときは「歯がため」を使ってみて

歯茎のムズムズを解消するには、「歯がため」もおすすめ。かみながら新鮮な触感を楽しめて、自然と落ち着くでしょう。形や素材もいろいろ。

遊び

おひざでぴょんぴょん

ママのおひざを使って屈伸運動を

赤ちゃんのわきの下を持って、ひざの上に立たせるようにすると、ママの足を利用して屈伸のしぐさをします。その動きに合わせて赤ちゃんの体を軽く持ち上げ、ぴょんぴょんと上下に動かしてあげると喜びます。

POINT

楽しみながら足の筋肉を鍛えます

楽しみながらくり返し行うことで、下半身の筋肉が鍛えられます。だんだん自分で上手に足に力を入れるようになるでしょう。高い視野も楽しめます。

遊び

たかいたかーい、ひくいひくーい

高いところと低いところ いろんな視点を楽しみます

赤ちゃんのわきの下を持って、「たかいたかーい」と言いながら、ママの目線よりも少し上くらいまで持ち上げてみましょう。そして今度は逆に「ひくいひくーい」と言いながら、体が床につくくらいの位置まで低く下げてみましょう。

POINT

平衡感覚が刺激されて 脳の発達も促進します

普段よりも高いところや低いところなど、いろんな視点を体験できるため、子どもはとても喜びます。また体がゆさぶられると平衡感覚も刺激されて、脳の発達を促します。ただし、勢いよく上げ下げせず、落とさないように気をつけて。

発達の目安

腰がすわったら、おすわり→はいはいへ

おすわりは、最初は前傾姿勢ですが、次第に手で支えなくてもできるように。そのうちはいはいをするようになりますが、いきなり立つ子どももいるので、心配し過ぎないで。

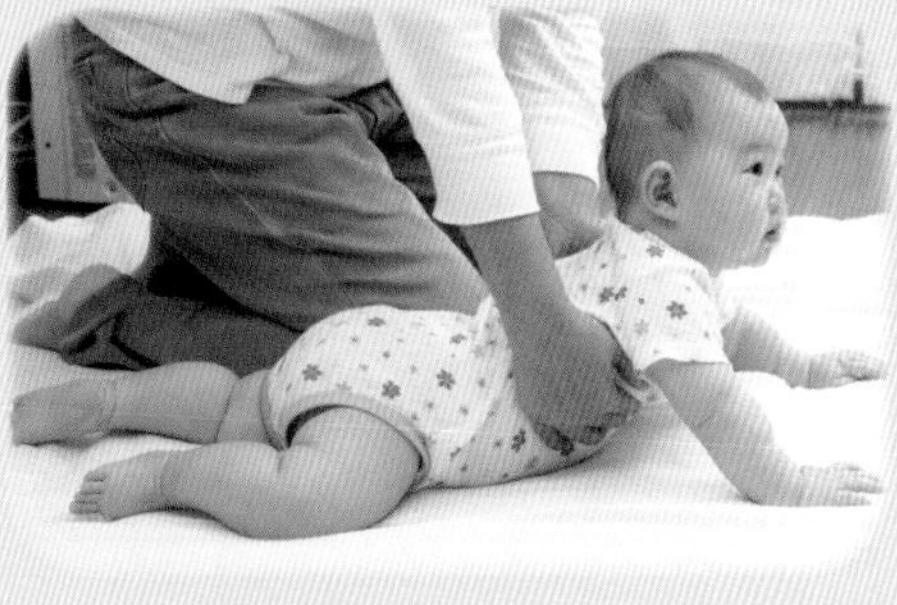

はいはいのスタイルはいろいろ。うつぶせにして体を支えてあげて、はいはいの練習を。

9か月～1歳

たっちのころ

たっちができるようになると、行動範囲がぐんと広がります。動くことが楽しくてしょうがない時期なので、ふれ合い方にも工夫を。

体

つかまり立ちやつたい歩きができるようになり、指先も器用になって動きがなめらかに。

感覚

ママやパパのすることをなんでもまねしたがり、言葉の意味が少しずつわかるように。

心

自己主張が激しくなり、好きなものや嫌いなものをはっきりと意思表示するように。

夜泣き対策には、「スウォドリング」を

夜泣きに悩まされることが多くなる時期です。夜泣きの原因ははっきりわからないことが多く、一晩中泣いていたり、10分程度泣いたり、泣き方も赤ちゃんによってさまざま。こうすれば絶対に解決するという方法はありませんが、かつて世界のいろんな文化でみられた育児法である「スウォドリング」を試してみてはいかがでしょうか。これは赤ちゃんの頭を出して、体を毛布などで巻いて寝かせる方法です。そうすると赤ちゃんは、ママのおなかのなかにいたときのような安心感を抱くようです。赤ちゃんから目を離さずに注意して行いましょう。

タッチケア

いも虫コロリン

かけ声に合わせて楽しく転がります

ママと赤ちゃんが同じ方向へ、一緒にコロコロします。「コロコロ〜、コロコロ〜」とかけ声に合わせて転がると、楽しさも倍増です。ママが楽しんでいないと赤ちゃんも楽しくないので、一緒に楽しみながらやることが大切。かけ声のかわりに、歌を歌いながら転がってもOK。

POINT

反対方向へ転がるなど、変形バージョンも楽しんで

赤ちゃんと反対方向へ転がって、一度離れたら今度は近づいてゴツンとなるような変形バージョンをママからしかけてあげると喜びます。コロコロしながら追いかけっこをしたり、ママのおなかの上を転がりながらわたらせてみたり、いろんな形を楽しんでみてください。

マッサージ 頭をカサカサー！

つかまり立ちの間に素早くマッサージ

つかまり立ちをしているときなどを見計らって、髪の毛に手を入れて５本の指のはらでカサカサと軽くマッサージしてあげましょう。頭だけ、足だけなどパーツごとに短い時間でササッとふれてあげることがポイントです。動き回っているときではなく、動作がとまっているときに行いましょう。

POINT

歩きはじめにくずれやすい、成長バランスを整えます

歩きはじめは、成長バランスがくずれやすい時期でもあります。頭のマッサージをすることでバランスを整えてあげましょう。

たっちのころ お悩みQ&A

Q 寝相が悪く、ふとんをすぐにはいでしまう。かぜを引かないか心配です。

A ふとんを何度もはいでしまうのは、暑がっている証拠。うすいふとんか、うす着にしてみましょう。朝方冷える時期は、おなかがはだけないタイプのパジャマや腹巻きを利用して。

Q すぐに動き回るので、おむつがえがとても大変なのですが……。

A あお向けになるのが楽しくなるような、歌遊びを取り入れてチャレンジしてみてください（P70～）。立ったままでも簡単にかえられるパンツタイプのおむつもおすすめです。

マッサージ　足をくるくるポンッ

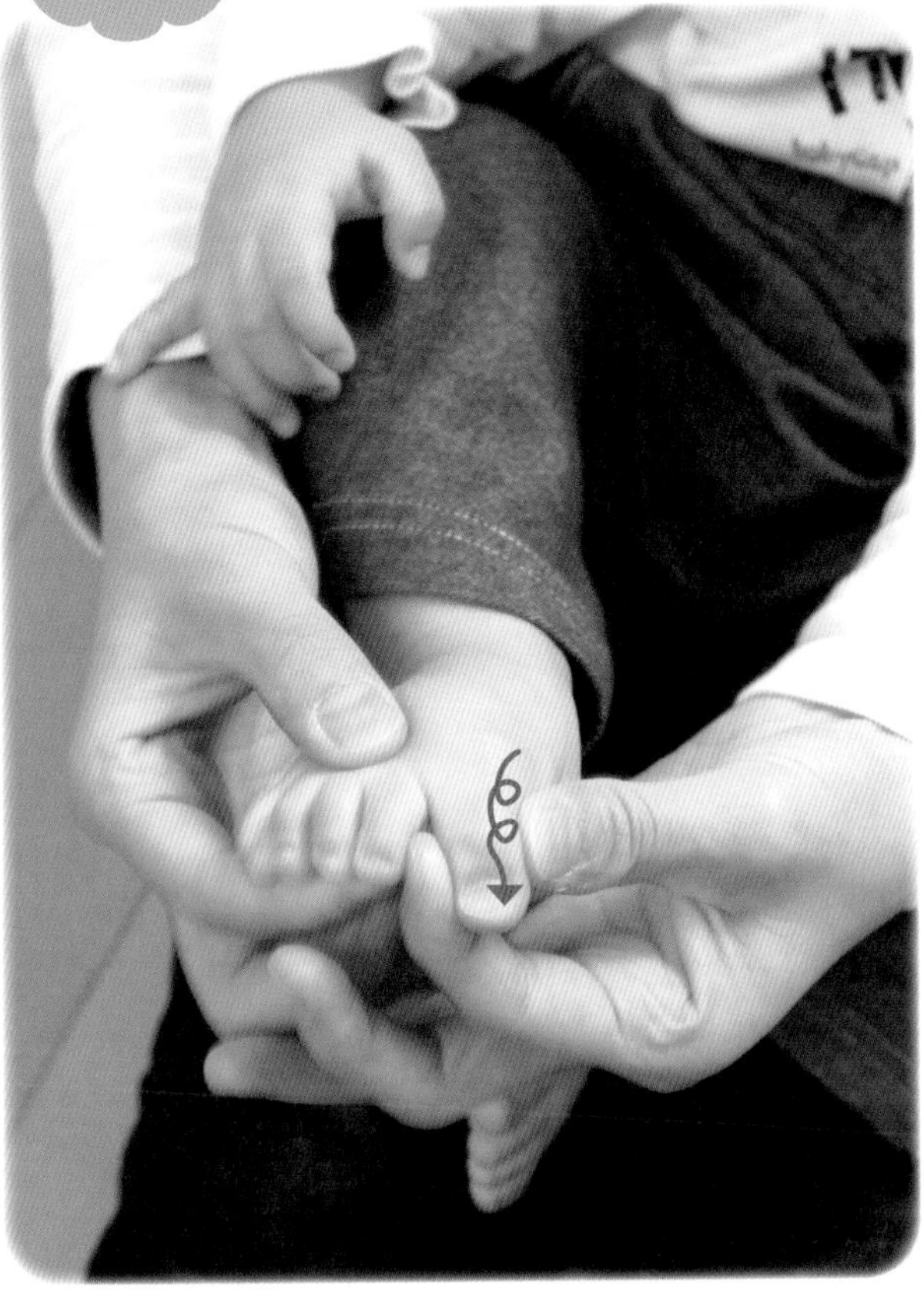

ママのおひざに乗って足の指のマッサージ

足の指の両わき部分を親指と人差し指でスイッチを回すような動きでくるくるとなでます。最後はポンッとはじくようにして離しましょう。親指から小指の順に両足を行います。大きくなったら、ママのひざに乗せてマッサージをするとしやすいでしょう。

POINT

ママのマネをして自分でもできるかな？

マッサージされている場所を自分で見ることができるので、そのうちママのマネをして自分でマッサージするようになりますよ！

発達の目安

つかまり立ちからつたい歩きに発展

最初のころのつかまり立ちは不安定ですが、足の筋肉が発達して、平衡感覚がついてくるとつたい歩きができるようになり、手の支えがだんだん必要ではなくなってきます。

1歳～2歳 あんよのころ

最初は不安定なよちよち歩きでも、みるみるうちに立派なあんよに。遊びを通して、歩くことの楽しさを実感させてあげましょう。

体

歩きはじめて運動量が多くなるため、ほっそりとしてきます。小走りもできるように。

感覚

パパやママの問いかけに反応して、意味のある単語を少しずつ話すようになります。

心

積み木やお絵かきにも興味を持ち、食事や着がえも自分でやりたがるようになります。

あんよができる喜びをママも一緒に味わって

あんよができることは、子どもにとってとてもうれしいことです。スムーズに歩けるようになるには、足の感覚を理解して、自分でその動きをコントロールできるようになる必要があります。少し離れた位置からママのところまで歩かせてみて、できたら思いきり抱きしめてあげるような遊びをすると、とても喜ぶでしょう。

またこの時期は、外の環境にも大いに興味を示すようになります。できたら芝生の上など外であんよをさせることをおすすめします。足の裏にはツボがたくさんあるので、足の裏の触覚を刺激すると全身の臓器の発達を促し、健康にも効果的です。

タッチケア

歌と一緒に背中をなでなで

子どもの顔をのぞき込んで歌いましょう

ママの足に子どもをうつぶせにのせて、「おうまのおやこ」などゆっくりした歌を歌いながら、背中をやさしくさすったり、リズミカルに軽く叩いてあげると落ち着きます。子どもの顔は横に向けて、いつでも表情が見えるようにしましょう。歌いながら、顔をのぞき込んでください。

POINT

落ち着かせたいときはゆったりとした歌を

「おうまのおやこ」以外の歌でも、もちろん大丈夫です。子どもの大好きな歌を歌ってあげるとよいでしょう。ただし、落ち着かせたいときはゆったりとしたテンポの歌を歌うのがきほん。さすったり、ポンポンとたたいたりするときも、やさしくそっと行いましょう。

あんよのころ お悩みQ&A

Q 母乳をやめたいのに、添い寝でおっぱいをあげないと寝てくれません。

A 添い乳をすると安心して眠りにつけるのでしょう。添い乳のかわりになるような、子どもが安心して眠りにつける儀式を作るといいですね（P146）。

Q 私自身、もともと話すのが苦手で、話しかけがうまくできません。

A 難しく考えないで、絵本を読み聞かせるだけでもいいし、子どもが発した言葉を返すだけでもOKです。散歩に出ると五感の刺激が増えるので、自然と話も広がるでしょう。

遊び

パパの背中を歩こう

広い背中の上で いろんな感触を 楽しんで

パパの広い背中の上を歩かせてみましょう。かたいところや、ふかふかしたところ、いろいろなふみ心地を楽しむことができます。ママが隣につき添って、危なっかしいときは、手を差し伸べてあげましょう。パパも気持ちがよいだけでなく、子どもとのよいスキンシップに。

遊び

ママの足の上を歩こう

ふたりのときは おひざを行ったり来たり

ママは両足を真っ直ぐ伸ばして座ります。子どもをママの足の上に立たせて、両わきを支え、その上を行ったり来たりしてゆっくり歩かせます。ママの支えがあるので、安心して楽しめます。

POINT

足の裏の触覚を刺激し、平衡感覚を鍛えます

パパやママの普段とは違った肌の感触を、足の裏で感じることのできる遊びです。不安定な場所を、バランスを取りながら慎重に歩くことで平衡感覚も鍛えられます。

遊び

よちよちおすもうさん

押したり押されたり おすもうさんごっこ

障害物の少ない広々としたところで、おすもうごっこをしてみましょう。危なくないように、子どもをコロンとゆっくり転がしてあげます。やさしくたおされると、子どもも大喜び。反対に子どもが力いっぱい押してきたら、ちょっと弱いふりをしてあげましょう。

POINT

「力持ちだね！」と声がけをしてあげよう

この時期の子どもは、男の子も女の子も「力が強い」「大きい」「かっこいい」ということが大好きです。「すごいねえ、力持ちだね！」とか「かっこいいねえ！」と声をかけてあげると、とっても喜んでやる気満々に。楽しみながら、子どもに自信を持たせてあげましょう。

発達の目安

ひとりでしばらく立っていられたら、歩き出すサインです

両足をふんばって立ち上がっても、最初は重心がうまく取れず、すぐに前に手をついてしまいます。上体が安定してしばらく立っていられるようになったら、歩き出すサインです。

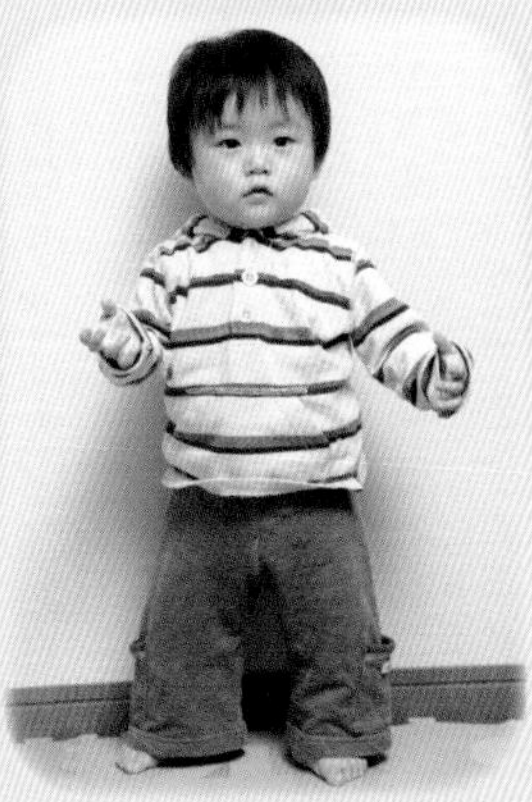

手をつかずにしばらく立っていられるようになったら、歩きはじめるのももうすぐです。

2歳のころ

甘えたい気持ちと自立心の間を、ゆれ動いている時期です。自信をなくすことも多いので、スキンシップで安心感を与えましょう。

体

とんだり跳ねたり、全速力で走ったり、運動機能がアップ。バランス感覚も発達します。

感覚

指先の感覚が鍛えられて、道具を上手に使うなど細かい作業がどんどんできるように。

心

自我が芽生え、イヤイヤ期がはじまる一方、甘えたい気持ちもまだまだあります。

濃密なスキンシップで自信を持たせてあげましょう

子どもの自我が強くなり、自分で何でもやってみたい自立心が芽生えます。一方で、思うようにできずに自信をなくすなど、葛藤が生まれます。トイレトレーニングに象徴されるように、自分の体を自分で管理できることが、この時期の大切な課題です。そうはいっても、まだまだ思い通りにできないことが多いので、失敗しても大丈夫なのだということを、スキンシップを通して伝えてあげましょう。ギュッと包み込むようなスキンシップが効果的です。

自分で積極的に動こうとしない子どもには、手を握ってあげたり肩や背中を軽くたたくなどして、行動を促してあげて。

遊び

ロボット歩き

子どもの命令通りに ママが動きます

子どもをママの足の甲の上に立たせます。ママの手にボタンがあるように見立て、「前」「後ろ」「右」「左」などと進む方向を押させて、子どもの言う通りに家の中を動きます。「トイレまでロボット歩きで行こう」などと誘って、トイレトレーニングが苦痛にならないような工夫をしましょう。

POINT

たまには子どもの いいなりになってあげて

自分の思うようにできなくて、自信を失っていることの多い時期です。思い通りにママが動いてくれるのは、とてもうれしいこと。たまには子どものいいなりになってあげることは、親子の信頼関係を深め、自尊心を高めるためにもとても効果的です。

2歳のころ お悩みQ&A

Q 忙しいときに まとわりついてくると、危ないし、イライラしてしまいます。

A 少し手を休め、目をしっかり見つめてだっこしてあげましょう。短い時間でも気持ちをしっかりと受け止めてもらえたと感じれば、満足してくれます。ちょい抱きはおすすめです。

Q ひとりで遊ぶことが多くて、友だちの輪に入らないので不安です。

A 好きなことに夢中になれるひとり遊びは、集中力を養うためにとても大切です。周囲への関心が広がる時期になれば、自然と友だちとの関わりも増えてくるので、あせらずに。

マッサージ

足裏もみもみ

親指のはらで
足の裏をなぞります

片手で足を支えて、足の裏を親指のはらで軽く圧をかけながらマッサージします。最初は親指から小指にかけてつけ根にそって横へ移動します。次に親指のつけ根あたりから、かかとまで縦に親指をすべらせます。反対の足も同じように行ってください。

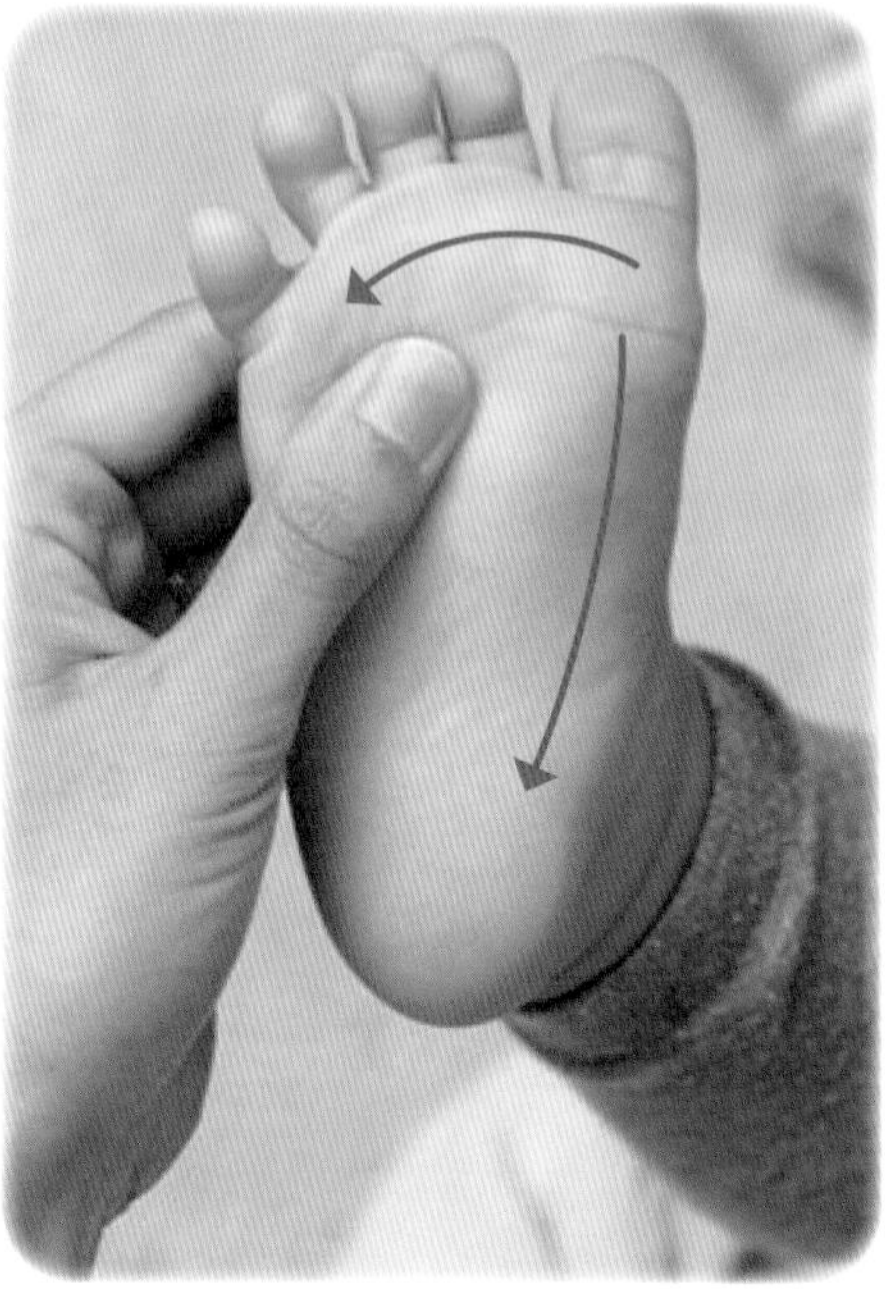

POINT

くるぶしのマッサージをプラスしてもよいでしょう

足の裏には全身の神経が集中しているので、全身を刺激できます。足の裏と一緒に、くるぶしの周りもくるくるとなでてあげましょう。

遊び

おさるさん

おさるさんの親子みたいに
ぶらりぶらり

四つんばいになったママの胴体の部分に、子どもがおさるさんのように両手、両足を使ってぶら下がります。ママはゆらゆらと体を動かしてみたり、ゆっくりと前へ進んでみたり、いろんな動きをしてみましょう。

POINT

落ちそうなときは片手で補助を

子どもが落ちそうなときは、写真のように片手で背中を支えてあげながら行うとよいでしょう。瞬間的にパッと手を離して、驚かせてみても。

タッチケア ドキドキを聞いてみよう

濃密なスキンシップで
命の大切さを教えます

ギュッと包み込むように抱きしめて、ママの心臓の音を聞かせると、子どもはおなかの中の感覚を思い出して安心します。同時に「生きている」ということを、肌を通して実感します。「あったかいね」「元気なしるしだね」とやさしく言葉をかけてあげましょう。

POINT

いろんな人のドキドキを聞かせてあげよう

イヤイヤ期の子どもは、ときに手に負えないときもあります。一方ではまだまだ甘えたい時期なので、心臓の音にも素直に反応するはず。パパや下の子、あるいは犬や猫などペットのドキドキも聞かせて、大事な命を平等に持っていることを、感覚で理解させてあげましょう。

発達の目安

「あれもイヤ！」「これもイヤ！」のイヤイヤ期の対処法は？

イヤイヤ期とは、自己主張が強くなり、何を言っても「イヤ！」の一点張りになってしまう最初の反抗期のこと。なかなか手ごわい時期かもしれませんが、これも成長の証なのでおおらかな気持ちで受け止めてあげることが大切です。何かをするのがイヤだといったら、ママやパパが率先して楽しそうにやってみたり、だだをこねて収拾のつかないときはギュッと抱きしめてあげたり。甘えと自立を行ったり来たりする、複雑な子どもの感情を汲み取ってあげましょう。

3歳のころ

パパやママ以外の外の世界をだんだん知るようになります。だけど、まだまだ甘えたい時期。離れるときはしっかりスキンシップを。

体

ボール遊びや両足とび、遊具を使った遊びが上手になり、全身運動が盛んになります。

感覚

言葉数が増えて、コミュニケーションが豊かに。「どうして？」が多くなり好奇心旺盛に。

心

イヤイヤ期がそろそろ一段落して、人の話を落ち着いて聞けるようになってきます。

成功しても失敗してもスキンシップのごほうびを

自分でできることが大幅に増え、失敗も少なくなります。いろんなことがうまくできるたびに、大げさなくらいスキンシップをして喜んであげましょう。逆に失敗してもしかったりイライラしないで、あせらずにやらせてあげましょう。失敗して悔しい思いをしていたら、ギュッと抱きしめてあげることが大切です。

保育園に通いはじめた子どもには、園に行く前と帰ったあとに、スキンシップの遊びをたくさんしてあげるとよいでしょう。このころになると、身体機能がかなり発達してくるので、体全体を動かす遊びが楽しめるようになります。

タッチケア

歌とちょい抱きで元気を充電

子どもと離れる前は濃密なスキンシップを

保育園に送っていくときや、ちょっと離れる前に、ちょい抱きをして歌を歌ってあげることは、元気の充電になります。歌は子どもの好きな歌など、なんでもかまいません。歌う時間がなければ、ギュッと抱きしめるだけでも効き目はあります。

POINT

バイバイをきちんとすると、子どももスッキリした気持ちに

子どもにとってママは安全基地。この時期の子どもは、自立と甘えを行ったり来たり。夢中になって遊んでいても、急にママのことを思い出して甘えはじめたりします。保育園へ送り出すときは、バイバイの儀式をきちんとすると、スッキリとした気持ちでママと離れることができます。

3歳のころ　お悩みQ&A

Q もうすぐ幼稚園に入園ですが、おむつが取れず、トイレを拒否します。

A 子どもの好みに合わせてトイレの模様がえをしたり、ロボット歩き（P113）で歩いたり、トイレに行くのが楽しくなる工夫を。うまくできたら、ほめることも忘れずに。

Q 下の子が近寄るだけで頭をたたくなど、暴力的で困っています。

A 感情がコントロールできるようになれば自然と治まりますが、しばらくはふたりが双子だというくらいの気持ちで接し、大切に思っていることをアピールして（P148～150）。

遊び

ぎったん！ばったん！

POINT

体を上下にゆらしてバランス感覚を養います

バランス感覚が養われる遊びです。子どもと一緒に元気に声を出したり、代わりばんこに声を出したりしながら、楽しくやりましょう。

背中を合わせて、押したり引いたり

子どもと背中合わせに座って、背中をくっつけて腕を組みます。「ぎったん！ ばったん！」とかけ声に合わせて、押したり引いたりします。最後は背中に乗せたまま、左右にゆらゆらとゆすります。

マッサージ

手のひらくるくる

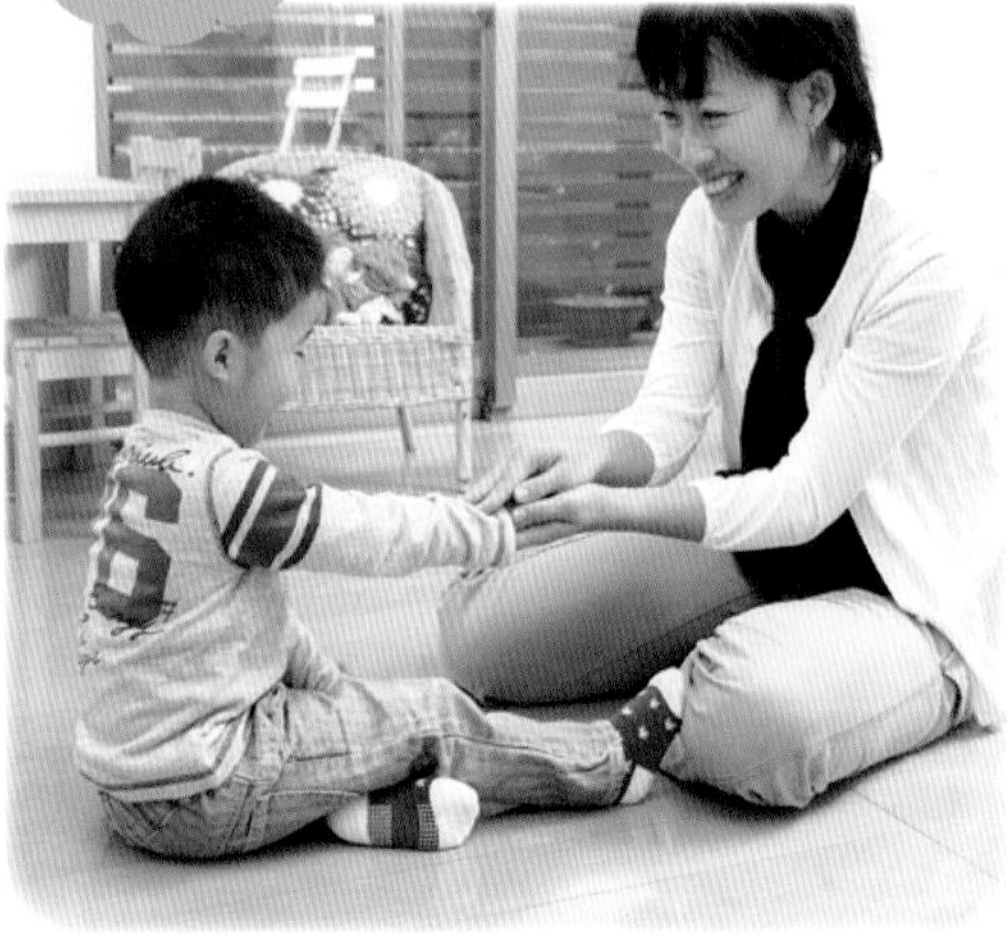

親指で手のひらを刺激します

向かい合って座って手のひらを握り、もう一方の手をそえます。親指を使って手のひらをくるくると円を描くようにして刺激します。両手でそっと包んであげても。

POINT

手をつなぐと子どもは落ち着きます

手のひらは気持ちを落ち着かせる場所。マッサージをしなくても、手をつなぐだけでもOK。積極的に手をつないであげましょう。

マッサージ

顔、胸、おなかのマッサージ

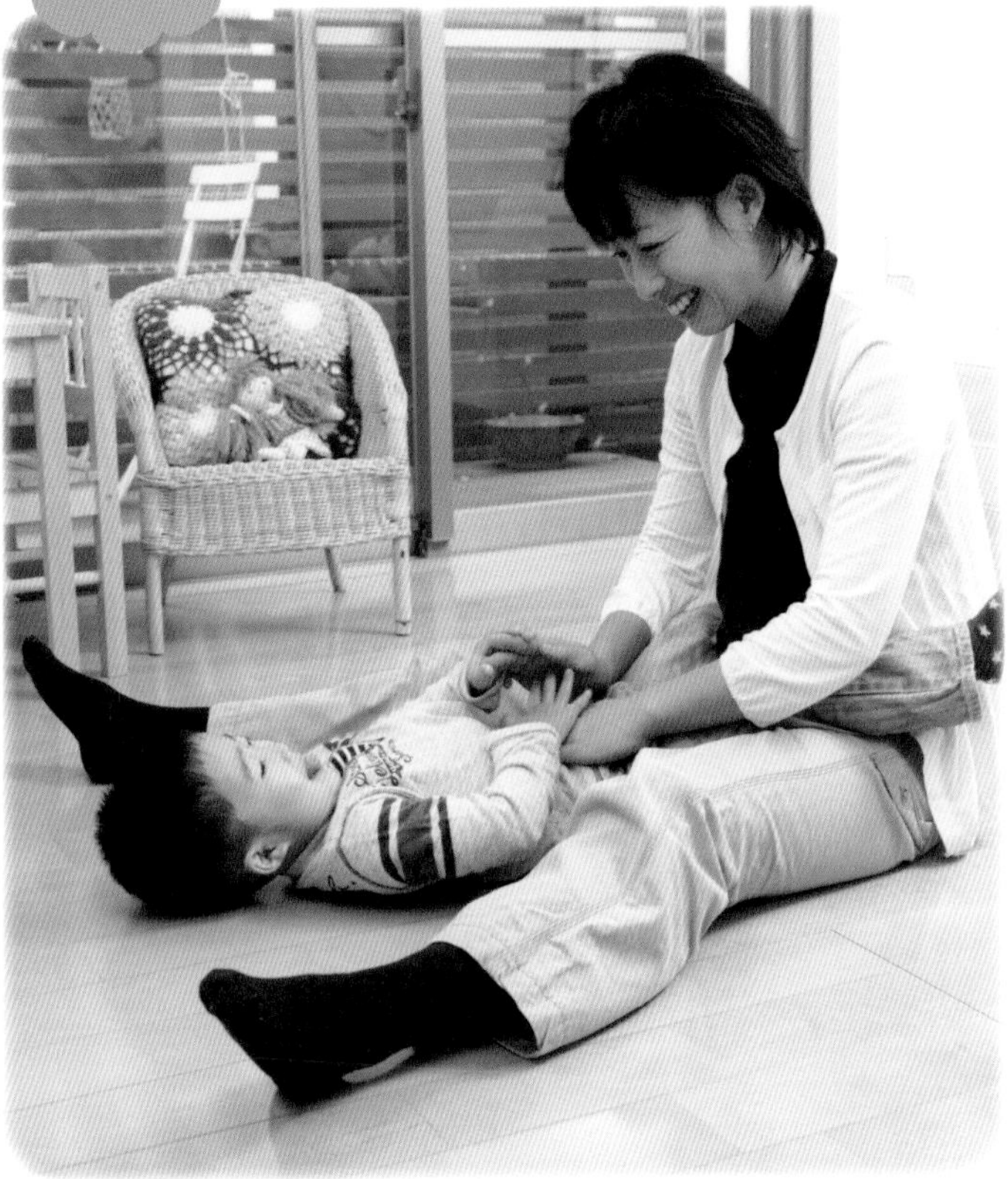

体をくっつけて上半身をなでなで

仰向けになった子どもの足をママの体にぐっと引き寄せて、足の上に乗せます。顔や胸、おなかなど上半身をゆっくりとなでなでしてあげると、リラックスするうえ、ママに甘えたい欲求も満たされます。

POINT

マッサージはどの部分でもOKです

顔、胸、おなか以外にも、肩や腕など、どの部分をマッサージしてもOKです。目を見ながら、コミュニケーションを取りましょう。

発達の目安

運動能力がさらに発達して、ダイナミックな遊びを楽しむように。

体を器用に動かせるようになるので、ボール遊びや遊具で遊ぶのが楽しくなります。決まった動きをさせるよりも、子どもが思うまま動ける外遊びがおすすめです。つい手を出してしまいそうになりますが、自分から動く楽しさを体験させるためにも、できるだけ見守ってあげましょう。また、かんたんな着替えやボタンかけなどひとりでできることが増え、自立心も強くなってきます。まだ自分の遊びに熱中する年ごろですが、だんだんと友だちと仲良く遊べるようになってきます。

4歳のころ

同世代の友だちと遊ぶ機会が多くなり、新たな世界を知ることで不安も生まれます。親身に話を聞いてあげることが、心のケアに。

体

服を着たり、おはしでご飯を食べたりなど、身の回りのことを自分でできるように。

感覚

今日あった出来事などを思い出して、自分から積極的に話ができるようになります。

心

同世代の子どもとふれ合うような機会が多くなり、社会性を身につけはじめます。

外での不安をしっかり受け止めてあげましょう

親とのスキンシップも好きですが、友だちとの交流が徐々に楽しくなってくるころです。友だち同士でふれ合う遊びをたくさんすることで、思いやりや共感の心が育ちます。けれどもまだまだ幼い子ども同士のため、親との遊びのようにうまくはできません。けんかをしたり仲間外れにされたり、いろんな経験をするでしょう。そんなとき、子どもをひざに乗せて安心させながら、ゆっくりと話をきいてあげることが大切です。子どものほうからあまり話したがらないときは、お風呂でリラックスしながらスキンシップをして、信頼関係を深めてから話を聞き出すという方法もおすすめ。

マッサージ

おなかのマッサージ

背中とおなかの両方がポカポカあたたまります

子どもをひざの上にのせて、おなかをマッサージします。両手を左右に動かして、おなかの部分をなでさすりましょう。背中をくっつけてマッサージをするので、おなかと背中の両方が温まり、包み込まれるような気持ちよさを感じることができます。

POINT

マッサージをいやがる子には誘い方を変えてみましょう

活発に動き回る時期なので、以前のようにマッサージの時間をわざわざとられて、じっとしているのをいやがる子どももいます。「マッサージしよう」ではなく、「おひざにおいで」と誘い方を変えてみて、短い時間でもスキンシップをとるようにしましょう。

4歳のころ　お悩みQ&A

Q 手先が不器用でごはんをよくこぼします。うまくできるようになるには？

A 体は木でたとえると幹の部分。ここがしっかり育っていないと、枝葉も育ちません。体を動かすと脳も育つので、手先の練習にこだわらず、体全体を使って楽しく遊んでください。

Q 自己主張が強くなって、言うことをきいてくれません。対処するには？

A いくら言葉で教えても、自分でやってみるまでは理解できないことも。無理に言うことをきかせようとせず、できる範囲で子どもの好きなように体感させてみましょう。

マッサージ

すなおな気持ちを引き出す

背中の緊張をほぐしてリラックス

向かい合わせになって子どもをだっこして、背中を上下にやさしくさすりましょう。背中の緊張が取れるとリラックスして、普段はあまり言わないようなことも、自分から自然と話したがるようになります。

POINT

目を見ないほうが効果的な場合もあります

目を見ないほうがすなおになれることも、ときにはあります。体を密着させてなでなでしながら、子どもの話を聞いてあげましょう。

遊び

指ずもう

ママとパパ両方とできる力くらべ

向かい合って親指以外の４本の指を組み合います。親指を立てて「はっけよいのこった」の合図とともに、相手の親指を10秒間おさえつけたほうが勝ち。ときどき負けてあげて「強いねえ！」とほめるとやる気もアップ。ママだけでなく、パパとも勝負をしてみましょう。

POINT

遊びながら指先の感覚を鍛えます

指の力が強くなってきているので、単に手をつなぐだけでなく、遊びながら指先の感覚を鍛えるようなスキンシップをしましょう。

遊び

まねっこミラーマン

ママのしぐさや表情を鏡のようにマネします

向かい合って座り、ママの動作を鏡に映ったように子どもがマネをする遊びです。ぞうきんで窓を拭いたり、子どもの頭をなでたり、くすぐったりするしぐさや、笑ったり怒ったりなどいろいろな表情をしてみてください。

POINT

模倣をすることで共感の心が生まれます

この時期の子どもは、共感の心が育ってきます。共感の心は、相手の動作を模倣することからはじまります。ママのしぐさや表情をそっくりにマネすることで、ママの気持ちを理解しようとする心が育まれます。

発達の目安

相手の気持ちを考えたり、イメージが共有できるように

今までは自分中心の世界にいましたが、周囲に興味が広がって、相手の気持ちが想像できるようになります。友だちと一緒に遊んだり、大切に思う気持ちが芽生えてくるのもこのころから。だんだんと社会性が身についてきますが、相手への関心や興味はまだうすい時期でもあります。友だちとやりたいことがぶつかって、トラブルが起きることも少なくありません。けんかする体験を通して、相手の気持ちや人間関係を学んでいきます。この時期は子どもの気持ちをしっかりと受け止め、思いやりの気持ちを育てていきましょう。

COLUMN

親以外の人とふれ合うことは、すこやかな心を育みます

ママとパパだけの安心した世界から飛び出して、いろんな人にふれられることで、子どもは世の中の広さを肌で実感していきます。

ふれ合いも食事と一緒でバランスが大切です

ママとのふれ合いが情緒を安定させ、パパとのふれ合いが外の世界を知る第一歩になることは、先に説明しました（84ページ）。子どもにとっては、それだけでも目新しいことがいっぱいかもしれませんが、両親以外とのふれ合いも欠かせません。

おじいちゃんやおばあちゃん、近所の人、同年代の友だちとふれることで、子どもは世の中にはいろんな人がいて、それぞれが違うということを理解します。なかにはふれられて心地のよい人と、そうでない人もいるでしょうが、その感覚を味わうことが大事。健康維持のためには、いろんな栄養をバランスよく摂る必要があるように、限られた人だけでなく、いろんな人とふれ合うことで、すこやかに成長することができるのです。

世代や性別を問わずさまざまな人とふれ合うことで、家族以外の世界を知り、コミュニケーションの大切さを実感します。

PART

6

生活シーンに合わせたケア

毎日忙しくて、子どもにマッサージする
時間がないと思っているママも多いはず。
わざわざマッサージタイムを作らなくても、
だっこやおんぶなど毎日のお世話の合間に、
ふれ合うように心がけましょう。

お世話の合間も大切なふれ合いタイムです

おむつをかえる、お風呂に入るなど、生活のなかで子どもと接する時間はたくさんあります。お世話の合間にちょっとしたスキンシップを取り入れてみましょう。

毎日ふれることは、どうして大切?

タッチケアは少しの時間でもよいので、毎日続けることが大切です。なぜなら肌にふれることで、オキシトシン（16ページ）が分泌されるからです。見つめ合ったり、声をかけたりすることでも分泌されますが、ふれることによってもっとも多く分泌されます。

しかもオキシトシンは、急に効き目があらわれるものではありません。くり返し分泌させることで、効果が長続きするのです。ですから、日ごろから子どもにきちんとふれることが、何より大切だといえるでしょう。

お世話のふれ合いも愛情たっぷりに

忙しい育児の時間をぬって、毎日マッサージすることは必ずしも必要ではありません。子どもにマッサージすることが日々の重荷になってしまったら、本末転倒です。とくに普段からお家にずっと一緒にいるようなママだったら、**お世話の合間に少しずつふれてあげるだけでも、スキンシップはじゅうぶんにとれて**いるといえます。

一日の生活を振り返ると、子どもとふれ合うシーンはたくさんあるはず。お世話も大切なふれ合いタイムなので、愛情を持ってふれてあげましょう。

先輩ママ Voice

気持ちをこめれば子どもに伝わります

短い時間でも「大好きだよ」という思いを伝えられるように、気持ちを込めてスキンシップしています。家事で忙しいときも、ほんの少し手を止めて、目を見つめてタッチケアしています。 楓ちゃんのママさん（31歳）

以前よりふれ合いを楽しめるように

子どもとふれ合うときは、まとまった時間が必要と思っていましたが、日々の時間を利用すれば大丈夫と聞いて、目からうろこ！ 以来、お世話の合間にスキンシップをしています。 由貴さん（27歳）

毎日の生活のなかには、ふれ合いシーンがいっぱい

※ふれ合いシーンのイメージ例です。

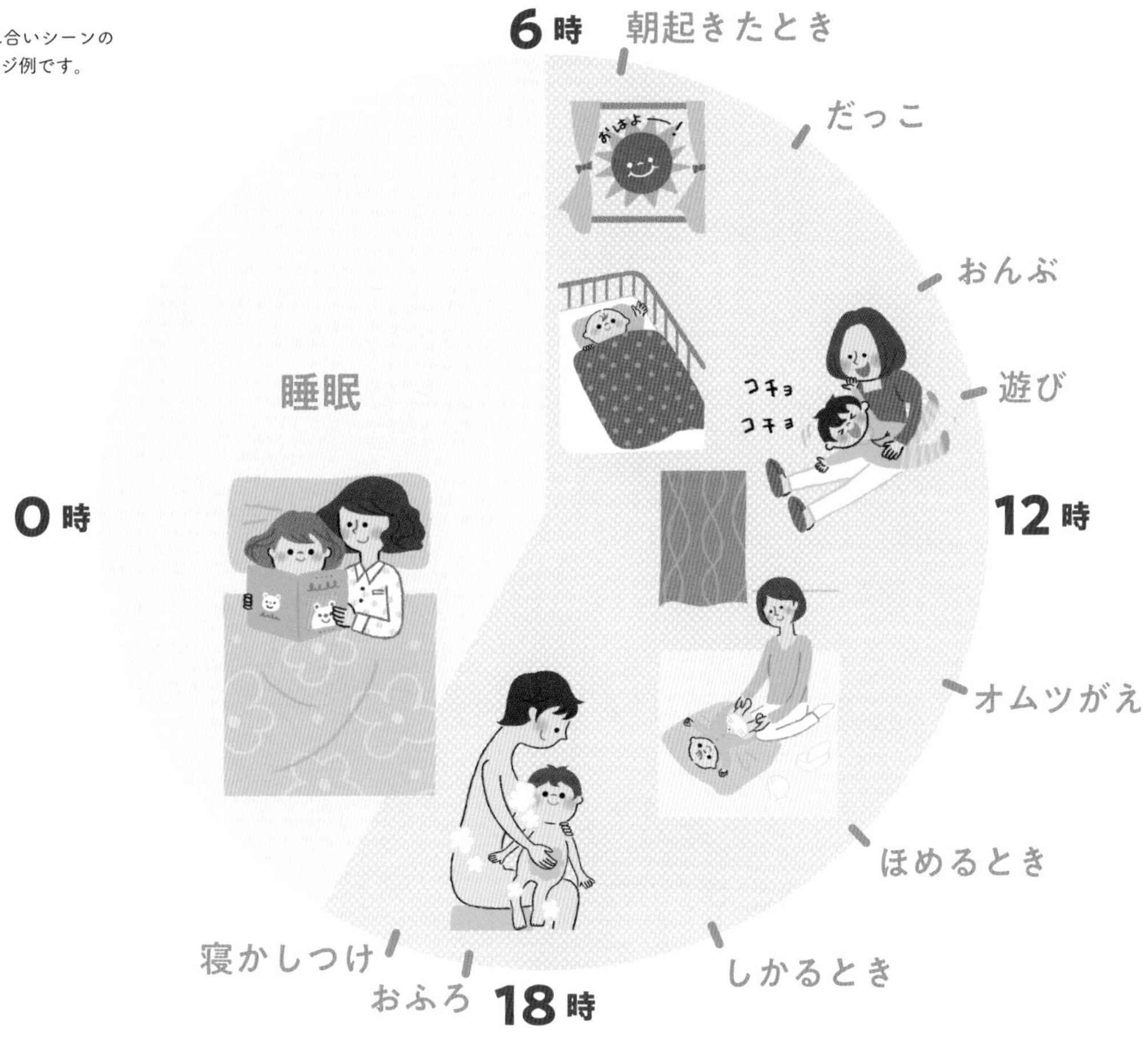

起きている間は、いつでもふれ合いタイムに！

ふれ合うための時間を作らなきゃ！と気負っているママはいませんか？　家事や育児の忙しい合間をぬって、わざわざ時間を作らなくても、眠っている時間以外はすべてふれ合いタイムとみなしてよいのです。お世話も立派なふれ合いです。子どもに語りかけながら、コミュニケーションをとりましょう。

だっこをするとき

普段からだっこをいっぱいしていますか？ 移動するためだけのだっこではなく、包み込むようなだっこを子どもは求めています。

きちんと向き合うだっこをしましょう

普段からだっこをしていても、移動させる目的だけになっていませんか？ 子どもにとってうれしいのは、ママの心で支え、包み込まれるようなだっこです。

だっこは子どもを甘やかすのではなく「甘えさせる」ことであり、とても大切な行為。忙しいママには、ちょい抱きがおすすめです。

1回5分程度でいいので、きちんと向き合う時間を持ちましょう。片手間にずっとだっこしているよりも、子どもははるかに喜ぶでしょう。

タッチケア
0か月〜

お顔でスキンシップ

鼻をすりすり、お口でパクパク

両手がふさがっているときは、顔でスキンシップを。鼻と鼻、ほっぺとほっぺですりすり、お口で胸やおなかを軽くパクパクして。

POINT

触覚を刺激してあげよう

生まれたての赤ちゃんには本格的なマッサージはできません。触覚を刺激するだけでじゅうぶんです。

遊び
3か月〜

タッチできるかな？

上手にタッチできたら
喜んであげましょう

だっこひもを使っているときは、ママの顔にタッチさせる遊びをしてみましょう。上手にタッチできたら、大げさに喜んであげて。赤ちゃんの手を取って、ほっぺや鼻、耳などをさわらせてもOKです。

POINT

口をパクパクして「ここだよ！」
と教えてあげましょう

赤ちゃんが手を伸ばしてきたら、口をパクパクさせたり、鼻から息を出したりして、ふれてほしい場所を示してあげましょう。

マッサージ
0か月〜

顔をなでなで

包み込むように
やさしくふれてあげて

だっこをしながら、空いているほうの手を使って、顔の輪郭に沿ってなでなでします。なでるときは、手のひら全体を使ってやさしく包み込むようにしましょう。

POINT

顔を近づけてなでなですると安心します

3か月くらいまでの赤ちゃんは視力が弱く、近くしか見えません。ママの顔が見えるように、近づいてコミュニケーションをとりましょう。

おんぶをするとき

昔ながらのおんぶは、赤ちゃんも大好き。胸をぴったりとつけるとリラックスするうえ、周りを観察できるので社会性も育まれます。

ママと同じものを見て興味を示します

おんぶは子どもにもママにも大切な行為です。子どもにとっておんぶは、ママと同じ目線を持つことであり、ママの見ているものに興味を示して視野を広げていきます。その点、だっこはママの顔が見えるので安心できますが、視野は広がりません。

おんぶは忙しいときでも両手が空くので便利ですし、子どもは放っておかれるよりも肌を密着させていたほうが、安心できます。子どもの体調を感じ取ることもできるでしょう。

遊び
3か月〜

チラッとアイコンタクト

後ろを振り返って目を合わせましょう

家事の途中にチラッと振り返って、目を合わせるだけでOK。足をブラブラ動かしていたら、楽しんでいるサインです。

POINT

背中から離れたときは？

ママの背中から胸を離そうとしたら、おんぶにちょっとあきているのかも。振り返って目線を送りましょう。

タッチケア
3か月〜

手を握って安心！

目を合わせられないときは
手をキュッと握ります

目を合わせられないときは、後ろに手を伸ばして、赤ちゃんの手をキュッと握ってみましょう。目が合わなくても、赤ちゃんは安心することができます。「大丈夫だよ」「ママがいるからね」と手を握りながら声をかけてあげるのもよいでしょう。

POINT

片手を握っても、両手を握ってもOK

手を握るのは、片手でも両手でもOKです。家事の途中にちょっと手が空いたときを利用して、積極的に握ってあげましょう。

タッチケア
3か月〜

足先もタッチ

足全体を包み込むように
ふれてあげましょう

同じく目を合わせられないときは、後ろに手を伸ばして、赤ちゃんの足先全体を包み込むようにしてふれてあげるのも効果的です。赤ちゃんもママにふれられて、ほっとひと安心できるでしょう。

POINT

くすぐったり、つまんだりしてみても

足の裏をくすぐったり、足の指を軽くつまんだりすると、赤ちゃんは喜びます。機嫌のよいときに、さりげなくしかけてみましょう。

朝起きたとき

子どもを起こしながら朝一番にスキンシップをとって、体調を確認しましょう。寝起きの悪いときは、スッキリ目覚めるマッサージを。

交感神経を働かせると目覚めがスッキリ！

赤ちゃんは、お日さまのリズムに合わせて早寝早起きするのが、発育にも理想的だといわれています。生まれてすぐのころは生活リズムが整っていませんが、徐々に早寝早起きの習慣をつけていきましょう。とはいえ、前の晩に寝つけなかったり、夜泣きが多いと、生活リズムも乱れがち。そんなときはやさしく声をかけながらマッサージをして、起こしてあげましょう。交感神経を働かせるようにすると、スッキリとした目覚めに。

マッサージ
0か月〜

おなかをまるーくさわる

おなかをくるくる、今日の調子はどうかな？

おへそを中心にして、時計回りにおなかをくるくるさすります。服の上からさわってもいいし、じかにさわっても。毎日続けると、子どもの調子がわかるように。

POINT

おなかを温め元気いっぱい

おなかが温まると、元気が出ます。「今日も元気に遊ぼうね！」と声かけしながらマッサージを。

マッサージ 3か月〜

背中をスリスリ

ぼんやりとした頭を活性化します

横になったままの状態で、背中全体を上下にさすります。ねぼけまなこでぼんやりとしている子どもに「おはよう、今日もいい天気だよ」などと声をかけながら、意識を活性化させてあげましょう。

POINT

少し速めにさすると交感神経が刺激されます

背中をさするスピードをゆっくりではなく、少し速めにしてみましょう。交感神経を刺激するため、スッキリとした目覚めになります。

マッサージ 3か月〜

足をくるくる

血のめぐりがよくなります

ももから足首にかけて、足の外側をくるくると円を描くようになでさすります。あるいは手のひらをおわんの形に膨らませて、同じようにももから足首にかけてポンポンポンと軽くたたいて刺激します。

POINT

夜ふかしした次の日も、いつも通りの時間に起こそう

なかなか寝つかず、遅くまで起きていたようなときでも、翌日はいつもの時間に一度起こしてあげましょう。体内時計がリセットされます。

おむつがえのとき

おむつがえは、子どもの体調を観察できる大切な時間です。手早くササッとかえる間にできるマッサージもいろいろあります。

普段あまりふれないところを積極的に

一日に何度もするおむつがえは、絶好のふれ合いタイムです。おむつをはずしたときは、普段あまりふれることのないおしりや太ももなどを中心に、マッサージするとよいでしょう。子どももこういったところにふれられると喜びます。

ただし、とてもやわらかい部分なので、手のひらでやさしく包み込むようにしてマッサージするのがきほんです。そこからおなかや足にかけて、マッサージの範囲を広げていくとよいでしょう。

マッサージ
0か月～

仙骨をやさしくなでなで

両足を持ち上げて、ふれやすい体勢に

片方の手で両方の足首をつかんで持ち上げ、もう片方の手を股の下に入れます。骨盤の中央にある仙骨（背骨のつけ根部分）辺りを、円を描くようになでなでします。

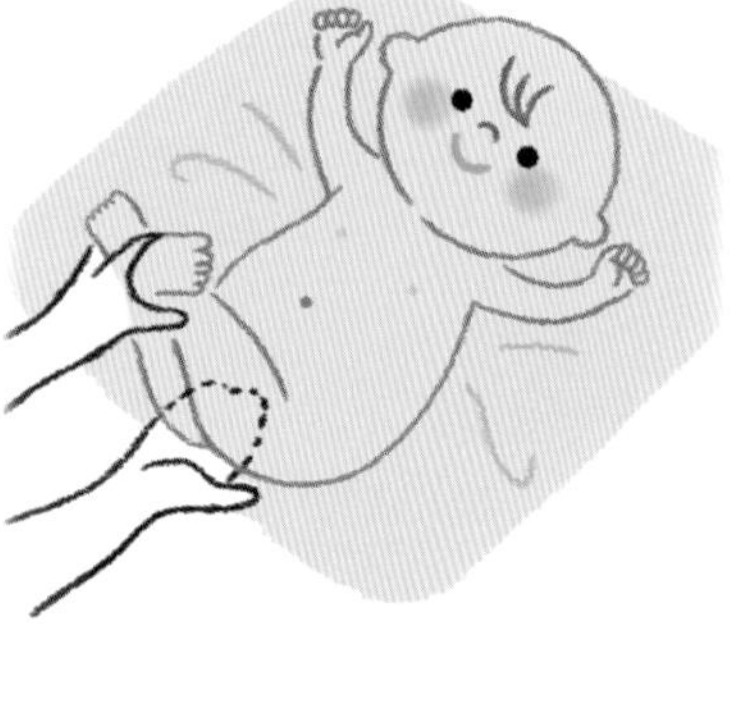

POINT

すばやくササッとケア

新しいおむつをつけるまでのちょっとした時間を利用しましょう。すばやくするのがポイントです。

マッサージ
0か月〜

そけい部（つけ根）を内から外へ

太もものそけい部を握って刺激します

太もものつけ根部分を、軽く握ります。手首をくるくると回しながら、そけい部を内側から外側へ刺激します。マッサージをするときは、5本すべての指を使います。

POINT

足を引っ張らずに自然な形でマッサージを

マッサージをするときは、足を無理に引っ張らないようにしましょう。自然な足の形のままで問題ありません。

おなかの観察をして、体調をチェックしよう

毎日、おむつがえのたびに観察していると、体の状態とおなかの様子がリンクしているのがわかります。うんちがなかなか出ないときは、おなかがとんがっています。せきや鼻水が出るときは肌つやがなく、元気のない感じに。症状としてあらわれる前に、おなかが先に変化することが多いので、不調サインがわかるようになると、病気予防にもなります。

おなかのチェックポイント

- [ ] 肌の明るさは？
- [ ] 肌ざわりは？
- [ ] 肌つやは？
- [ ] 温かさは？
- [ ] 弾力は？
- [ ] しっとり？　ざらざら？
- [ ] シワは？

ほめるとき

ほめるときは、気持ちを込めることが大切です。自然と表情も豊かになり、肌を通してママが本当に喜んでいることが伝わります。

ほめるときは大げさに動きをつけて

ほめるときは、動かすマッサージがきほんです。思いっきりだっこしたり、頭をなでたりして大げさに表現しましょう。ママが喜んでいることを肌で感じて、うれしさも倍増します。また、「ありがとう」は、子どもにとって最高のほめ言葉になるはずです。

人はふれられると快感を伝える神経が活性化して、脳の司令塔といわれる「前頭前野」の働きが活発になります。そのためほめられたことに対しては、やる気もますますアップします。

ほめ方のポイント

子どもはできるだけほめて育てるのがきほんです。子どものよいところを伸ばすように、よいところを積極的に見つけてそこをほめてあげましょう。

OKなほめ方

子どもが少しでもよいことをしたら、すかさずほめましょう。「手伝ってくれて助かるわ。ありがとう」とママのうれしい気持ちを伝えたり、「よくできたね！ すごいね」というように、子どものうれしい気持ちに共感するようなほめ方が効果的です。ほめられた子どもはうれしくなって、その行動を次々とやろうとするでしょう。そして自尊心や自信も高まり、親子関係もよくなっていく、という好循環にもっていくことができます。

NGなほめ方

子どもが「自分では大したことはない」と思っていることをほめたり、「ママの本心からではないほめ方だ」と子どもに見抜かれてしまう場合です。子どもはうれしくないばかりか、「もっとこれをさせようとしているんだ」と思ってしまいます。そうならないように、ほめるときは全身で感情を込めて抱きしめたり、普段の子どもの行動をよく観察して、ほめ方のバリエーションを作るなどの工夫も必要です。

タッチケア
0か月〜

なでなで、ニッコリ

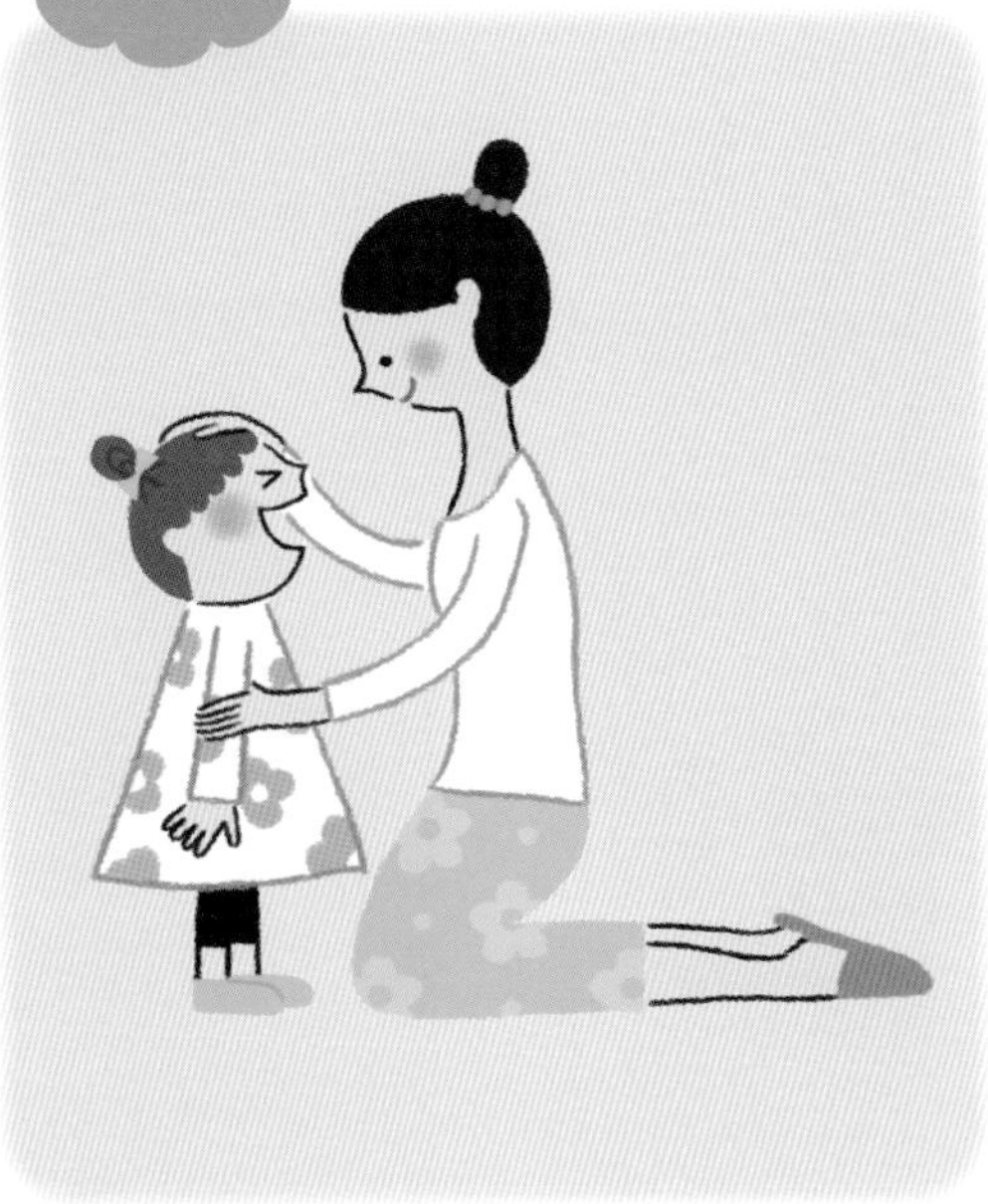

ニッコリと表情豊かに 喜びを表現しよう

頭をなでながら肩や背中の部分をさすって、大げさにニッコリして喜びを表現しましょう。こちらの気持ちを伝えるときは、しっかりと目を見て表情豊かに。そして体にふれて、喜びを肌で感じ取ってもらいましょう。

POINT

ふれ合いを通して喜びを伝えましょう

喜びを表現する方法にスキンシップは欠かせません。頭をなでる、手を握る、抱きしめるなど、いろんな形で気持ちを伝えて。

タッチケア
3か月〜

だっこして、ゆらゆら

リズミカルに 左右に体をゆらします

だっこして子どもを持ち上げた状態で、リズミカルにゆらゆらと左右にゆらします。子どもの目を見ながら笑顔で行いましょう。

POINT

動きを入れて喜びを表現します

なでなでだけでなく、動きを入れて表現することにより、ダイレクトに伝わります。だっこしてもらった子どもも大喜び！

しかるとき

ほめるときと同じく、しかるときも気持ちを込めて。しかったあとは、不安になっている子どもをしっかりケアしてあげましょう。

手を動かさずにタッチのみが基本

怒っていることを全身で表現しなければ、子どもにはなかなか伝わりません。しかるときは、タッチだけで手を動かさないのがきほん。そうするとママも感情を抑えることができます。子どもと距離を近づけ、目を見てきちんとしかることも大切です。

子どもはたいてい不安や悲しみのあまり泣いてしまうので、しかったあとのケアも忘れずに。愛しているからしかるのだということを、ギュッと抱きしめて伝えるようにしましょう。

しかり方のポイント

感情的にしかると、子どもはしかられている内容ではなく、「ママはきげんが悪いのかな」とママの感情に意識が向くことに。冷静に話すようにしましょう。

しかるときのポイント6つ

1 具体的ではっきりした指示（「うるさい！」と言うよりも「騒ぐときにはこの部屋から出てね」など）。

2 その場ですぐにしかる（後からしかっても効果は半減します）。

3 レッテルを貼らない（「困った子ね」などと言われると、そう思い込んでしまいます）。

4 日によって態度を変えない（同じ行動をしかったりしからなかったりしない）。

5 何度もむし返さない（過去の出来事を思い出してしかると、子どもはどんどんやる気をなくします）。

6 悪い行為だけをしかる（反省しなければならない行為だけをしかって、存在そのものまで否定しない）。

そして必ず最後には子どもが「次はがんばろう！」とやる気を見せてくれるような工夫を。しかったあとには、子どものよいところをほめてあげたりするとよいでしょう。

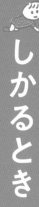

タッチケア
3歳〜

肩を抱いてギュッ

スキンシップしながら まっすぐ目を見てしかる

子どもの近くに寄って手をつなぎ、肩を抱きながらしかります。しかるときは、必ず目を見てください。うつむいていたり、そっぽを向いていたりするときは、顔をのぞき込んでしっかりと伝えましょう。

POINT

しからなくてもよい状況を作ることが大切

子どもが何で怒られているのか理解できるのは3歳ぐらいから。それまでは、さわってほしくないものは片付けておくなど、しからなくてもいいような工夫を。

タッチケア
3歳〜

しかったあとのケア

ギュッと抱きしめて 安心感を与えます

しかったあとは子どもをギュッと抱きしめて、安心させてあげましょう。しばらくして落ち着いたら、大好きだよという気持ちを込めてやさしくマッサージをしてあげるのもよいでしょう。

POINT

早めのケアで不安を解消させましょう

しかられた子どもは、不安な気持ちでいっぱいです。いつまでも放っておいたりせず、なるべく早くケアしてあげることが大切です。

遊ぶとき

遊びのふれ合いは、やさしくてほっとするような感覚ばかりではありません。さまざまな感覚で、子どもを刺激してあげましょう。

くすぐったいのは、信頼している証拠です

遊びのふれ合いは、やさしいものばかりではありません。なかでもくすぐり遊びは、いろんな感覚を楽しめるのでおすすめです。くすぐったい感覚は「快」と「不快」の両方が交じり合った面白い感覚です。不快だからやめてほしいと反応する一方で、笑顔になってもっとやって、というサインを出してきます。

子どもをくすぐって笑ったら、良好な親子関係が築けている証拠です。信頼しているからこそ、くすぐったさを感じるのです。

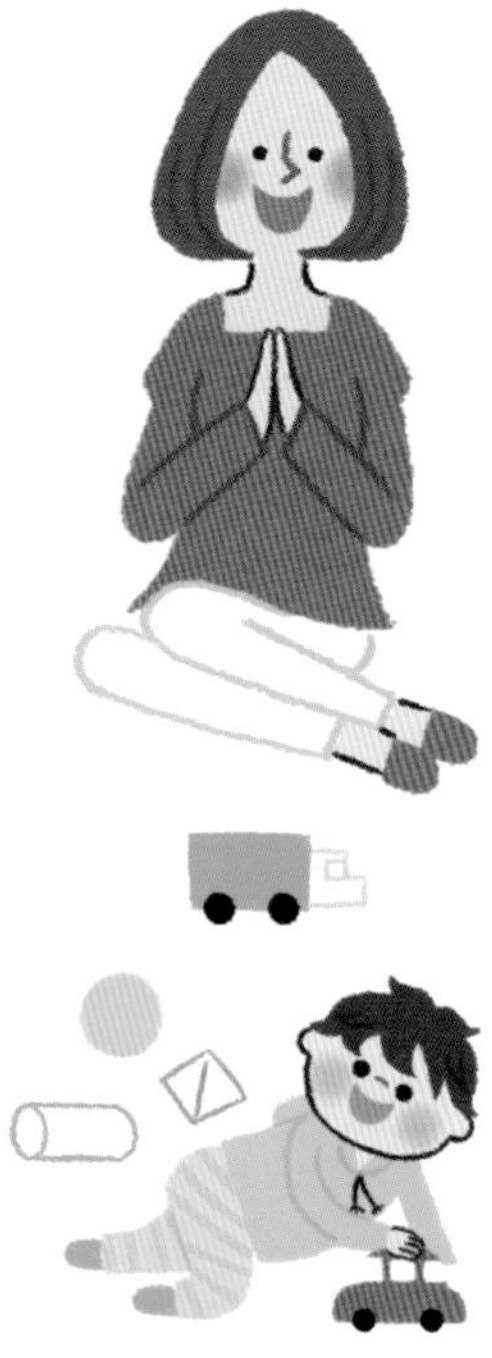

遊び
0か月〜

くすぐり遊び

おなか、わき、足など全身を刺激しましょう

「こちょこちょこちょ～」と言いながら、おなかやわき、足などをくすぐります。慣れてきたら、くすぐるときの手の動きを見せるだけで、笑い出します。

POINT

無言でやらず楽しみながら

「ありさんがありさんが、手の上をはって」と言って最後にくすぐると、大喜び。ママも一緒に楽しんで！

遊び
1歳〜

Shall we dance ?

くるくる回ったり、ステップを踏んでリズミカルに

子どもの好きな音楽に合わせて、両手をつないでくるくる回ったり、ステップを踏んだり、歌を歌ったりして、リズミカルに踊ってみましょう。本物のダンサーになった気分で、「上手だね」などと声かけをしながら、踊ってください。

POINT

踊るときは、子どもの目線に近づけて

ママはしゃがむなどして、なるべく子どもの目線に近づけて踊りましょう。立ち上がって体を持ち上げて、ゆらゆらしてみても。

遊び
1か月〜

前だっこでゆらゆら

ママの胸の高さで、子どもを左右に動かします

体をしっかりと持って、子どもの背中がくっつくような形で、胸の位置で前だっこをします。子どもの体を左右にゆらゆら動かして遊びましょう。

POINT

慣れてきたら、大きくゆらしてみても

空中でゆらゆらゆらすことで、平衡感覚を養います。慣れてきたら、左右へのゆらし方を少しずつ大きくしてみると喜ぶでしょう。

歯みがきのとき

歯のお手入れは、発達によって異なります。歯みがきの嫌いな子には、歯みがきの時間が楽しくなる工夫をしてみましょう。

歯みがきが嫌いにならない工夫を

小さいうちは歯みがきもママとのふれあいの時間と考えましょう。無理強いすると、「歯みがき＝いやなこと」という気持ちが強くなってしまいます。できないときにはガーゼで拭くだけでもOK。

ポイントは、あせらずに少しずつでも毎日トライして、毎日やらないといけないんだ、と納得させることです。また家族みんなで歯みがきタイムを作るのもひとつの手。楽しそうにしていると、子どもも一緒にしたいと自分からせがんできます。

歯みがきのときのだっこの仕方

0~1歳

片手抱きで

上下の歯が生えてくるくらいまでは、ガーゼで歯ぐきを拭くだけでじゅうぶんです。片手抱きをして頭を腕に乗せ、歯茎全体をなでるようにして拭いてあげましょう。生えはじめのムズムズを解消するのにも効果的です。

1~2歳

ひざまくらで

ひざの上に頭を乗せて、ごろんと横になりながら、歯をみがきましょう。ママのひざの温もりを感じることができるので、子どもも安心します。ママも子どもの口の中を上からのぞき込む形で、観察することができます。

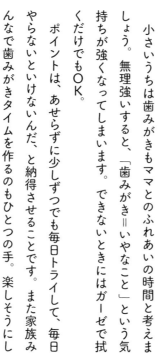

マッサージ 6か月〜

虫歯予防のマッサージ

1 人差し指と中指でくちびるをはさむ

子どもをひざまくらにします。人差し指と中指を立ててVサインの形にして、左右同時に真ん中でくちびるを挟みます。そのまま歯茎を顔の上から指のはらでなぞるようにして、両手を耳の手前まで移動させます。

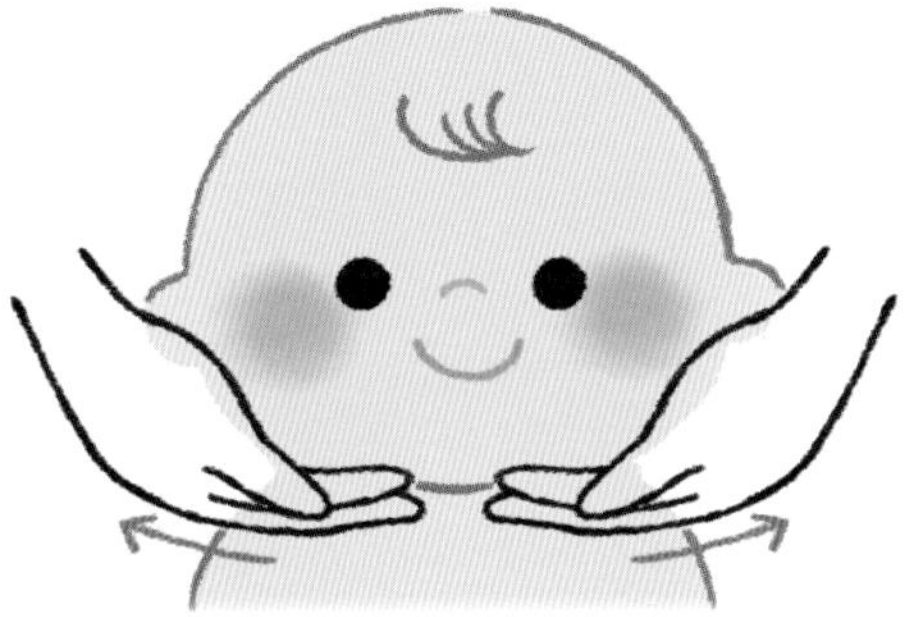

2 あごを挟んで、輪郭をなぞる

1と同じように指をVサインの形にしたまま、今度はあごの骨を挟むようにして、輪郭にそって耳の下まで両手を移動させます。

POINT

歯みがきが終わったあとの習慣にしましょう

虫歯予防のマッサージは思いついたときにやるのではなく、歯みがきが終わってからやることを習慣づけるとよいでしょう。子どもも抵抗することなく、自然に受け入れてくれるようになります。

歯みがきをいやがるときは、どうすればいい？

鏡を使ったり、歌を歌ったりして歯みがきタイムを楽しい時間に

乳歯は虫歯になりやすいので、日々の予防はかかせません。しかし、なかには歯みがきの嫌いな子どもも。歯みがきをいやがるときは、ひざまくらで鏡に顔を映しながらやってみましょう。子どもの顔を映して、もう一方の手で「眉毛をキレイにしようね」といって眉毛をなでなでします。「次はお鼻、次はお口、次は前歯」と順番になでなでしていくと、自然と歯みがきに移行できるでしょう。体をゆらゆらしたり、歌を歌ったり、くすぐり遊びを入れるのもおすすめです。

おふろのとき

はだかになって、肌と肌が直接ふれ合うお風呂は、濃密なスキンシップができる時間。お風呂ならではの遊びもたくさんあります。

手でなでなでしながら背中を洗いっこ

スポンジやタオルは使わずに、手でなでなでながら洗いましょう。子どもはママのやわらかい手で洗ってもらうことが大好きですし、肌がどんな状態なのかもすぐにわかります。大きくなったら、今度は逆にママの背中を洗ってもらいましょう。

湯ぶねの中では、おもちゃを使って遊んだり、一緒に歌を歌ったりしながらスキンシップ遊びを楽しんで。肌と肌が直接ふれ合えるからこそ、濃密なスキンシップができるでしょう。

遊び
6か月〜

シャンプーで変身！

いろんな髪型に挑戦して

シャンプーを泡立たせて、頭をモコモコさせたり、ぴーんととんがらせたり、くるりと丸めてみたり、いろんな形を作って遊んでみましょう。

POINT

シャンプーが好きになる!?

シャンプーが苦手な子どもも、楽しめるようになるかもしれません。ただし、つけ過ぎには注意して！

マッサージ
1か月～

手でゴシゴシ

手のひらでマッサージ しながら全身を洗います

手をスポンジやタオル代わりにするときには、石けんを泡立てて、手のひらでやさしく洗ってあげましょう。大きくなったら、「今度はママの背中をゴシゴシしてね」といってみるのもよいでしょう。

POINT

ちょっとした変化に気づきやすくなります

手のひらで子どもの肌に直接毎日ふれることで、肌の状態がわかり、ちょっとした変化にも気づきやすくなるでしょう。特に小学生くらいまでは皮膚が薄いので、手で洗ってあげることをおすすめします。

遊び
1か月～

おふろで宇宙遊泳

湯ぶねにあお向けに 浮かべます

湯ぶねに子どもをあお向けの状態で浮かべます。赤ちゃんのときほど体に力を入れないので、簡単にプカプカ浮くことができます。その際は、ママが目を離さずに体を支えてあげることを忘れずに。

POINT

熱いお湯のつかり過ぎに注意しましょう

寝る直前に熱いお湯につかると、寝つきが悪くなってしまいます。たくさん遊びたいときは、湯ぶねから出て、洗い場で遊びましょう。

寝かしつけるとき

スムーズに寝かしつけるには、子どもをリラックスさせることが一番です。やさしいタッチケアで、心地よい眠りに誘いましょう。

寝かしつけには決まりごとを作ろう

寝かしつけには絵本を読んだり、マッサージをしてあげたりなど儀式が大切です。添い寝をしながら「川」の字になって寝かしてあげましょう。添い寝は日本のすばらしい文化です。添い寝をすると、ママの心臓の音や体温で安心して眠りにつきやすいといわれ、ママと子どもの眠りのリズムが一致してきます。

背中や足をトントンと軽くたたきながら寝かせると、ママの存在を強く感じて安心して眠りにつくことができるでしょう。

タッチケア
0か月〜

背中をトントン

リラックスできるリズムを刻みましょう

添い寝をしながらゆっくりとしたリズムで、背中を軽くトントンたたきます。歌いながらでもいいですが、子どもが眠りにつきそうなときは、無言で静かに。

POINT

おやすみの歌を決めよう

「おやすみの歌」を決めておくと、歌ったときにもう寝る時間だと感覚的にわかるようになります。

タッチケア
1歳〜

足を挟んでギュッ

体温を感じながら落ち着いて眠れます

向かい合った状態で添い寝をして、子どもの両足をママの足で軽く挟んであげます。体が密着して安心できるうえに温かいので、心地よい眠りを誘います。

POINT

寝かしつけのポイントは足を温めること

足元が冷えていると、なかなか眠れないものです。ママの体温で子どもの足を温めてあげることができるので、寒い季節はとくにおすすめ。

タッチケア
0か月〜

ふたり同時に寝かしつけ

ママが真ん中に寝て、両方とふれ合います

ふたりの子どもを同時に寝かしつけるときは、ママが真ん中に寝るのがベスト。ひとりは背中を手でトントンたたいて、もうひとりは背中を密着させて寝ます。体のどこかでママとふれて、体温を感じさせることが大切です。

POINT

ときどき体勢を変えて
タッチの方法を交代します

ときどき反対を向いて、交代するのがポイントです。上の子も下の子も、ママの愛情を平等に受けていると感じることができるでしょう。

COLUMN

きょうだいがいるときの ふれ合いのコツ

下の子が生まれると、無意識のうちに愛情のバランスが変わってくるもの。そんなときこそ、上の子と濃密なスキンシップを心がけて。

ときには下の子と同じように赤ちゃん扱いしてみても

下の子が生まれると、両親はその子のお世話で忙しくなるため、上の子は下の子にママの愛情を取られたと思って、赤ちゃん返りをすることがよくあります。上の子がまだひとりだったときに、子煩悩によくお世話をして愛情を注いでいた場合はなおさらです。

こういうときは、上の子の心のケアがとても大切です。下の子が寝ているときや、手がかからないときに思い切り抱きしめて、「あなたがいてくれることが、何よりもうれしいんだよ」と伝えてあげましょう。場合によっては、下の子と同じように赤ちゃん扱いしてみるのもよいでしょう。いっぱい甘えることで、満足して元通りになってきます。下の子にとって上の子は最初から存在するわけですから、ある程度のところで満足できるのです。

先輩ママ Voice

上の子をマッサージしてから下の子をするように

つい妹のお世話を優先させていたら、あるとき、お姉ちゃんが「ずるい！」と大泣き。それ以来、反省して、上の子からマッサージすることにしています。　沙耶香さん（31歳）

親子３人でマッサージを楽しんでいます

私が上の子をマッサージをしながら、上の子が下の子のマッサージをしています。みんなで一緒にするのが楽しいみたいで、上の子も大喜びです。　ふーさん（36歳）

きょうだい同時にマッサージ

一緒に寝かせて
おなかのマッサージ

並んであお向けにさせて、両手を使って同時に行います。おへそを中心にして、時計回りにおなかをくるくるマッサージ。ふれられる心地よさや安心感をきょうだいで同時に体験させることで、お互いの存在を自然な形で近くに感じることができます。

向かい合わせに座らせて、
背中をなでなで

子ども同士で手をつなぎ、足の裏をそれぞれ合わせて、向かい合わせに座らせた状態で、背中を上から下へやさしくなでなでします。お互いの表情を見ることができるのがポイント。相手の楽しそうな様子を肌で感じることができ、きょうだいのきずなが深まります。

下の子のお世話で忙しいときは

下の子のお世話をしながら、ママと上の子の背中を合わせて、左右にゆらゆらゆれてみたり、前後にぎったんばったんしてみましょう。きょうだいが同じでなくても、形を変えてふれ合えば、体の温もりと気持ちが伝わって、上の子も安心できます。

きょうだいまとめて遊んでみよう

ママは両足を伸ばして座ります。ママに近いほうから下の子、上の子の順に座らせ、足を上下にゆらして電車ごっこをします。下の子が落ちないように、手で支えてあげて。最後に「終点！」と言いながら両足を開いて床にしりもちさせると、大喜び！

PART

7

ママ、パパのためのマッサージ

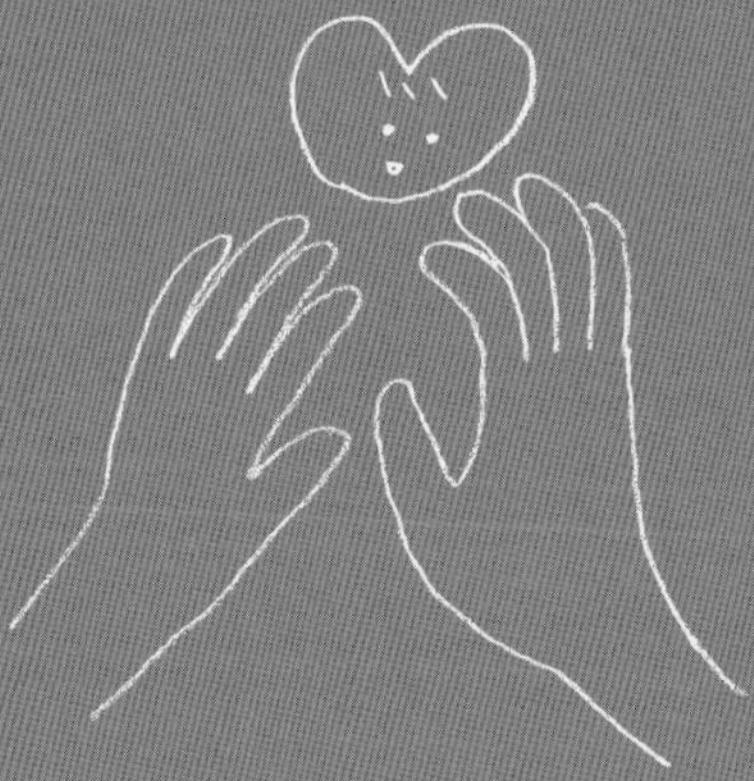

子どもが生まれると忙しくなって、
夫婦のスキンシップが極端に減ることも。
夫婦仲がよいと、子どもにもよい影響が
たくさんあります。お互いにマッサージを
し合って、夫婦のきずなを深めましょう。

夫婦でふれ合う機会を作ることが大切です

子どもにばかり目をかけて、夫婦のスキンシップがおろそかになってはいませんか？　夫婦が仲良くすることは、子どもの健全な発育にも欠かせません。

夫婦のふれ合いは、子どもにも影響します

子どもが生まれると、家族におけるそれぞれの役割分担が変わり、夫婦の間のスキンシップが極端に少なくなるという話をよく聞きます。欧米に比べて日本の夫婦の場合はとくに、その傾向が強いようです。しかしそれはあまりよくない傾向。夫婦でスキンシップの多い家庭は、親子の間でも多いという調査結果もあります。いってみれば、**夫婦でスキンシップをして仲良くすることで、心の余裕が生まれて、子どもにもきちんと愛情をかけることができる**のです。

男女の間で異なるスキンシップの印象

女性はもともとスキンシップが好きで、ふれられることで愛情を感じるものです。これに対して結婚している男性はとくに、妻からのスキンシップをある種の拘束やプレッシャーと感じてしまう場合も少なくないようです。

こうした意識の差を理解して、相手の気持ちを汲み取ってふれ合うのが理想的。パパへのマッサージはこれみよがしにではなく、自然にやってあげることが大切です。マッサージをしてもらったらお返しするなど、**いたわりの気持ちが夫婦のきずなを深めます。**

パパとママが仲良くしていると、子どもにもよい影響がたくさんあります。

普段の生活のなかに ちょっとしたスキンシップを

それぞれが喜ぶようなスキンシップを、普段の生活のなかに積極的に取り入れて、愛情や感謝の気持ちを表現することが大切です。

パパからママへ

感謝の気持ちを スキンシップで表現して

「いつもありがとう」「今日は大変だったね」などとねぎらいの言葉をかけて、肩をもんであげたり、手をマッサージしてあげましょう。毎日の家事や育児に感謝の気持ちを込めたスキンシップを。

ママからパパへ

さり気なく自然な形の スキンシップがベター

過剰なスキンシップは精神的な負担になることも。家を出る前や帰ってきたときに、さりげなく肩にふれるなどの気づかいを。マッサージもコミュニケーションの流れで自然に行うとよいでしょう。

先輩ママ Voice

私たちが仲良くしていると 赤ちゃんもごきげんです

慣れない育児でイライラして、つい夫に当たっていた時期がありました。そのころは赤ちゃんもごきげんななめなことが多く、家中が険悪なムードに。これではいけないと反省して、夫婦で仲良くするようになったら赤ちゃんもごきげんに。やっぱり家族の雰囲気ってわかるんですね。まるこさん（28歳）

お互いにマッサージをする 時間を作っています

子どもが生まれて、四六時中育児に追われ、夫婦で過ごす時間が極端に少なくなってしまいました。「最近、夫とゆっくり話をしていないなあ」と感じたときは、お互いにマッサージをする時間を作るようにしています。マッサージをしながらいろんな話をゆっくりできるので、一石二鳥です。　葉子さん（30歳）

ママからパパへマッサージ

お仕事で疲れて帰ってきたパパを、やさしくいたわる気持ちが大切。寝る前やお風呂上がりのちょっとした時間を利用してマッサージを。

こんな症状に

抜け毛、頭痛、不眠などに

頭

1

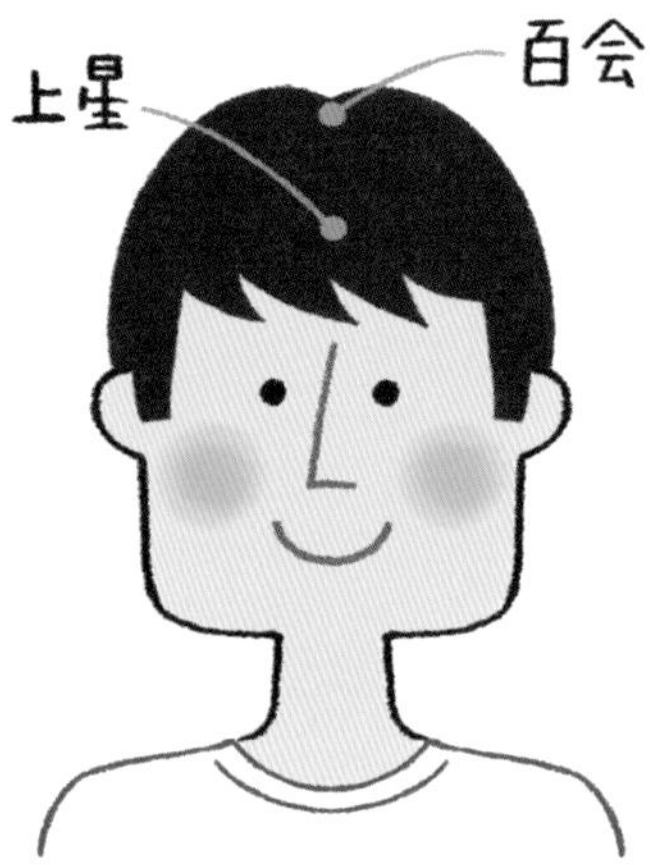

症状に合わせたツボを覚える

百《ひゃく》会《え》は耳のもっとも高い位置を結んだ線と、顔の中心線が交わるところにあるツボで、抜け毛や頭痛、不眠などに効果があります。上星《じょうせい》は、顔の中心線にそって、前髪の生え際から1センチほど上にあるツボ。いびきや鼻炎に効果があります。

2

親指のはらでゆっくり押します

親指を重ねて、指のはらでツボを押します。相手が気持ちいいと感じるくらいが、ベストの加減。数を数えながら行い、1、2で押して、3、4、5でゆっくり離すのがポイント。5回程度くり返します。上星から百会までのラインを押してもOK。

こんな症状に

腰痛、不眠、足のむくみ、疲れが取れないなど

足

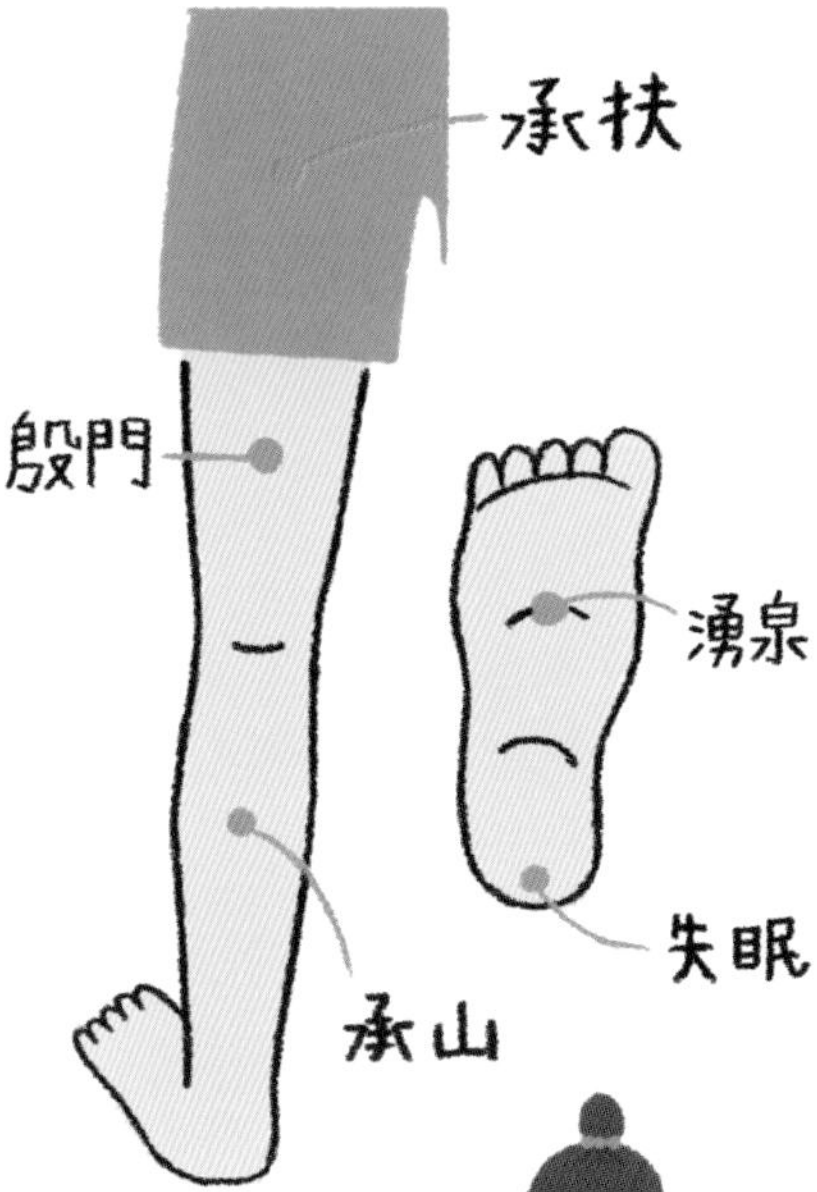

1

足の後ろ側全体を手のひらでリズミカルに押します

パパはうつぶせになります。太もものつけ根からふくらはぎにかけて、指で足の後ろ側全体を押します。おしりの真下にある承扶《しょうふ》、太ももの真ん中にある殷門《いんもん》、ひざの裏とくるぶしの中間にある承山《しょうざん》というツボを意識して、ひざ裏は押さないように。腰痛などに効果があります。

2

かかとの真ん中を 親指でグーッと押します

かかとの真ん中にある失眠《しつみん》というツボを、親指のはらでゆっくりと押します。寝つきが悪かったり、眠りが浅かったり、夜中や早朝に目が覚めてしまうなど、睡眠のトラブルに効果があります。足のむくみ、だるさの解消にも効果的。

3

土踏まずのやや上あたりを親指で押します

人差し指と中指の間を真っ直ぐ下りてきた辺りの、山型（人の字）になって重なる部分を親指のはらで押します。元気が泉のようにわいてくる湧泉《ゆうせん》というツボです。疲れが取れない、うつっぽい、眠れないなどの症状に。

4

ひざの上に足を乗せて ゴロゴロとゆらします

あお向けになって、ママのひざの上に足をのせます。ひざに乗せた足をゴロゴロとゆらして、腰をほぐします。

POINT

寝る前やおふろ上がりなどを利用して

横になって行うマッサージはとくに、寝る前などのちょっとした時間を利用するとスムーズにできるのでおすすめです。足の後ろ側のマッサージは、おふろ上がりに行うのが効果的です。

パパからママへマッサージ

出産という大仕事を終えたママは、育児で疲れやすいだけでなく、体の調子も万全ではありません。マッサージでやさしい気づかいを。

こんな症状に

母乳のトラブル、肩こり、かぜ予防などに

背中

1

腕と背中全体をなでます

手のひらを使って、肩甲骨辺りから腰まで軽く圧迫しながらなでます。肩のラインの一番盛り上がっているところにある肩井《けんせい》というツボに両手を置き、少しずつ体重をかけて押します。1、2で押して、3、4、5でゆっくり離して。

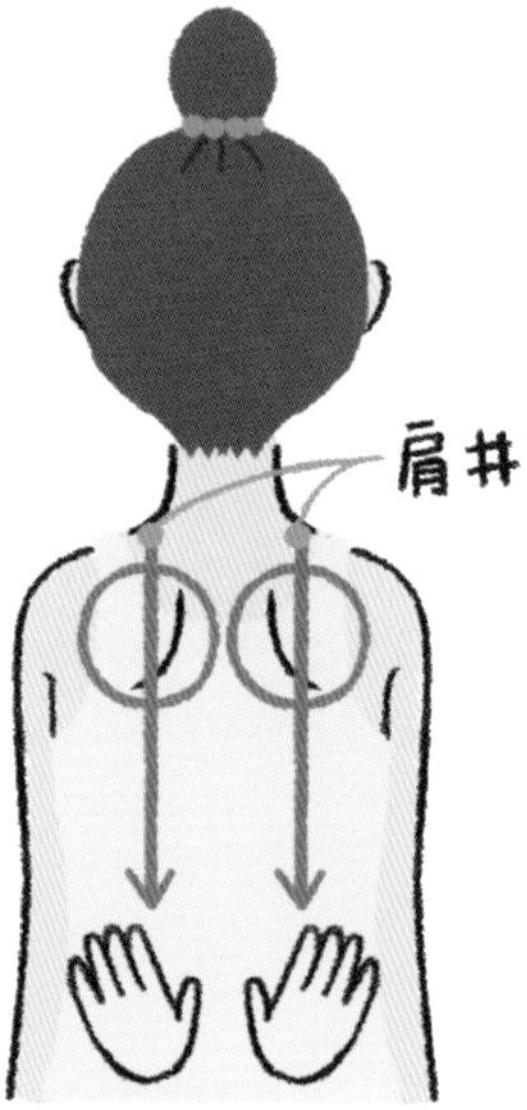

2

肩甲骨にそって丸くなでます

肩甲骨の間を時計回りに丸くなでさすります。背中が温まってきたら、背骨のつけ根で骨盤の中央にある仙骨の辺りまで、上から下へ背骨にそってゆっくりとなでて気を整えましょう。

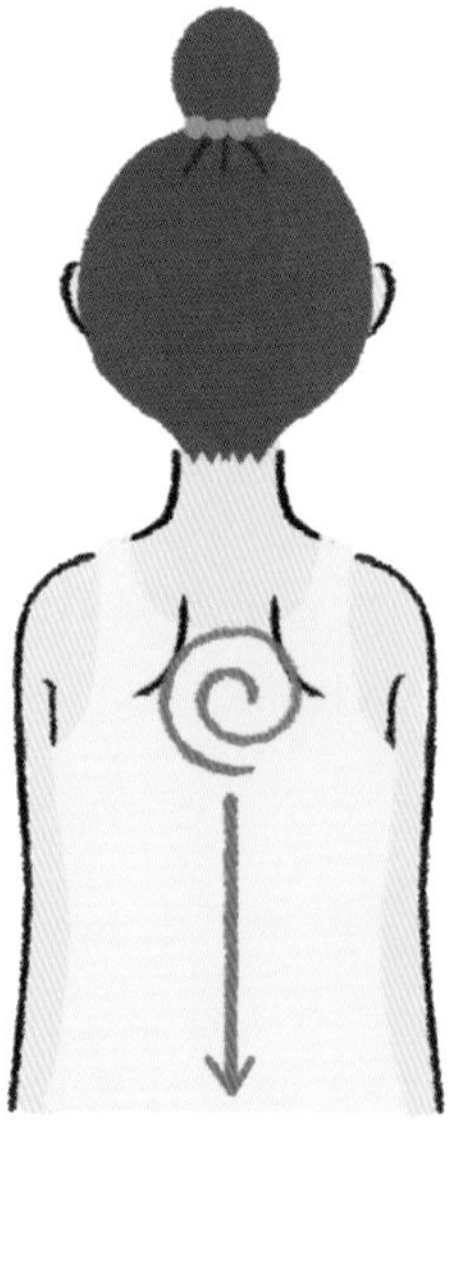

こんな症状に　イライラ、倦怠感、疲れやすい、肩こりなど

手

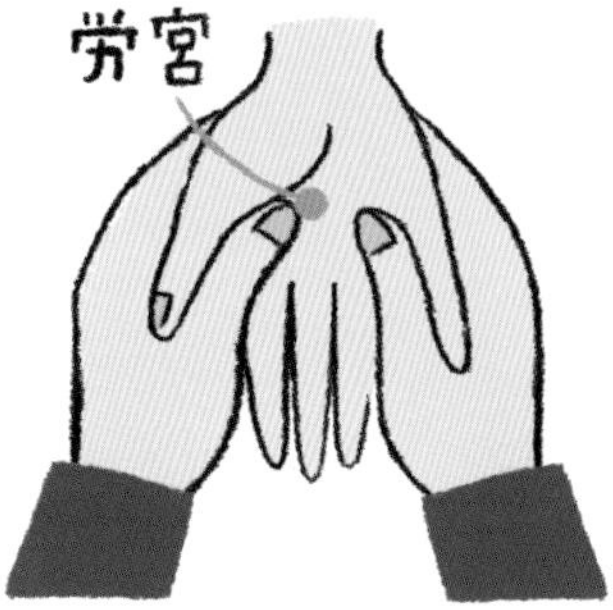

1

手のひらを親指のはらで 強めに押します

ママの親指と小指に、パパの両手の親指を絡ませて手のひらを広げます。手のひら全体を両手の親指で押します。強さはママに聞きながら調整しましょう。人差し指と中指の間にある、手のひらの真ん中あたりのくぼみに、労宮《ろうきゅう》という疲れを取るツボがあるので、そこを意識して押しましょう。

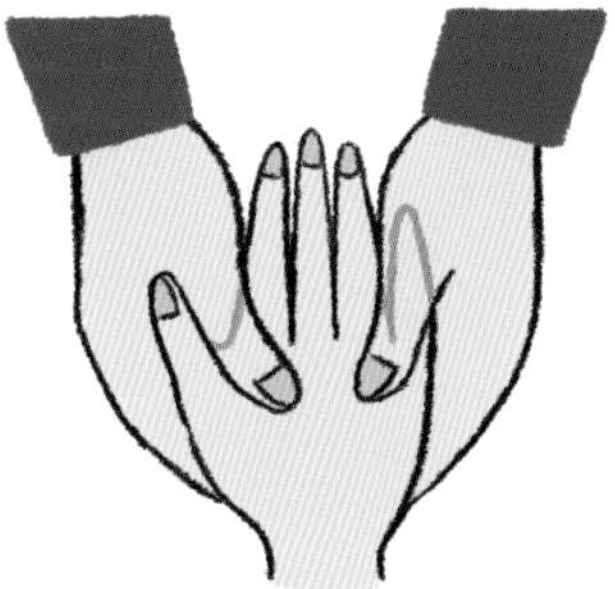

2

手の甲に向けて指と指の間を刺激します

手の甲に向けて、それぞれの指と指の間を押します。数を数えながら行い、1、2でグーッと押し、3、4、5でゆっくり離す動作をくり返します。

こんな症状に　イライラ、のぼせ、足のむくみなど

足

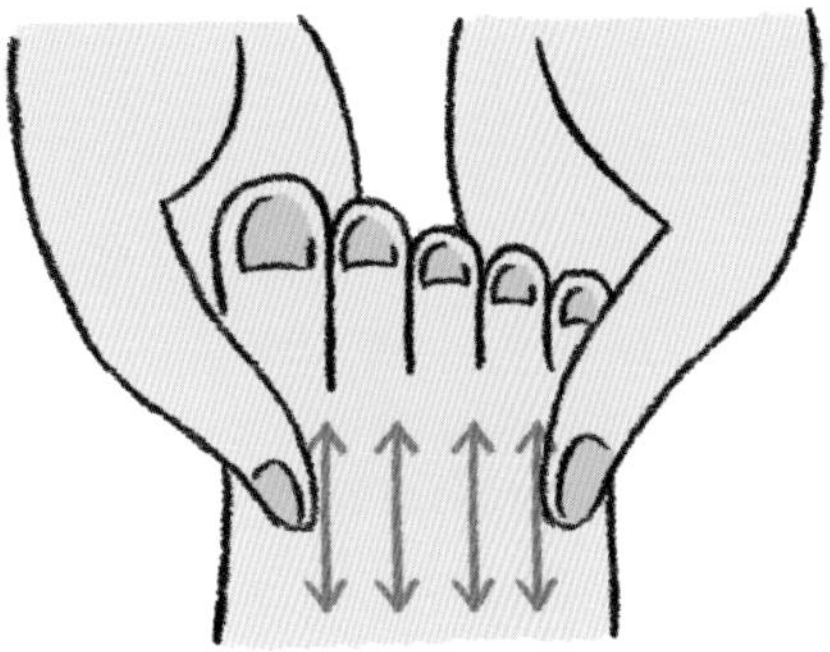

足首から足先を温め、足の甲をマッサージ

最初に、両方の足首を軽くつかんで温めます。足の甲の骨の間に指のはらを当てて、ほぐすようにして上下に動かします。くるぶし周り全体を包み込むようにして圧迫します。指先部分も同じように温めましょう。ママの足をパパのひざの上にのせて行ってください。

手があいたときにおすすめ！
かんたんセルフケア

育児の合間のちょっとした時間を使ってできる、セルフマッサージをご紹介。
疲れたなと思ったら、いつでもどこでもやってみて。

こんな症状に　抜け毛、不眠、頭痛、目の疲れ、肩こりなど

頭

1

手のひらをグーにして百会を刺激します

親指を手のひらの中に入れて握ります。親指のつけ根の骨のでっぱりを、頭のてっぺんにある百会というツボ（P154）に当てます。もう片方の手を頭の上で握った手に重ねて、その重みで押してください。座って行っても、立ったまま行ってもどちらでも大丈夫です。

2

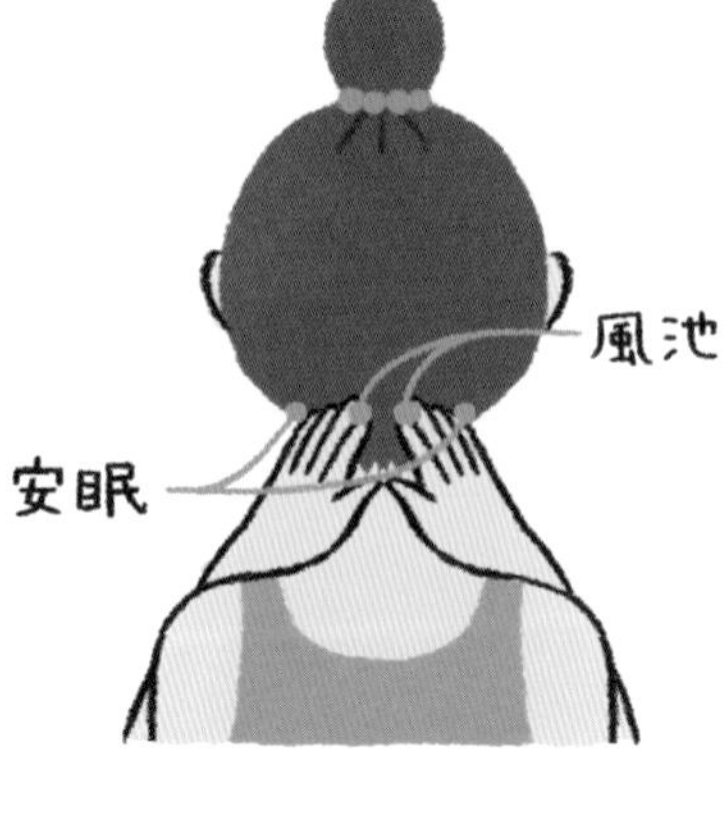

4本の指で 後頭部を押します

後頭部の髪の生え際より少し上のラインで、首の中央にあるくぼみの左右にある風池《ふうち》というツボから、耳の後ろにあるとがった骨の下あたりの安眠というツボまでをマッサージをします。あお向けに寝て、両手の4本の指を立てて、その上に頭をのせて重みを利用しながらやるとらくにできます。

こんな症状に 肌荒れ、しわ、シミ、くすみなど

首

首筋の筋肉をつかんで
上下左右に引っ張ります

胸鎖乳突筋《きょうさじゅうとつきん》とは、耳の後ろの出っ張った骨の部分から鎖骨に伸びている筋肉で、ここが凝っていると頭や顔への血流も悪くなります。親指と人差し指でその筋肉をつまみ（痛むなら無理をしないでください）、上下左右に引っ張ります。少し位置をずらして、同じ動作をくり返し行います。

こんな症状に ダイエット、鼻炎、禁煙など

耳

指で耳を挟んでさすり、胃腸の働きを整えます

人差し指と中指でVの字を作り、耳を下から挟むようにして10回さすります。耳の穴の周りを指でなでます。ズンと感じる場所は念入りに。胃腸を整えることで口さみしさをなくし、脂っこいものや間食を避けます。タバコがまずく感じるようにも。座ったままでOKです。

こんな症状に けんしょう炎、肩こりなど

腕

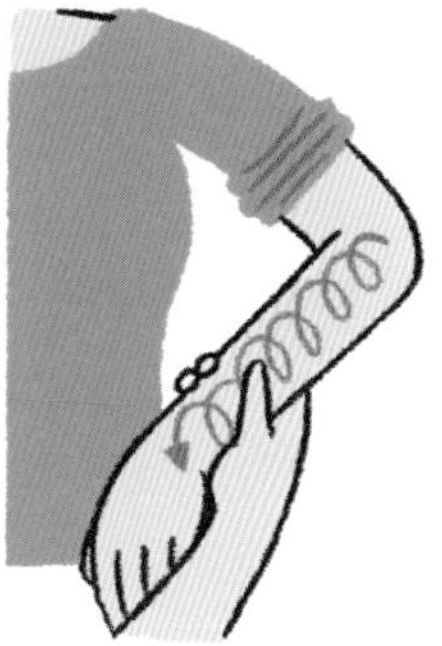

ひじから手の甲まで腕全体をもみほぐします

ひじから手首を通って手の甲まで、腕の外側を反対の手のひら全体でマッサージします。日焼けしている部分を、上から下へ向かってもみほぐすイメージです。反対の腕も同じように行います。座ったままでOKです。

こんな症状に

疲れがとれない、睡眠不足、便秘など

湯たんぽを使って

1

うつぶせになって足裏、腰、背中を温めます

うつぶせになり、足裏の上に湯たんぽを乗せます。次に腰（仙骨辺り）に湯たんぽを乗せます。次に背中（肩甲骨辺り）に湯たんぽを乗せます。じんわりと温まったら部位を変えます。

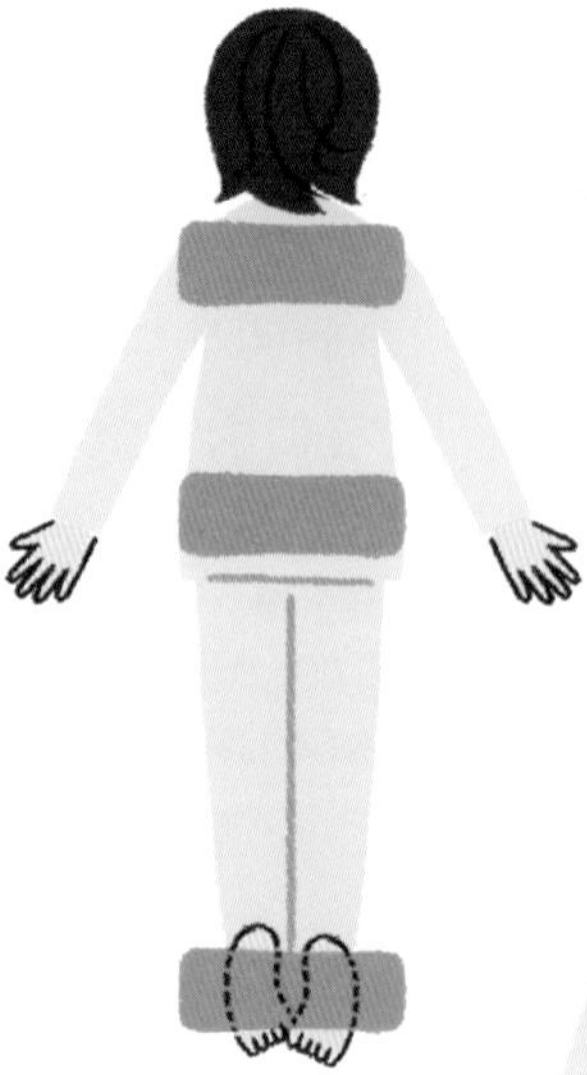

2

体を返して、足首、おなかを温めます

今度はあお向けになって、湯たんぽの上に足を乗せ、足首を温めます。次におなかに乗せて温めます。最後に温まった両手のひらを、閉じた目の上におきます。寝る前以外は、短めに切り上げます。

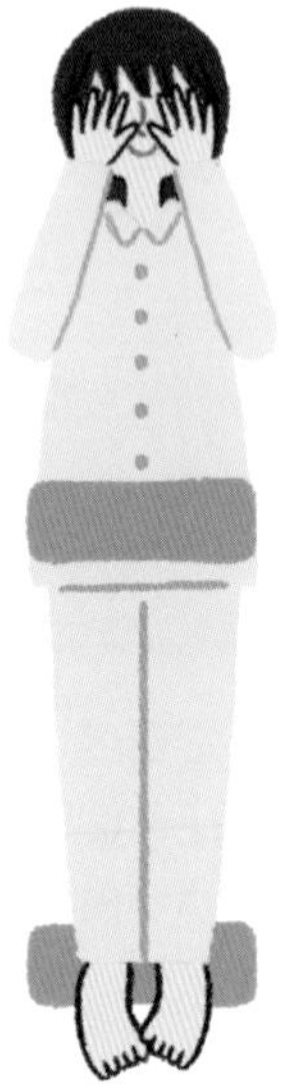

湯たんぽの選び方

金属やプラスチック、ゴムなどさまざまな素材がありますが、床と体の間にはさんだり、体に乗せたりするので、体にフィットしやすいゴム製がおすすめ。

注意 注ぎ口をしっかりと閉めて、やけどにはくれぐれも注意してください。熱過ぎる場合はタオルを巻いたりして、温度調節をしましょう。

湯たんぽのよいところ

時間の経過とともに、徐々にぬるくなっていくのが、昔ながらの湯たんぽのよいところです。温度差を利用して、体のコリをゆっくりとほぐします。お湯を入れるだけなので、手間もかからず、省エネにも。寝る前にやると、リラックスして深い眠りにつくことができるのでおすすめです。

こんな症状に

肩こり、腰痛、頭痛、かぜ予防、食欲不振など

1

まずはたすきがけをやってみましょう

ひもの片方の端を口にくわえて、わきの下に引っかけて反対の肩から前へ持っていきます。今度はもう一方のわきにかけ、反対の肩からひもを回し、わきの部分で両端を結びます。

2

肩甲骨を寄せ胸を開いて ひもを結びます

胸がきちんと開いた状態になるくらいのきつさで、ひもを結びます。肩甲骨を寄せるようにすると、自然と胸が開きます。ひもが背中の中央でクロスになっていることを確認して。

たすきの選び方

適当な長さのひもが1本あれば、きほん的には代用できますが、幅が広めの帯、さらし、へこ帯タイプのおんぶひもなどがおすすめです。

注意 無理にしめつけると体に余計な力が入って、逆効果になってしまいます。長時間つけっ放しにしないで、家事のときなど時間を決めてやりましょう。

家事をするときにたすきがけを

昔ながらのたすきがけは、もともとは着物のそでをまとめて作業をしやすくするためのものです。じつはこのたすきがけ、肩こり、腰痛、頭痛などの緩和に効果のある、昔の人のすぐれた知恵なのです。着物を着ていなくても、家事のときにたすきがけをすることをおすすめします。

COLUMN

ベビーマッサージをはじめてみました！

ベビーマッサージをしている先輩ママも、さまざまな効果を実感しています。
パパにも上の子にも、マッサージの輪を広げましょう。

子どもが苦手だった主人も楽しそうにやっています

主人はもともと子どもが得意ではないらしく、自分の赤ちゃんにもどう接したらいいのかわからず、一緒に遊ぶなんてもってのほか、という感じでした。そこで私がマッサージの仕方を手取り足取り教えたところ、最初はおっかなびっくりでしたが、だんだん赤ちゃんにふれることを楽しむようになりました。今では赤ちゃんも、主人のマッサージを喜んで受けていますし、私が家事で忙しいときに代わりにやってくれるので、とても助かっています。

綾さん（29歳）

きょうだいそろって仲良くマッサージしています

下の子が生まれてマッサージをはじめたのですが、3歳の上の子が「僕にもやって」とねだってくるように。上の子は、下の子が生まれてから情緒不安定になり、下の子に意地悪することもちょくちょくあったのですが、マッサージをはじめてからはかなり落ち着きました。私も上の子をちゃんとケアしてあげていなかったと反省して、マッサージの時間を大事にするようになりました。今ではふたりで一緒にマッサージをして、みんなで仲良く楽しんでいます。

真理子さん（35歳）

肌にふれることで感情を読み取れるようになりました

感情表現が乏しく、喜んでいるのか悲しんでいるのかも、母親なのによくわからないような状態で、そのことを誰にも言えずに悩んでいました。子どもの気持ちを少しでも知りたいと思ってマッサージをはじめたのですが、根気よく肌をさわっていくうちに、どこにふれると喜ぶのか少しずつわかるように。乏しいと思っていた表情も、私が理解しようとしなかった部分が大きかったのかもしれません。今ではマッサージをすると、うれしそうに笑ってくれます。

桜ちゃんのママさん（26歳）

成長ぶりがわかっていとおしい気持ちに

発達がゆっくりめの子どもだったので、何かにつけて周りの子とつい比較してしまい、あせりや不安にも似た気持ちを抱いていました。マッサージをはじめてからは、周りの子のことは気にせずに、この子としっかり向き合おうという気持ちになり、子育てに余裕が生まれた気がします。子どもの肌に毎日ふれていると、成長ぶりを手に取るように感じることができます。一生懸命成長しているのだと思うと、いとおしい気持ちでいっぱいです。

カジカジさん（31歳）

PART

8

マッサージQ&A

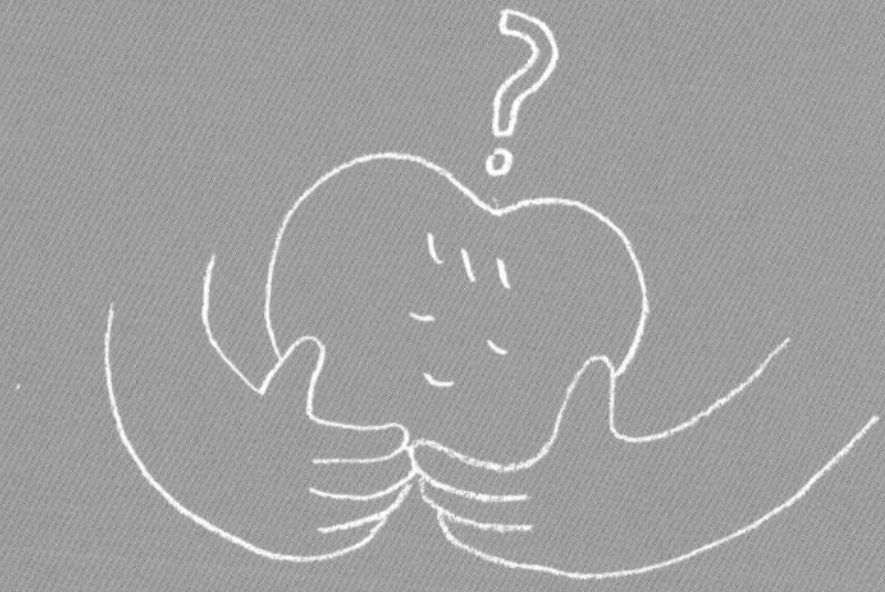

子どもにマッサージをしていると、

「こんなことしていいのかな？」

「こんなときはどうすればいいの？」など、
いろいろな疑問がわいてくるでしょう。

そんな悩みをピックアップしてお届けします。

マッサージの仕方編

Q マッサージは毎日したほうがいい？

A 毎日したほうがリズムは整います

マッサージを毎日同じ時間帯に行えば、生活リズムを整える助けにもなるでしょう。寝る前のマッサージを習慣づけたら「もう寝る時間なのだ」と体が覚えますし、朝一番にマッサージをすれば、「起きる時間だ」とわかるようになります。

また、体調の変化はまず体の表面（皮膚）に出るので、毎日皮膚を見ることは病気の予防にもつながります。もちろん、毎日でなくてもスキンシップの効果を発揮しますので、無理をしなくても大丈夫です。

Q マッサージの順番が変わってもＯＫ？

A やりやすい形にアレンジしましょう

順番はあくまでもひとつの例と考えて、とくにこだわる必要はありません。逆に順番や回数にこだわり過ぎて、気持ちのこもっていないマッサージになってしまうほうが考えものです。ママのやりやすい場所からはじめたり、子どもがやってほしがっている場所からはじめるなど、自由にアレンジしてください。一番の目的は、子どもが気持ちよくなることだというのをお忘れなく。忙しくて時間がないときは、簡単にできる場所だけでもＯＫです。

Q マッサージするのは毎回同じ人がいい？

A 同じ人と、長く続けるほど効果的です

ふれ合いは、相手を知るということなので、同じ相手と長く続ければ続けるほど、安心感や信頼感が増すと考えてよいでしょう。毎回同じ人がさわることで、ちょっとした異変を敏感に感じ取り、体調の変化がよくわかるようにもなります。

子どもの立場で考えても、パパやママだけならともかく、毎日いろんな人にマッサージをされたら、きっと落ち着かないはずです。

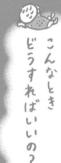

Q マッサージがNGのときはある？

A いやがっていたら、無理にやらないで

子どもがいやがっているときは無理にしてはいけません。

マッサージをするママやパパが、イライラしているときもやめましょう。心のあり様は手に出るものなので、イライラしていると手の動きもかたくて荒くなり、気持ちのよいマッサージができません。子どもにもイライラが伝わり、心地が悪くなって逆効果になってしまいます。

ほかにも、グッタリして元気がないなど体調が思わしくなさそうなときや、熱のあるとき、いつもと明らかに様子がおかしいときは、お休みをして様子を見るようにしましょう。

Q マッサージに適した時間はある？

A 楽しくできるならいつでもOKです

お互いが楽しく、心地よくできる時間帯ならいつでもOKです。

昼間のように活発に動いているときなら、遊びを交えながら楽しくできますし、寝る前のマッサージは、リラックスさせて、深い眠りを導く効果があります。

Q 時間帯でさわり方を変えたほうがいい？

A 遊びのときは速めに寝る前はゆっくりと

遊んでいるときは、手を速めに動かしたり、弾むようにしてリズミカルに動かしてみてください。朝起きたときも、ちょっと眠そうだなと思ったときは、速めに手を動かすとスッキリとした目覚めになります。

寝る前など、リラックスさせたいときは、逆にゆったりとした動きにして、手を意識的に子どもの体に密着させてみましょう。落ち着かせたいときも同様です。

こんなとき
どうすればいいの?

ベビーのマッサージ編

Q 生後どれくらいからしてもいいですか?

A すぐはじめてもOK。ただし段階を踏んで

生後すぐにはじめても、とくに問題ありません。

ただし1か月ごろまでは、手は動かさずに体に当てるだけの〝手当て〟を中心にして、赤ちゃんの体全体を包み込むようになでてあげましょう。お互いがマッサージに慣れてきたころを見計らって、少しずつ手を動かしてみてください。

マッサージのきほんをはじめるのは、1か月検診を過ぎたころが理想といえるでしょう。

Q マッサージの力加減がよくわかりません

A なでる、さするがきほんの加減です

大人の「イタ気持ちいい」マッサージと、ベビーマッサージはまったく異なるものと考えましょう。むやみにもんだり、押したりしてはいけません。なでる、さするくらいの力加減がちょうどいいといえます。ママの手の重さだけを利用して、皮膚をすべらすようにして動かしましょう。

2本の指でつまんで、くるくる回すようなマッサージは、おとうふをつまむくらいの力加減で行います。おなかなどに両手を乗せて温めたりするときは、絶対に押したりせず、手の重さだけで圧迫してください。

Q 言葉がわからないのに話しかけるべき?

A 積極的にどんどん話しかけてください

赤ちゃんに話しかけながらマッサージを行うことの効果に、疑問を感じるママは少なくありません。しかし、言葉のわからない赤ちゃんはもちろん、子どもは五感で相手の気持ちを感じ取る能力が高いといわれています。

やさしい言葉を発すると、ママの顔は

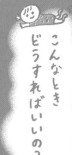

自然とやわらかく穏やかになり、その表情を見て子どもは安心します。やさしい言葉がけは、リズムも声の高さも心地よく安心感が伝わるのです。また「気持ちいい？」とか「ここはどう？」などといった言葉がけも大切です。相手を気づかう気持ちが声から表情、手にも反映されて、たとえ言葉として返事は戻ってこなくても、子どもにはじゅうぶんに伝わっているのです。

Q 顔をさわられるのをいやがります

A 何かのついでに少しずつさわってみては

大人と同様、赤ちゃんにとっても顔はとても敏感な場所なので、一度いやな思いをすると慣れるまでに時間がかかって、なかなかさわらせてくれないかもしれません。

いやがって泣いているときは、決して無理強いはしないでください。歯みがきのついでに、さりげなく口元のマッサージをしたり、鼻水が出ているときに、鼻の周りだけササッとなでてあげるなど、顔をさわることだけを目的とせずに、何かのついでにちょこちょことさわるようにしてみてはいかがでしょう。

お風呂に入ったときは比較的顔をさわりやすいので、ぜひ挑戦してみてください。

Q まだ小さくて手足を曲げるのが怖くて…

A 自然に曲がるところまでなら大丈夫です

確かに関節周りを動かす場合は、慎重になる必要がありますが、あまりにもおっかなびっくりやっていたら、マッサージの効果も半減してしまいます。手足を曲げるときは、余計な力を入れたりせずに、「ここまで曲がる」と確認しながらやってみるとよいでしょう。

無理なく自然に曲がるところまでなら大丈夫です。

Q はいはいをして逃げてしまいます

A 歌を歌って子どもの興味を引いてみては

何としてでもマッサージをしなければと必死になったら、子どももしりごみしてしまいます。歌を歌うなどして子どもの興味を引きながら行うとやりやすいでしょう。

元気に遊びたいときにマッサージをやろうとしても、逃げてしまうものです。眠くなる時間帯に行うなど、子どもの生活ペースに合わせて行うようにしましょう。

こんなときどうすればいいの？

ベビーのマッサージ編

Q マッサージで頭の形をよくできますか？

A 頭全体を均等になでてあげましょう

赤ちゃんの頭の骨はやわらかいため、変形しやすいものです。頭の形が気になるときは、頭全体をまんべんなくなでてあげてください。つぶれている側の血行をよくすることで回復を助けます。

向きぐせは、あお向けに寝かせると、いつも同じ方向にばかり顔が向いてしまう、赤ちゃんにときどき見られる症状のこと。向きぐせの激しいときは、気がついたら頭全体をなでてあげるようにしましょう。生後半年程度までなら効果が高く、1歳くらいまではおすすめの方法です。

頭の変形は1歳ごろには自然と目立たなくなる場合が多いので、神経質になり過ぎないように。

Q 途中でおっぱいをほしがったら？

A 休憩にして先におっぱいをあげて

マッサージはちょっと休憩にして、先におっぱいをあげてください。イヤイヤしながらマッサージをやっても、赤ちゃんは気持ちよくありません。おっぱいをあげたら少し休んで、また再開するとよいでしょう。

Q 眠っているときにやってもよい？

A できれば起きているときにやりましょう

マッサージは、ママと子どもがコミュニケーションをとりながらやることが何よりも大切です。

寝ているときは、いやがったり動き回ったりしないので、らくにできると思ってしまうママもいるかもしれません。

だけど寝ている状態でマッサージをしても、コミュニケーションをとることができないので、残念ながらあまり意味があるとはいえないでしょう。

　お互いが楽しめるように、起きているときにやれるとよいですね。

Q はじめてやるときのコツはありますか？

A なでなで、よしよしの感覚が大切です

　マッサージというと、もんだり押したりするイメージがあるかもしれません。けれどもベビーマッサージは、頭をなでなでするときや、泣いている子どもの背中をよしよしとさするときと同じような感覚で、体をなでさするのがきほんです。

　そのイメージを頭に入れて、子どもの体をよしよしとなでるようにすると、気持ちよくマッサージをすることができます。

　まずは難しく考えずに、赤ちゃんが気持ちよさそうにしているところをたくさんさわってあげるとよいでしょう。だんだんマッサージのコツがつかめてくるはずです。

Q マッサージの途中で寝てしまったら？

A そのままゆっくり寝かせてあげて

　マッサージをすると全身の血流がよくなり、うとうとと眠くなってしまう子どもはよくいるものです。それは子どもがママに心を許してリラックスしている証拠ですから、無理に起こしてマッサージを最後までやる必要はありません。

　マッサージで温まった体が急に冷えたりしないようにタオルケットなどをかけて、そのままゆっくり寝かせてあげてください。目を覚ましてから、マッサージを再開してもよいですし、続きはまた明日やる形でももちろんかまいません。

Q うつぶせ寝の状態でやってもいい？

A 短い時間で手早くやりましょう

　首がすわっていない赤ちゃんを、うつぶせ寝にしてマッサージするのは、少々不安を感じるかもしれません。うつぶせ寝のマッサージは、時間は通常よりも少なめで、手早く行うようにしましょう。もしもマッサージの途中で寝てしまったら、うつぶせから仰向けの状態にもどしましょう。

　うつぶせ寝にするのがどうしても心配なときや、背中をたくさんマッサージしてあげたいときは、だっこしながらやる方法がおすすめです。

こんなときどうすればいいの？

キッズのマッサージ編

Q 大きくなったらいやがるように……

A 興味をそそるような誘い方をしてみよう

赤ちゃんのときはあんなに大好きだったマッサージを、大きくなって一時的にいやがるようになる子どもはときどきいます。マッサージが嫌いになる決定的な理由があったわけではなく、そのほとんどは気分的なものだったりするので、深刻になり過ぎないことです。とくにイヤイヤ期の子どもは、気難しいときが多いので、そういう時期だと思って受け止めてあげましょう。

背中や手や足などの部分的なマッサージは意外といやがらないので、そういったところから少しずつさわってみてください。子どもは「大きい、強い、かっこいい（かわいい）」ということが大好きです。「〇〇ちゃんの手が大きくなるように、マッサージしようね！」などと、子どもの興味をそそるような効果的な声かけをしてみましょう。

Q 2歳からはじめても遅すぎませんか？

A 何歳でも大丈夫。声かけを工夫して

マッサージは何歳からはじめても大丈夫です。「かわいいからなでなでしたいな」と気持ちのままに、子どもを誘ってみてください。大きくなってからはじめる場合は、その子の発達に合わせて、声かけなどを工夫してあげることが大切です。

Q 下の子が生まれて、1年やっていませんが再開しても平気？

A ぜひ再開して多めにふれてあげて

下の子が生まれたりして忙しくなり、ついマッサージをしなくなってしまったというケースは、珍しくないことです。ぜひ再開してあげてください。下の子の

お世話に時間を取られるぶん、上の子はそれだけさみしい思いをしているはずです。マッサージも少し多めにしてあげて、きちんと気にかけていることを伝えてあげましょう。

Q 何歳になるまで続けていいですか？

A 年齢制限はとくにありません

マッサージに年齢制限はありません。小学生、中学生、高校生、大人、お年寄り。いくつになっても人は人とふれ合うことでいやされ、元気が出るものです。

小学生以上にもなると、ふれ合う時間がぐんと少なくなってしまいます。そんな時期でも、ちょっと元気がないなと感じたら「足のマッサージでもしようか？」と誘ってみてください。

体がほぐれると気持ちもほぐれてきます。普段あまりしゃべらない子どもでも、マッサージをしながらだといろいろな話を聞かせてくれますよ。

Q あきたとき、気を紛らわせる方法は？

A あきない程度の時間で終わらせましょう

子どもがあきない程度の時間で終わらせるようにしましょう。目安としては5～10分くらい。子どもによってはそれでも長いかもしれないので、何回かに分けてやってもよいでしょう。マッサージに集中できないようなときは、休憩を入れて気分を変えてからまたはじめてみることをおすすめします。

Q 上の子が私のマネをして、下の子にマッサージします。やめさせるべき？

A やり方をやさしく教えてあげましょう

上の子がママのマネをして、下の子にマッサージをしようとするのは、ママのマッサージがとても好きで、下の子にもやってあげたいというやさしさのあらわれです。そんなときは無理にやめさせるのではなく、上の子にやり方を教えてあげてください。

マッサージする場所は、手や足がよいでしょう。「押したりしないで、やさしくなでなでするんだよ」とアドバイスしてあげましょう。

Q マッサージのときに、横になってくれません

A 起きたときや寝る前の時間を利用して

子どもが立ったままのほうが好きならかまいませんが、せわしなくマッサージをすると、せっかくの効果も半減してしまいます。立ったままだと、あまりリラックスもできないはずです。せめて座るか寝るかしたほうがよいでしょう。

マッサージのためにわざわざ横になってくれないようであれば、朝起きたときや寝る前など、横になっているときにマッサージしてあげるのもよいでしょう。遊びに夢中になっているときに「横になって」と言われて、いやがるのは仕方がありません。マッサージの声かけをする時間帯やタイミングを、変えてみてもよいかもしれません。

Q イヤイヤ期の最中はどうすればいい?

A 好奇心を刺激するスキンシップを

何かとママを困らせるイヤイヤ期は、マッサージも以前のようにスムーズにはできないかもしれません。そんなときは無理をしてやろうとしないで、イヤイヤ期の好奇心を刺激するようなタッチがおすすめです。

ママの胸に手を当てて、心臓の音を感じさせてみたり、子どもの胸や手首のトクトクと鳴るリズムを一緒に探してみたり。

いろんなことに反発しても、まだまだ甘えたい時期なので、素直になったときは普段あまりできないぶん、たっぷりとマッサージをしてあげましょう。

Q 3歳を過ぎて全然さわらせてくれない

A 遊びを取り入れたスキンシップを

スキンシップの方法は、マッサージだけではありません。3歳といえば外に出て活発に遊びたい時期ですし、パパやママ以外にも同世代のお友だちなどいろんな世界を知るようになってきています。

マッサージをさせてくれないからとい

ってがっかりせず、子どもの発達に合わせたスキンシップを工夫してみましょう。

おすすめは、体がふれ合うような遊びです。腕ずもうやロボット歩き（113ページ）など、ゲーム性のあるものに興味を示す時期なので、一緒に楽しんでください。

Q 1歳を過ぎても、赤ちゃんと同じ力加減でOK？

A 赤ちゃんのときと同じで大丈夫です

マッサージの力加減は、子どもが成長しても赤ちゃんのころと、きほん的に同じで大丈夫です。押したりもんだりせず、手の重さだけを利用して、皮膚をすべらせるようにしてやさしくさすりましょう。

冷たかったり、ザラザラしていたりなど、さすっていて気になるところがあれば、その部分に手を当てて温めてあげるとよいでしょう。肌ざわりがだんだん変わっていくのがわかります。

Q いやがるときはやるべきじゃない？

A いやがるときはやらないでください

子どもだって大人と同じように、気分のいいときと悪いときがあります。子どもがマッサージをいやがるときは、無理にしようとするのは禁物です。落ち着くまで様子を見るのが一番でしょう。反対にマッサージをせがまれたときは、面倒くさがったりせずにきちんと子どもと向き合って、ぜひやってあげてください。

もちろん子どもにせがまれたときだけ応じればよいのではなく、せがまれなくても、日々声かけをしてあげることが大切です。

Q 1歳を過ぎたのですが、マッサージのときに注意することは？

A 全身をマッサージしてあげましょう

1歳を過ぎて、離乳が終わるまでは全身をまんべんなくマッサージしてあげてください。消化がよくなり、栄養が全身にいきわたります。離乳が終わるころには、心も体もしっかりしてきますので、お子さんの成長に合わせて、さわり方やさわる部分を工夫してみましょう。

索引

あ行

か行

さ行

た行

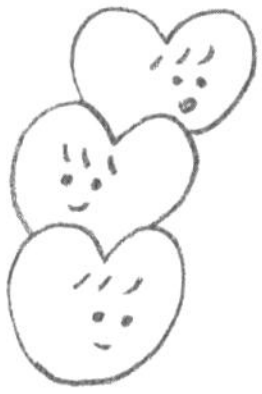

な行

は行

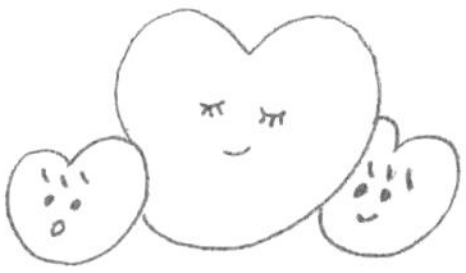

ま行

や行

ら行

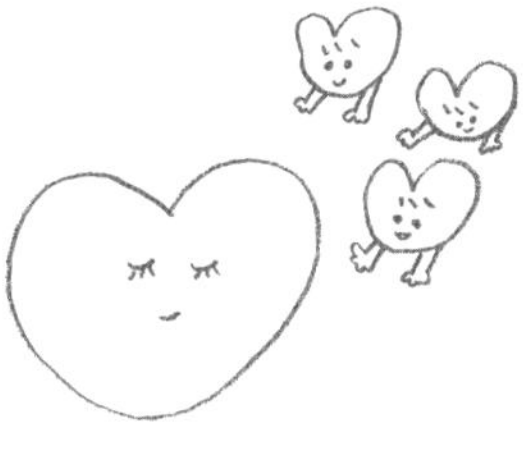

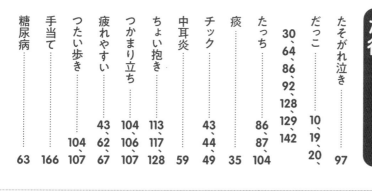

著者略歴

山口 創（やまぐち はじめ）

桜美林大学　リベラルアーツ学群　教授

早稲田大学大学院人間科学研究科博士課程修了。博士（人間科学）。専攻はポジティブ心理学・身体心理学。臨床発達心理士。おもな著書に『子供の「脳」は肌にある』（光文社）『手の治癒力』（草思社）などがある。

山口 あやこ（やまぐち あやこ）

あん摩マッサージ指圧師・鍼灸師

こどもと女性のためのどんぐり鍼灸室院長。小児、思春期、産前産後の鍼灸を行う。児童館などで日本式ベビーマッサージ指導を行い、親子のふれあいやからだ育ての大切さを伝えると共に後進育成にも取り組む。日本式タッチケアライフ代表。

JASRAC 出 2402850-401

新装版
脳と体にいいことずくめの
ベビーマッサージ

2024年6月6日　第１版第１刷発行

著　者　山口創　山口あやこ
発行者　岡修平
発行所　株式会社ＰＨＰエディターズ・グループ
〒135-0061　江東区豊洲5-6-52
☎03-6204-2931
https://www.peg.co.jp/
発売元　株式会社ＰＨＰ研究所
東京本部　〒135-8137 江東区豊洲5-6-52
普及部　☎03-3520-9630
京都本部　〒601-8411 京都市南区西九条北ノ内町11
PHP INTERFACE　https://www.php.co.jp/
印刷所
製本所　図書印刷株式会社

ISBN978-4-569-85722-0

デザイン ♥ 河内沙耶花（mogmog Inc.）
DTP ♥ 白石知美（システムタンク）
安田浩也（システムタンク）
撮影 ♥ 西川節子
本文イラスト ♥ 川添むつみ
ばばめぐみ

撮影協力
生多ちゃん、桜ちゃん、心雅くん、
蒼空くん、晴くん、翠ちゃん、
美冬ちゃん、怜吾くん、亮拓くん

本書は、2011年にＰＨＰ研究所から刊行された書籍『脳と体にいいことずくめのベビーマッサージ』を再編集・新装復刊したものです。